教师，寻找看得见的成长

TEACHERS, LOOKING FOR VISIBLE GROWTH

钟伟　著

山东科学技术出版社
·济南·

图书在版编目（CIP）数据

教师，寻找看得见的成长 / 钟伟著. --济南：山东科学技术出版社，2022.6
ISBN 978-7-5723-0994-6

Ⅰ. ①教… Ⅱ. ①钟… Ⅲ. ①中学教育-教育研究 Ⅳ. ①G632.0

中国版本图书馆CIP数据核字（2021）第169282号

教师，寻找看得见的成长
JIAOSHI，XUNZHAO KANDEJIAN DE CHENGZHANG

责任编辑：邱 蕾

主管单位：山东出版传媒股份有限公司
出 版 者：山东科学技术出版社
地址：济南市市中区舜耕路517号
邮编：250003 电话：（0531）82098088
网址：www.lkj.com.cn
电子邮件：sdkj@sdcbcm.com
发 行 者：山东科学技术出版社
地址：济南市市中区舜耕路517号
邮编：250003 电话：（0531）82098067
印 刷 者：山东新华印务有限公司
地址：济南市高新区世纪大道2366号
邮编：250104 电话：（0531）82079130

规格：16开（170 mm × 240 mm）
印张：22 字数：245千
版次：2021年6月第1版 印次：2022年6月第1次印刷
定价：68.00元

序言

我是突然想写一本书的，内心也曾忐忑。作为一名立身于书籍的教师，我深知书籍对于人的作用，一本好书能够给灵魂当头一击，如醍醐灌顶，令人豁然开朗。我只是一名教书育人的老师，能够写出一本带给别人些许思考和成长的书吗？可是，当了二十多年的教师，那些走过的坎坷，那些清晰的人与事，那些让人热泪盈眶的岁月，在我的脑海里不断地再现、思考、复盘，岁月的流逝并没有将这些记忆磨灭淡忘，反而在时间的层层洗涤中愈发纯净，像一把剑，越锤炼越坚硬，越打磨越锋利，让我坚定了写这本书的信念。

书中没有太高深的理论，教学二十余载，作为教师的欢乐和幸福留在心里，教育生涯中的苦恼和烦闷也攒在心中。我想剖开我的心给大家看，说一说身为教师的一些真切感受，给新手教师一点儿启示，给处于迷茫期的教师一点儿鼓舞。当然，我认为除了教师，其他人也可以看看这本书，因为做事是一种能力，各种职业之间都有共通之处，还可以知道在很多地方，很多人正从事着太阳底下最崇高的职业，孩子的未来、国家的未来、世界的未来，正式的起点就从教师的课堂开启。

那么，什么样的教师才是一名好教师？从参加工作的第一天我就在寻找，是教学成绩，是教学素养，是课堂状态，还是学生的欢迎程度？随着教龄的增长，我心中的教师标准一直在发生着变化。2014 年 9 月，习近平总书记在北京师范大学发表了“四有”好老师的讲话。有理想信念、有道德情操、有扎实学识、有仁爱之心，这正是我们每位人民教师毕生所追求和进步的方向。

我和同事们经常交流一个问题：“如果有人问你是干什么的，你会怎么回答？”我们一般会有如下三种答案。

回答一：我是教学的；回答二：我是一名教师；回答三：我是干教育的。

这三种回答方式体现了当老师的三个境界。第一种回答，只是把当老师当成了谋生的一种手段，关注的是课堂上知识的传授，还停留在教书环节，只是一名教书匠，没有体现出全面育人的本分，可能只是冷冰冰的教育；第二种回答，是把当老师确定为自己的职业，不仅具备相应的知识和技能，还有态度和情感的投入，会关注学生的全面成长，是有血有肉的教育；第三种回答，是把当老师作为自己的事业，将其看作具有一定的目标、规模和系统，对社会发展有一定影响的经常活动，为此事业会投入毕生的精力，永不疲倦、永不放弃，是有血有肉有情感的教育，是教书，更是育人，是立德，更是树人，如张桂梅校长。

如果再仔细琢磨，在“四有”好老师的四个维度里面，除了扎实学识属于教书育人之外，其他三个维度应该属于哪个方面的要求呢？其实，这是国家层面在提醒我们要落实“五育并举”，从单一的教书走向更加丰富的育人，引领老师们从一个教书匠走向一名教育者，从而培养出德智体美劳全面发展的人。

当然，当老师的三个境界也是教师成长和发展的历程，我们要做的就是把每一段历程用心、用力做好。本书就是阐述了一名普通老师的成长之路，这条路上有冲动、迷茫、困惑，更有方向、策略和方法。白岩松说过，只谈方向不提供方法的，就是骗子；既谈方向又能提供方法的，才是理想主义者和建设者。我不想当骗子，所以本书中谈的每个问题都提供了方向和方法。这些方向和方法根植于一线教学的土壤，成长于随时代不断变化的教育生态。每棵树都会结出不同的果子，由于我个人的局限性，所以本书的观点不一定是完全正确、科学的，但是只有沟通和交流才能进步，才会成长。我更想通过我的经历来引起读者的共鸣和思考。

我希望这本书不是在空洞地讲理论、枯燥地谈经验，我希望这本书能够离读者近一点儿再近一点儿，我想诚挚地邀请你来看一看一名教师从青涩到成熟的成长历程。

书中结合自身的成长和发展，融入了自己的感悟和反思，并形成了课堂、管理、家庭教育、事业发展各个方面的有实践价值的建议，希望能成为读者思考的基石。本书原来起的书名是《微光》，那是因为我感觉自己的渺小，我在努力散发出所有的但依旧是很微弱的光，尽管如此，我还是奢望能够或多或少给读者指一些方向和方法，这就是我写这本书的愿望。

目录

第1篇 致年轻的教师

第1章 课堂教学：关于上课的那些事儿

第1节 第一次被推门的尴尬 3
第2节 谈谈备课 6
第3节 新高考改革下的课堂教学 10
第4节 如何在课堂教学中培养学生的学习力 17
第5节 问题导向下的学历案教学模式 32
第6节 我的公开课历程 39
第7节 关于听评课 45

第2章 与教师谈谈自己

第1节 好好看看手中的“铁饭碗” 51
第2节 做你最擅长的事情 56

第 3 节　教师成长的境界和方向 60
第 4 节　谈谈农村中学教师成长的平台 63
第 5 节　新高考的红利你要拿！ 67
第 6 节　怎么写反思 71
第 7 节　青年教师的成长 77
第 8 节　教育是一门“慢”的艺术——德育第一 84

第 2 篇

真正看见学生和家长

第 1 章　让家长真正看见孩子

第 1 节　家庭教育水平与家长的学历、背景并无因果关系 91
第 2 节　家庭教育的方向是什么？ 94
第 3 节　真正看见孩子 97
第 4 节　谈谈爱和尊重这个话题 101
第 5 节　孩子是父母的作品 104
第 6 节　当教师是一位家长 107
第 7 节　如何看待“问题孩子” 110
第 8 节　重视生活教育 115
第 9 节　我们对孩子的期望 117
第 10 节　焦虑的母亲 121
第 11 节　缺位的父亲 126
第 12 节　最好的家庭教育模式 131

第 2 章　谈学生的成长

第 1 节　让学生真正地认识自己 137
第 2 节　自制、自律和自治 145
第 3 节　信仰与方向 148
第 4 节　关于体验和见识 150
第 5 节　学生内心的锻造和成长 153
第 6 节　注重思维成长 156
第 7 节　深度学习和学习方法 164
第 8 节　做题之中现格局 170

第 3 篇
从一线教师到学校管理者

第 1 章　年级主任成长记

第 1 节　临危受命 175
第 2 节　先将管理踩在脚下 176
第 3 节　三次流泪 180
第 4 节　找到方向 184
第 5 节　勇于改变 188
第 6 节　十八金刚——最好的班主任 189
第 7 节　奇迹还可以从哪里来呢？ 194
第 8 节　再烧一把恰到好处的火 196

第 9 节　信任铸就自信 198
第 10 节　也无风雨也无晴，平平淡淡才是真 200
第 11 节　哭笑不得再出发 202
第 12 节　何去何从 206
第 13 节　最好的“二人转” 209
第 14 节　新的“十八小金刚” 213
第 15 节　教研组的建设 217
第 16 节　拯救自己 228
第 17 节　让人坚持的力量 232
第 18 节　生死看淡，不服就干 234

第 2 章　与干部谈管理，从制度走向文化

第 1 节　级部管理的第一阶段——走动式管理 240
第 2 节　级部管理的第二阶段——分部式管理和分布式管理 245
第 3 节　级部管理的第三阶段——“真正的闭环系统” 247
第 4 节　级部管理的第四阶段——制度化管理 251
第 5 节　级部管理的第五阶段——文化管理 256
第 6 节　级部管理的第六阶段——融入式管理 271
第 7 节　级部管理的第七阶段——培养人 275
第 8 节　关于管理的几点建议 282

第 4 篇

新的未来

教育专家梦

第 1 节　寻找新的方向 293

第 2 节　我的读书 295

第 3 节　“要到哪里去”的继续追寻 302

第 4 节　体验考研之路 307

第 5 节　第一个专家称号 311

第 6 节　专家报告的开始 313

第 7 节　演讲的准备和成败 318

第 8 节　大场合的“亮剑” 322

第 9 节　将“折腾”进行到底 325

后　记

关于人生 328

关于选择 333

第 1 篇

致年轻的教师

第1章　课堂教学：关于上课的那些事儿

很多年来，教师都被称为“教书匠”，老师们也常常这样说自己。尽管教师的责任和工作远比“教书”的范围大得多，但是现实意义的“教书”——课堂教学确实是一位教师最重要的职责。在我看来，上课，是一名教师的本分，如果教师不上课，就不能被称为真正的教师。

人到中年，很多人会感觉到职业的疲惫感，感觉事业发展到了瓶颈，有些教师也觉得现实很累、前路迷茫，值得庆幸的是，从2001年参加工作至今，我竟然从来都没有感受到所谓的职业倦怠感，更没有感受到课堂倦怠感，因为我认为上课是一件很快乐的事情：学生用那种崇拜、求知若渴的小眼神期待着你的课堂，你会拥有满满的成就感；当你精心设计学生的学习过程，一步步引导学生的思维养成，看到他们一天天进步，你会拥有满满的自豪感；当你像一位指挥家或者设计师一样把课堂打造成艺术殿堂，让孩子们学会做人、做事、做学问，你会拥有无比的满足感……

我想，无论何时何事，此生我都不想离开课堂教学，课堂教学才是我一生中最重要的舞台。

第 1 节　第一次被推门的尴尬

我今年 42 岁了，第一次被教研员听课的感觉即使到我退休也不会忘记。那时我刚刚大学毕业，很不适应早上 5:00 起床、晚上 11:00 才休息的高中班主任的工作节奏，感觉每天都是晕晕乎乎地上班和下班。学校要求青年教师每天都要先听老教师的课再上课，而我们这些青年班主任就将听课的这段时间当成了恢复“混元真气”的宝贵时光，据说当时数学组的一位青年班主任因为太困，所以选择站着听课，竟然倚着门站着睡着了。

我第一次被推门听课那天是 2001 年 9 月 11 日，教师节后的第一天，也是高一军训完后正式开学的第三天，天气晴朗。

上午 7:00，学校突然通知市里的化学教研员要来听今年刚毕业的三位青年教师的课，“教研员”对于刚毕业的青年教师来说是一种很特殊的存在。我当时就慌了手脚，因为和我同时毕业的两位女教师特别认真，特别优秀，人家采取的策略是延后上课（今天听老教师的课，然后回去认真备课，明天再讲今天听到的内容），而我却和老教师进度同步，听完老教师的课后再对自己的备课进行修改整理。当时的我只能祈祷第一节千万别听我的课，至少让我先上一节课熟悉一下再让教研员听我的课。那节课有演示实验，我带着实验器材提前到了教室，一边心里忐忑不安，一边眼睛在向外搜寻。突然间，走廊上出现了栾校长的身影，紧跟在后面的是一位高高大大、看起来非常严肃的中年男子。我当时感觉心脏在那一瞬间停滞，眼前一黑，差点儿晕过去。待两位领导和三个年级的十多位化学教师全部坐定后，我用颤抖的声音说了一声“好，上课，同学们好”。随着全体学生的一声“老师好”之后，我的噩梦正式开始了。

那节课一开始，我就不断地重复“拿起教案然后再放下”的动作，因为我发现自己已经不知道课讲到哪里了。汗水悄悄地湿透了背上的衣服，慢慢地紧张到感觉不能呼吸了，口干舌燥，耳朵嗡嗡作响，我已经完全听不到自己说的话，然而我却不知道这噩梦般的一切其实才刚刚开始。

要做演示实验了，这个实验是用一团干棉花包裹住过氧化钠粉末，然后用胶头滴管滴加蒸馏水使之发生反应，因反应剧烈并放出大量的热，棉花会燃烧起来。我突然发现一个严重问题：干棉花是密封在一个玻璃器皿中，要用镊子才能取出来，可是我竟然没有带镊子！我皱着眉头用手指抠了半天，手指根本不够长，怎么办？我头上的汗从脸上滑落下来，突然发现坐在前面的学生课桌上有一双筷子，我伸手就拿了过来，错误操作就错误操作吧，至少可以将实验进行下去。我用筷子硬生生地将棉花挑出来，然后手忙脚乱地把过氧化钠包在棉花里，却发现没地方放棉花团了，因为棉花团要放在石棉网上燃烧，我也没带石棉网。管他呢，总不能放在讲桌上燃烧吧！我顺手就将一片玻璃片拿了过来，应该问题不大。在悲伤中我狂喜，就差最后一步滴蒸馏水就可以完成这个让我崩溃的实验了，我的天哪！滴瓶也没有带，哪怕有个洗瓶也可以啊，可是我压根就没有带水。我又一次动用了筷子，蘸着学生吃饭用的快餐杯中的水硬着头皮将水滴了下去（我当时还考虑过如果教室里没有水，我就用汗水滴，反正我觉得绝对足够用），发生反应了，燃烧了，成功了，紧跟着玻璃片爆炸了……

这种一波未平一波又起的节奏贯穿了我那天的整节课，天知道我是怎么熬下来的。终于听到那宛转悠扬、无比美妙、救命的下课铃声了，听到下课铃声的时候我简直要落泪，原本普通的铃声在我耳边简直是仙乐。当然，那天最精彩的时刻也随之到来，我说的最后一句话直接让全体崩溃——“好，下课，同学们好！（此处应为‘同学们再见！’）”我很感激也很钦佩我亲爱的学生能够把笑硬生生地憋回去，但我估计中午休息的时候他们会笑到肚子疼。

那节课已经过去20年了，但评课时有两个人的话我至今仍然铭记于心。第一位是教研员荆老师，他说，一名教师，如果班主任当不好可以不当，但是课上不好你只能下岗。另一位是化学组一位德高望重的老师，他安慰我，这节课讲得的确不好，最后那句‘同学们好’其实在某种程度上已经说明你讲得不好的原因，你实在是太紧张了。

这件事情其实还没结束，那天，两位女青年教师讲课非常精彩，所以教研员安排这两位刚毕业一个月的老师参加市级公开课。让我备受刺激的是，两位女教师去市区讲课，而我作为组内唯一的男青年竟然还要去打杂——我还要全面负责实验的准备工作。

每一次体验痛苦都是一次成长。那节课是我课堂教学的转折点，从那之后，我就在备课上发了狠，时时刻刻都在研究课堂教学，走在路上会琢磨，吃饭的时候也会思考，临睡前也会反思当天课上的表现。每天的合作学习时间（晚上9:30–10:00学校要求班主任到教室陪伴和指导学生学习）我就模拟讲课，在讲台上扭来扭去，在黑板上写来写去，口中还念念有词，刚开始学生还像看猴儿一样吃惊地看我，到最后就习以为常。其实，人和人不是没有差距，差距是初心和做法坚持的时间。我就是凭着这股狠劲，让自己的课堂教学慢慢地步入了正轨。

第 2 节　谈谈备课

如同人的成长一样，每名教师的课堂教学都有其自己的成长过程。有的人一出生就在罗马，如名校毕业的学生或中学名校的教师，起点和平台就摆在那里。大部分的普通教师则要从零开始，更多的人还需要笨鸟先飞，当然即便是先飞也存在晚进林的可能性，备课亦是如此。

对于备课，可以用两句看似矛盾的话来概括：备课真的很容易，备课也真的很不容易。我可以花几分钟的时间来准备一节课，比如只要拿着去年的教案随便翻翻，估计讲得也差不到哪里去；也可以用好几天的时间来准备一节课，经过反复地打磨、试讲、修改后再上课。我回顾了 20 年的备课历程，认为一名教师的备课历程可以分为“七重境界”。

第一重境界：将知识讲全、讲对。

作为教师，想做的其实有很多，但是能力的提高需要一个过程，如果是刚入职的教师，能够将一节课的必备知识讲全、讲对就做得很不错。作为一名刚刚毕业的小菜鸟，课堂上的理论知识与真正的教学实践是存在差距的，开始最重要的是沉淀和积累，要耐得住性子听课、思考、积累，才能内化成自己的教学经验和成果。

在这里，我谈一下听课，这是青年教师成长的必修课，需要注意几个问题：

第一，万万不可刚听完课就立即上课，哪怕想当一个复读机也不行。如果这样做，就会发现根本当不成复读机，而是直接死机。青年教师最好的授课方式就是自己先备课，然后再听课，根据听课的内容对自己原来的备课进行调整，可以融入老教师的课堂元素，最终形成自己的课堂教学。

第二，不要只听一位老教师的课。每位教师讲课都有自己的风格，如果只听一个人的课很容易成为一个复制品，会被固化在一种模式里。我曾经连续一个月听一位老教师的课，后来竟然发现自己课堂上走路和说话几乎都和他一模一样。

第三，听课时，要有自己的观察维度。一名刚入职的青年教师，应该从环节设计分析、重难点突破、课堂主线的思考、双边活动的设计、课堂节奏感的把握、课堂语言的打磨等方面逐一进行针对性听课并展开思考。带着目的去听课，可以更加清晰地找到理想的课堂设计。

第二重境界：真正能够把握教学的重难点。

备课的第二个阶段就是要知道哪里是本节课的“重难点”和“三易点”（易错点、易混点、易漏点），听课时要明确哪里是重难点，而且对重难点的突破要有一些自己的思考和见解，如果能做到这一点，说明备课已经达到第二层境界。

第三重境界：寻找并形成课堂主线，让课堂不再零散。

青年教师和老教师最大的区别就在这里，有可能必备知识没有问题，关键能力也没有问题，重难点突破也做得不错，但是青年教师的课不够系统，缺少主线进行串联，就会显得零碎。因此要学会寻找课堂主线，让这根主线将课堂串起来，将知识和能力通过知识线和能力线进行组合，“大珠小珠落玉盘”，那么课堂教学就达到第三重境界。

第四重境界：打磨课堂语言。

尝试将课堂上要说的每一句话都写出来，寻找最好的表达方式，将课堂语言做到精练有效。对于我这种语言文字水平不怎么样的理科直男而言，这个过程比较痛苦，因此过这一关我着实吃了不少苦头。我用的是笨办法：首先，将我从进入教室到离开教室所说的一堂课的每句话都写下来；其次，我会反复揣摩每一句话，并对语言进行锤炼和打磨；第三，我会找一位语文老师帮我修改语病并理顺句子；最后，我会模拟讲一遍，根据模拟讲课，在课堂上要说的话进行最后一次定稿。虽然我做不到每节课都这样“折腾”自己，只能在一个星期里选一节课用这样的方式来提升语言表达能力，但“驽马十驾，功在不舍”，就这样一点点儿积累，最终我做到了课堂 语言的简捷明快。

第五重境界：寻找每节课的亮点，打造具有自我特色的课堂。

同一堂内容的课讲的遍数多，听的遍数多，不免有点味同嚼蜡，估计听比赛课的评委的感受会更深。我有幸担任过几次比赛课的评委，有时我会很自责，因为一拿到一节课的题目，我的脑海里瞬间就会浮现讲这节课的思路和脉络，所以即使是讲课排序第一的选手也未必有便宜可赚，但可以肯定的是越往后出彩的机会就越小。第五重境界对教师的天分和勤奋要求最高，因为需要打破常规和禁锢，通过课堂的亮点来博彩，呈现与众不同的课堂，这样才能脱颖而出，天分和勤奋缺一不可。

以前每次外出讲公开课或比赛课，我一般不去看网上的优秀案例，因为我怕自己被束缚在这些优秀案例的框架中。此外，也许其他选手也会看这些案例，讲课时没准会撞车，有时候走捷径其实是走进一个死胡同。我的思路是：先找出这节课的主线，然后对本节课的重难点进行思考，找出属于自己的突破方式，以更好的方式或程序去呈现课堂。我经常创造性地改进实验，或者灵巧地铺设台阶来锻炼学生的思维，还会设计灵活的教学环节来活跃气氛，甚至大胆地通过对知识的系统提升和学科内不同板块知识的跨越来形成学生的学科素养。总之，这些操作都是源于自己的，其他选手很难想到。之后，我再去看看网上的优秀案例，看看有没有更好的内容和方式可以借鉴，或者看到他们的亮点可能会触发我新的思考和改变，只有这样准备课堂，才有可能出彩并胜出。

2010 年，我参加了潍坊市教学能手评选讲课。一共 13 位教师参加教学能手评选，讲课的题目是《同分异构体》，一共讲两天。这么多教师讲同一节课，我抽中的是 13 号，最后一位，下下签。我猜想，没准评委还没到我讲课就听得想吐了，各位可以试试坐在同一个位子上连续两天一动不动地听同一内容 13 遍。不过，我对自己却非常自信，甚至压根就没试讲，直接从我写的“《九阴真经》”（我自己写的一本课堂教学设计，因为特别喜欢金庸的书而借用了书中的一个名称）里找出来相关内容制成课件就出发了。这节课的课堂设计是我自己多次思考后得出的，这种找同分异构体的方法和步骤是我自己研究出来的，这种方法我已经在课堂上实践了两三年，效果颇佳，这些都是我无比自信的来源。这次比赛我获得了第一名，后来教研员安排我在全市的高三化学老师面前又重新讲了一遍这节课，并向全体化学老师推荐了这种寻找同分异构体的方法，我感觉特别有成就感。

第六重境界：自成一派。

我们大都始于模仿，然后经过积累和沉淀，最终成长为属于自己的样子。我可以很崇拜某些名师和专家，我也会不断地学习和模仿他们，但是我不会一直模仿，不会成为他们的复制品，因为每个人的特质是不一样的。我认为，我的课堂属于我自己，不应该为了走出去大放异彩而一直跟随谁，我宁愿自成一派而“独乐乐”，且乐在其中。每位教师都可以去寻找，进而确定自己的教学风格和课堂特色。课堂节奏、面部表情、手势、声音大小和节奏感、课堂驾驭感……这些都是属于你自己的，当然你也可以自成一派，结合你的特质（需要了解自己）打造最适合自己的派别。

第七重境界：备课如同龙飞在天，永无止境。

备课无止境，如果哪位老师说他的课到达最高点，你不必点评，直接鄙视他就好了。科技在发展，时代在进步，人们的观念在转变，我们的学生和作为教师的我们，思想也一直在变化、进步，教师的课堂也不是一成不变的，永远会有新的内容、新的方式、新的挑战出现，备课永不停止，我们的课堂教学也永远推陈出新。

第 3 节　新高考改革下的课堂教学

从 2014 年起，浙江省、上海市开始实行新高考政策。2017 年，山东省、海南省、北京市、天津市作为第二批地区紧随其后。之后，很多省份也相继开始新的教育改革。面对新的高考形式，很多教师感觉有些忐忑，但我认为新高考最终落脚点还是在课堂上。教育部考试中心前主任姜钢在《中国教育报》曾发表文章，提出了“一核四层四翼”的评价体系，指明新高考下的课堂方向并提出整体框架。那么，作为教师应该怎么理解“一核四层四翼”，从而对其进行落地操作，实现课堂的转型呢？我们当下的课堂又该何去何从？

有人说课堂改革是课堂模式的改革，我们要从传统课堂走向现代课堂。要理解这句话，那就要先理清传统课堂与现代课堂的区别。传统课堂的特点可以总结如下：

（1）我讲——你听，我问——你答，我写——你抄，我给——你收。

（2）学生状态：不爱问，不想问，不会问，无主动性，无自主性，无创造性。

（3）最终结果：只有意志力、自律性强的学生能够坚持下来。

从传统课堂走向现代课堂，课堂改革的方向是在学习方式上，表现为从各自呆坐的学习走向活动性学习，从习得、记忆、巩固的学习转向探究、反思、表达的学习；在教学方式上，表现为从传递、讲解、评价的教学转向触发、交流、分享的教学。在课堂上，学生的状态应该是积极活跃、充满激情的，应该是善于思考、勇于展示的，应该是与同学交流积极、与教师互动频繁的，让学习真正成为学生自己的事情。

也有人说课堂改革是转变教师角色的改革，引领教师从普通教师走向专家型教师。

（1）普通教师：擅长简单教授，注重学科知识，关注教，着眼成绩。

（2）骨干教师：擅长教学技能，注重学科方法，关注教和学，着眼成绩。

（3）专家型教师：擅长教育技能，注重教育学、心理学、哲学，超越了学科范畴看待成绩，关注人的发展，着眼核心素养。

这两种看法都有一定的道理，前者侧重于课堂模式，后者侧重于教师的专业发展，但是我们一线教师最缺少的其实不是理论引导，而是具体的能够落地的操作方法。

下面是我对新高考形式下的课堂转型的一些思考，希望能为一线教师提供一点儿帮助，或者提供思考和成长的契机。

下面的图片是我在外出讲课时所用到的两张 PPT，第一张 PPT 是在概括和提炼，最终总结并提出课堂教学的重心是提升学生的“学习力”，第二张 PPT 是围绕提升学生的“学习力”展开的，讲述教师应该如何开展具体的教育教学活动。

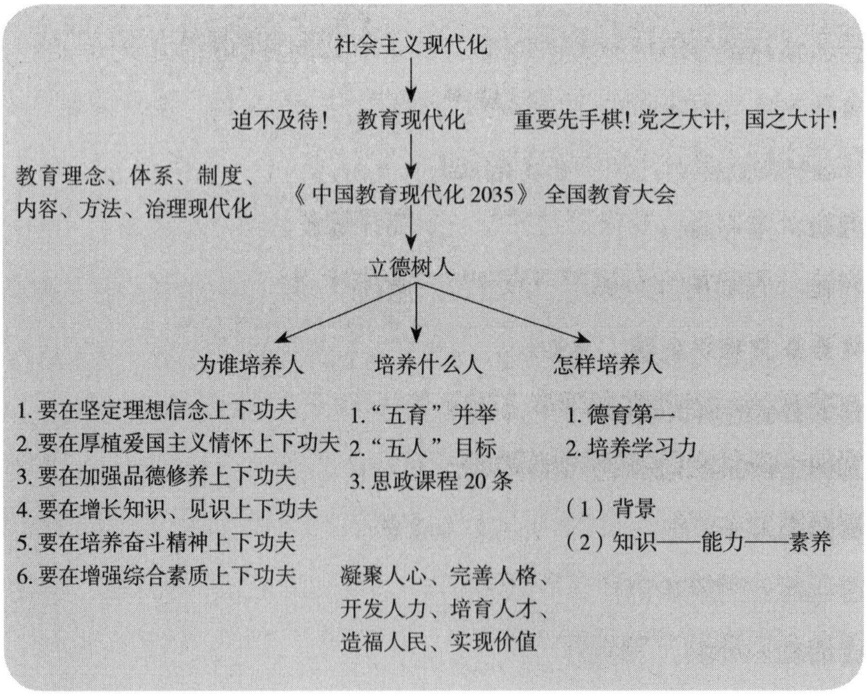

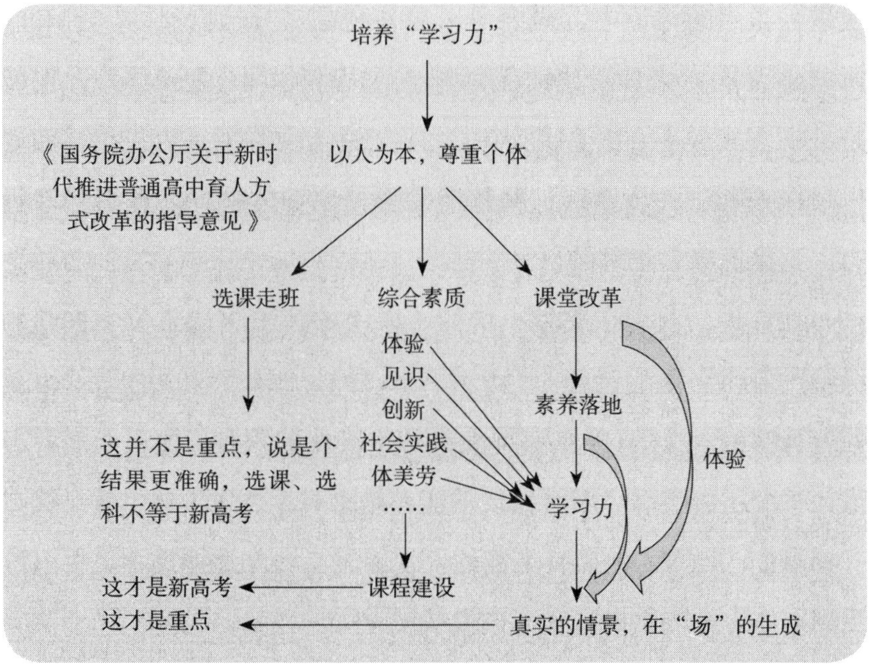

我们只有理解了什么是“学习力”，才会发现新高考改革就是围绕着“学习力”展开的，最后再思考如何提升“学习力”。在很多欧美国家其实没提什么“学科素养”，人家就是叫“学习力”，也就是指一个人学习的能力。在知识大爆炸的现代社会，我们不可能在学校里教会学生所有的知识，我们要在他们的学生时代教会他们学习、思考的能力，富有“学习力”才能在未来的世界中胜出。

2018年，我一时心血来潮参加了研究生考试，基本上是裸考，最终政治58分，英语60分，教育管理117分。我当时召开了一个班会，让学生来分析我是如何考到这个分数的。学生讨论得非常热烈，得出一个答案：老师，因为你比我们年龄大。我顿时目瞪口呆！之后，我问：“那劳务市场很多大爷、大妈年龄比我还大呢，你也让他们来做这些题看看能不能考到这个成绩。”于是学生再次进入激烈的讨论中，最终得出的答案是："老师，你见多识广，所以学习能力强！"当时我就陷入了思考，"见多识广"，也就是见识多和体验多，但是当时我不知道这个答案是否正确。随着思考深入和进一步实践，我逐渐发现见识和体验可以提高"学习力"这个答案是正确的。

比如说，我现在拿叔本华的《人生的智慧》这本哲学书给年级第一名的学生看，他估计看不下来，因为他缺少人生体验。但是假若我拿给一个 50 岁左右哪怕是初中毕业的人看，他反而能看得懂，甚至还会喟叹"哎呀，说的实在是太对了，人生啊，就是这么一回事"，是因为他拥有丰富的人生体验。因此某种程度上可以说见识和体验是能够提高一个人的学习力的。

2017 年北京市高考文科考了第一名的孩子说了一番自己的认识："农村地区的孩子，越来越难考上好学校。像我这种，属于中产阶级家庭的（孩子），衣食无忧的，家长也都是知识分子，而且还生在北京这种大城市，所以在教育资源上享受这种得天独厚的条件，是很多外地孩子或农村孩子所完全享受不到的。所以这就决定了我在学习的时候确实能比他们走很多捷径。"这段话比较犀利，说的却是残忍的事实。在强基计划、综合评价招生的多渠道提前录取下，一些名牌大学留给普通孩子的名额已经所剩无几。我记得电影《教父》中有一句台词总结得特别到位——我可以几秒钟看清楚你们几年都看不透的事情！像北京这种大城市的中产家庭，很多学生的父母往往都是大学教授、企业高管、著名医院的医生等，父母的朋友很多也是学富五车的人物，认识一个牛津、剑桥或者哈佛大学的教授一点儿都不稀奇。有些孩子从小上的就是名校的附小或附中，一到暑假就飞到世界各地参加夏令营。我们所谓的博雅教育——国学、戏剧、话剧、网球、芭蕾舞、小提琴等，是这些孩子的标配。十八线小城市、农村地区、偏远的山区的普通孩子从小到大每天看到、听到的又是什么呢？不是说原来的考试体制下没有差距，而是新高考明显加大了这个差距。如果教师与学生不改变观念，逆袭之路就会愈发艰难。同时，我们必须承认，见识能够提升“学习力”是毋庸置疑的。我们的老师有时候会发出这样的感叹——“现在的学生一级比一级差”，为什么会这样呢？我们承认身边的孩子比很多大城市的孩子可能普遍见识少，但是孩子的见识总不会比十几年前的孩子少吧！我的回答是：缺少体验。

怎么可能缺少体验呢？举个例子。有一年春节，家务活儿比较多，我的母亲对我的儿子说：“孙子，过来择韭菜。”孩子不假思索地回答：“奶奶，我不会。”我跟上了一句：“择吧，不择一辈子都不会。”紧接着我的母亲说：“好好看着哈，第一步先把最外层坏掉或蔫了的叶子去掉，第二步剥掉外皮，最后一步掐去带有泥土的部分……”我连忙制止了母亲的继续说教。我说：“儿子，我们就是想吃韭菜，你想办法把我们不该吃的部分去掉吧。”对比一下，我和我的母亲的教育方式到底有哪些不同呢？我的母亲教会的是一种择韭菜的技能，培养的是一个能够熟练择韭菜的工人，他不需要思考，只需要简单地重复就好。我想让孩子主动去思考、尝试和体验，从而收获心智的成长，而不仅仅是让孩子学会择韭菜这项技能，后一种教育应该更有生命力。

每一棵韭菜都是不一样的，我们在择韭菜的时候要学会实事求是，有针对性地采取不同的措施（有的没有坏掉或蔫了的叶子，有的全部都是不能要的，有的很鲜嫩，并不需要去掉叶子甚至外皮），通过这项家务可以让孩子学会统筹安排。谁规定最后一步一定是掐去有泥的部分？每一棵韭菜是一棵棵掐，还是最后顺齐了一刀全部切掉，哪种方法更有效率？这两种方法的优缺点是什么？采取这种方法的理由是什么？怎样才能弥补方法上的缺点？（形成闭环系统，有反馈和检查的意识）

我们在学校实际的教育活动中可能也安排了不少劳动项目，也在积极践行劳动教育，但是我们很可能没有意识到劳动的初衷是什么，仅仅是培养孩子的劳动精神，崇尚劳动光荣吗？在我看来，劳动本身很重要，但是怎么劳动更重要。

十几年前的学生家长不会也没有那么多的精力去包办孩子的一切，去“准确”地指导孩子，去规定步骤一、二、三，而是直接分任务干活。虽然那时发生的儿童意外伤害比现在高得多，但是孩子们会观察，会思考，思维没有固化，那才叫真正的体验。我们现在的教师和家长为什么不每天设计一些这样的体验来培养孩子主动思考和善于突破的思维方式呢？比如说，给小孩子一个被罩，让他把被子套进去，不必指导，不必演示，思考就是进步，体验就是成长。

我举上面这些例子是想说，我们现在很多孩子学习力下降，横向比大城市的孩子缺少见识，纵向比十几年前的孩子缺少体验和思考，生活中思维固化，从而学习力下降，无法面对未来世界的挑战，追求这种现状的改变就是我们新高考的初衷。

现在我们应该明白这次新高考改革都是围绕着什么来展开了吧。为什么要轰轰烈烈地搞综合素质评价？为什么要开展社会实践活动？为什么要进行劳动基地建设？为什么要实行实践课程开发？新教材为什么添加了那么多生活和社会中的微课程？……这些其实都是围绕着如何提升学生的体验和见识，进而提升学生的学习力来设计的。

那么，增加体验和见识，进而提高学习力，这些与课堂教学又有什么关系呢？由此及彼，自然就是要让我们的课堂教学中学生能够有更多的体验，更多的见识。借助上面的思考结果，我们再来看看这个“一核四层四翼”，心里也就有了眉目。

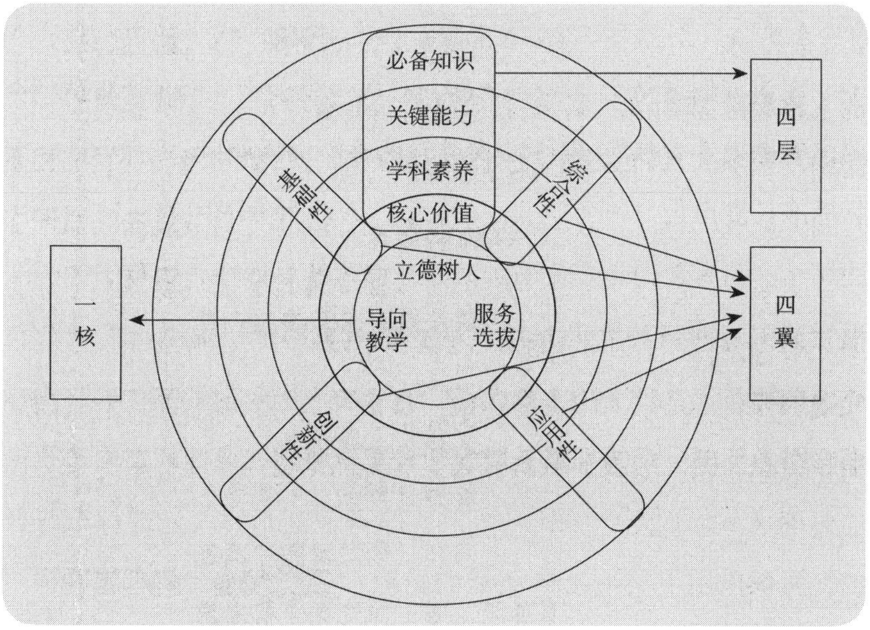

第 4 节　如何在课堂教学中培养学生的学习力

必备知识需必备，关键能力很关键。这两者其实只是载体，本意是要在学习这些必备知识和掌握关键能力的过程中让学生培养学习力——学科素养，这个才是我们教育改革的目的，也是高考考查的对象（高考题考查立意逐渐从知识立意过渡到能力立意，最终落脚素养立意）和课堂教学的重心。因此我们新高考形式下的课堂要通过生成必备知识，探究应用过程，塑造能力，提升思维，培养学科素养。

接下来，我们来认识上面提到的几个关键词语。

必备知识

在讲如何对待必备知识之前，先讲一个关于4.85英尺的故事。美国铁路轨距是英制四英尺八点五英寸，即4.85英尺，换算成国际标准长度单位“米”，为1.435米。为什么美国用的是这么奇怪的尺寸？因为美国是按英国的铁路标准建的。为什么用英国的呢？因为美国的铁路最早是由英国人建的，当然用英国的标准。那么，英国的标准是怎么制定的？英国的铁路沿用的是本国电车铁轨标准，因为英国早期的铁路是以前建电车轨道的人设计的。电车轨道的标准又从何而来？参照马车的，原来造电车的人是造马车改行的，所以采用了马车4.85英尺的轮距。马车为什么制造成这样？因为当时路上凹陷的车辙就这么宽，如果用其他轮距的话，马车的轮子不合辙，很快会磨损、撞坏。这些辙迹又是哪儿来的？答案是古罗马人留下的。公元前55年，古罗马军队侵入大不列颠岛，驱使着两轮间距为4.85英尺的战车在英国乃至欧洲大地上纵横驰骋，到处碾压出深深的车辙。罗马人为什么按这个尺寸造战车？原因很简单，牵引的动力是两匹马，4.85英尺是两匹马屁股的宽度。讲这个故事干嘛呢？这个4.85英尺就是必备知识，我们原来的课堂会如此说：“同学们，这个4.85英尺很重要啊，要记住！明天老师上课要检查！”第二天上课的时候，老师会这样说：“同学们，上一节课老师讲了美国铁路轨距的问题，同学们记住了吗？检查检查？要不默写？”“竟然没写出来！给我罚抄50遍！还不行的话，那再练两遍吧！”学生终于记住了4.85英尺，然后教师可能会再给大家讲一个4.86英尺的事，后天讲4.87英尺，很悲催的是考试竟然是考4.84英尺。因此我们的课堂不能盯着这个4.85英尺，而是要讲4.85英尺这个知识点的生成，然后学生自己会生成4.86、4.87、4.84……这就是“学习力”！作为教师的你知道现在很多题目都要从学术期刊上找吗？所谓的无情境不命题，但是这个情境绝大多数人肯定想不到、讲不到、练不到，考的就是在新情境下学生知识生成的能力如何，其实就是考查学生的学习力，即考查学科素养。

接下来讲一个高中化学学科的例子：实验室制取乙酸乙酯，最后用饱和的碳酸钠溶液来吸收。

“同学们，这个知识点很重要啊，必考！有三个作用：第一是中和乙酸，第二是溶解乙醇，第三是降低乙酸乙酯的溶解度，便于析出分层。请记住，下节课我要检查。”这就是我职业生涯的前17年讲授的方法。前几天我看了网上的全国优质课，那位教师也是这样讲的，我当时看完课堂实录就忍不住笑出声来，和我以前的讲课就差两个字——“必考”。这样的课堂能让学生提升学习力吗？这个知识的生成过程教师培养了学生多少学科素养呢？如果没有，一切都是白费功夫！我们只是让学生干巴巴地记住了毫无生命力的知识。

17年后的今天，我现在会这样讲，或者准确地说我会这样问：

实验室制取的乙酸乙酯里有哪些杂质？

杂质乙酸属于酸类，应该用什么除掉？

乙醇属于醇类，应该用什么除掉？

酸用碱溶液来除杂，你先想到的是哪种碱溶液？

氢氧化钠碱性太强，那么降低溶液的碱性，你会想到什么？

碳酸钠和碳酸氢钠的碱性都要比氢氧化钠的碱性弱，为何要选用碳酸钠？

为何要选用饱和的碳酸钠溶液？

学生在解决这些问题的过程中，就推导出了实验室为何要用饱和碳酸钠溶液来吸收乙酸乙酯，自然也就掌握了饱和碳酸钠的三个作用，而这个必备知识自然而然就完成了它的使命。在必备知识生成的过程中我们培养了学生的学科思维、学科素养，当然学生也就可以很从容地解决类似于 CO_2（混有 HCl 气体）等物质的一系列除杂。再举一个更加通俗易懂的例子，语文这个学科为什么称为“语文”？我们称为语文是因为上学的时候这门课程的书上就写着“语文”，但是很少会有人思考为什么语文是“语文”，仅仅是这个稀松平常的名称就可以产生很多思考。

第一，为什么是这个名称？是语言和文化的合称吗？是口头语言和书面语言的合称吗？

第二，为什么“语”在前，“文”在后，而不是反过来？我们是否可以从“语文”两个字中看出人类的发展历程？在人类发展史中，是先有了语言还是先有了文字？一个人的成长是先学会说话还是先学会写字？

第三，一个人只要会说就会写吗？只有会说才会写吗？这是个数轴关系吗？有的人可能因为身体原因不会说话，那他如何学会写字的呢？他要克服哪些困难呢？

第四，一个人会说就能说好，会写就能写好吗？从会说到说好需要经历哪些历程？从会写到写好需要经历哪些历程？

第五，从不会说到会说，再到说好，从不会写到会写，再到写好，你觉得每个节点进阶的方法应该是怎样的呢？你现在处于哪个阶段？应该如何进阶和突破？

用一节课的时间能不能讲明白“语文”这两个字呢？学生将这五个问题真正弄清楚又会获得哪些方面的成长呢？考试是考“语文”这两个字如何书写，还是考解决问题过程中学生所形成的学科素养呢？

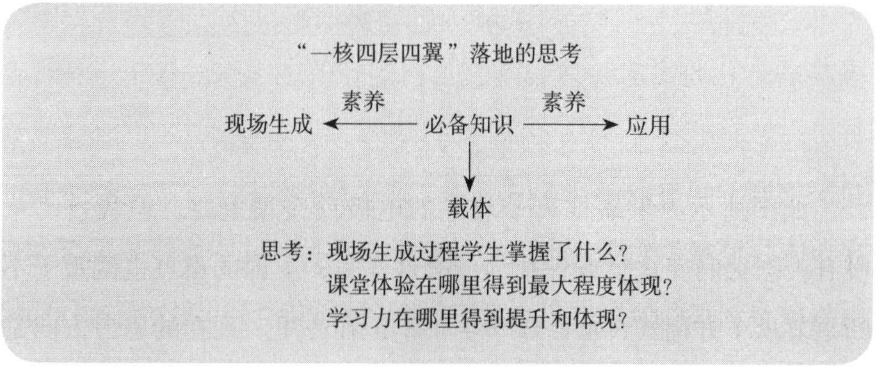

综上所述，关于必备知识我们在课堂教学中要重视“现场”的生成，要注意是现场生成而不是只存在于备课过程或教师的脑海中。在将必备知识作为载体提升学生的学科素养的时候，要注意思考如下三点：第一，现场生成过程中学生掌握了什么；第二，学生的课堂体验在哪里得到最大程度体现；第三，学习力在哪里得到提升和体现。

课堂教学中要注意设计必备知识的重点“探来龙”，努力“探去脉”，课堂上能够设计学习活动让学生“探来龙”，能够引领学生“探去脉”，这就是学科素养培养的最佳方式。接下来，通过具体的例子可以再加深一下理解。

课堂教学中的重点是“探来龙”：

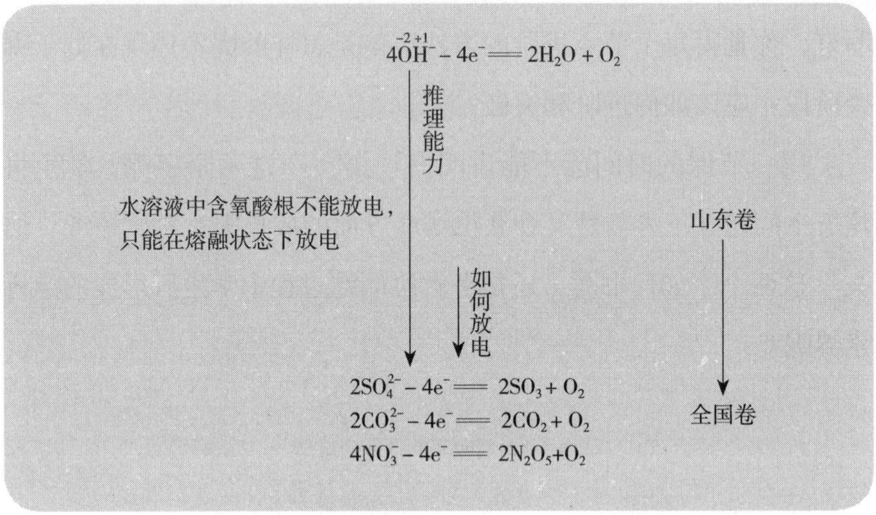

如图所示：氢氧根离子放电的电极反应很重要，但我自己从没有去刨根问底这个方程式为什么这样写，上课的重点也侧重于不断重复这个方程式，从而让学生牢牢记在心里。现在的思考方向是通过学习氢氧根放电的电极反应知识学生能够掌握哪些关键能力，培养哪些学科素养。

在这里，“探来龙”是这样做的，在教学中先后设计了如下问题：

（1）OH^- 是在哪一极放电？

（2）在阳极放电的反应类型是氧化反应还是还原反应？

（3）OH^- 中哪种元素的化合价因发生氧化反应而升高？

（4）氧元素的化合价从 –2 价可以升高到 –1 价和 0 价，这两种价态对应的产物分别是谁？

（5）–1 价对应的过氧化氢容易分解成水和氧气，所以最终产物都是水和氧气是否正确？

设计五个问题，学生解决问题的同时形成了对 OH^- 放电的真正认识，这个过程无形中也培养了学生“证据推理和模型认知”的化学学科素养，而这才是最有生命力的。

课堂教学中还要努力去“探去脉”：

“探去脉”这个要求对教师而言确实很高，我听过很多一线大咖老师的报告，反复指导我们要多看相应学科的期刊、大学教材，然后尝试去命制新情境题目。听后我感觉很惭愧，因为大学教材我看不进去，学科期刊我也看不懂，我就是一个普普通通的化学老师，也没有什么雄心壮志去成为化学大咖，所以我把重心放在了“探来龙”和“探去脉”上。因为新情境我们是不可能全部捕捉到的，即使我们能捕捉到新情境，也命制不出高考那种档次的题目，没有“造峰”的本事我们只能把地基打得更深、更牢，这样在学生登高的时候才能行得更稳，走得更轻松。

上图中那三种含氧酸根离子在水溶液中不能放电，但是在熔融态可以放电，以前的山东卷一般就考查到这种程度，记住知识点能解决大多数的问题。但是课标卷就可能会问：“我知道这三种含氧酸根离子在水溶液中不能放电，在熔融态可以放电，那又如何放电呢？电极反应式应该如何书写呢？”这就有了新高考的味道了。如果我们能够把氢氧根离子的来龙讲明白，学生自然就会把课堂上教师问的问题在考场上再问自己一次，就完全可以搞得定题目，出现哪种新情境也不会害怕。说到底，努力“探去脉”的前提就是重点“探来龙”，这也是我们学科教师上课的重点所在。

关键能力

“必备知识”的生成过程能够培养学生的关键能力和学科素

养，那么，“关键能力”的培养过程又是怎么形成学科素养的呢？

教学中很让人担心的一面是教师将关键能力搞成套路，进而将思维固化，但这正是我们传统课堂的教学模式，套路化教学在我们的课堂教学中无处不在。比如：同学们，第一步是这样的，第二步是这样的……以后做题就是这个模式和步骤，记住了吗？这样做，学生确实可能会这种题型，但是每节课、每天都是如此，给学生养成了固定的思维模式，这是最可怕的，如同前面讲的择韭菜的例子。因为新高考下的命题情境是全新的，学生有时看都看不明白又怎么用套路，而且现在新高考下的命题有时会故意地欺骗你，看似与传统题目相似，实际挖好“坑”等着不思考只会套路的学生跳进去。我反复思考，在课堂教学中，可以将“关键能力”教学概括成六个字——“去套路，重思维”。

下面的表格是国家教育部公布的高中学科素养，我们来看一看思维是不是要求最多、最重要的。

思维到底重要不重要？

语文	数学	英语	物理	化学	生物	政治	历史	地理
思维发展与提升	逻辑推理	思维品质	科学思维	证据推理与模型认知	理性思维	理性精神	历史理解	综合思维
语言建构与运用	数学抽象	学习能力	物理观念	宏观辨识与微观探析	生命观念	法治意识	时空观念	人地协调观
审美鉴赏与创造	数学建模	语言能力	实验探究	变化观念与平衡思想	科学探究	公共参与	史料实证	区域认知
文化传承与理解	直观想象	文化品格	科学态度和责任	实验探究与创新意识	社会责任	政治认同	历史解释	地理实践力
	数学运算			科学精神与社会责任			历史价值观	
	数据分析							

那么，在教学中如何“去套路”呢？

学校里化学组集体备课的时候，教研组内的一位青年教师说课，内容是“盐类的水解”，讲到一种题型——蒸干盐溶液成分的确定。这位青年教师总结了九种情况，非常全面，非常到位，不久以前我也干过同样的事。但是我当时却给喊停：“学生每天学习那么多学科，那么多内容，怎么可能记得住？就算学生能够记住，又能培养什么学科素养？不必考虑那么多情况，这九种情况连老师可能都很难记清楚，只要考虑三种情况就行，第一步考虑分解反应，第二步考虑氧化还原反应，第三步考虑水解反应，看水解产物的性质再判断最终产物，往里套就行。”刚刚说完，我就立即沉默了，是最后一句话让我沉默——“往里套就行”，我又陷入模式化的旋涡，不同之处就是青年教师总结了九种情况，我总结了三种情况而已。学生记住这三步又进步了多少？学科素养就落地了？虽然老师们没有说什么，但是那天我是带着羞愧结束了集体备课。现在回头再看那个题型，我会说：“那种题型并不是考查理论板块，而是在考查元素化合物的性质，不需要记忆那么多的情况，而是要带领学生体会‘蒸干盐溶液’的真实情景。”

蒸干——加热，加热时要考虑什么反应类型？——分解反应

水溶液中有什么？——溶解的氧气

有氧气存在时要考虑溶质的哪些性质和反应？——还原性和氧化反应

水溶液——有水，谁能与水发生反应？——能够水解的物质

因此这种题型是考查元素化合物，这样更能贴近学科思维发展，更能让学生理解并且应用这个知识点。没有套路，没有模式，只是看到了“蒸干盐溶液”这五个字的第一反应，这才是正

确的思维过程，这就是“去套路，重思维”。

在教学中我们要做的是寻找思维出发点，有意识地塑造并锻炼学生的学科思维。

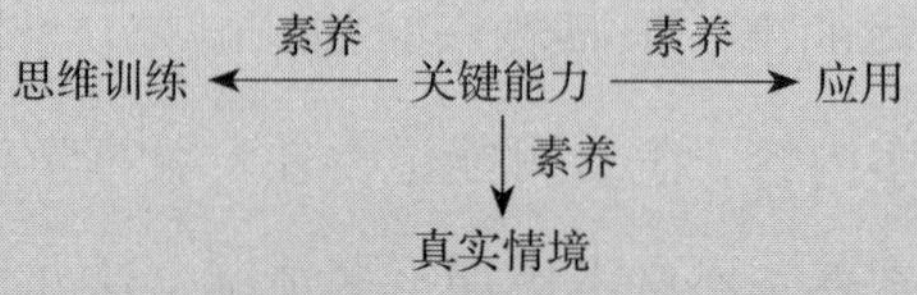

思考：技能的目的不仅仅是为了应用。
优秀的思维模式是可以训练出来的。
学习力在哪里得到提升？

既然要“去套路”，那么我们要引领学生从哪个点展开学科思维进行思考呢？“去套路”就是散打吗，就没有任何招式了吗？我困惑了好久，这一次我仔细地对比了我写的那两本备课本（《九阴真经》和《葵花宝典》）的不同，前者是套路，是解题模式；后者是知识生成，是思维训练，终于找到了思维出发点。最好的思维出发点就是最基本的公式、定义，来自课本原型和例题，我们就从那里老老实实地出发，稳稳当当地走，扎扎实实地形成思维过程，并且反复训练，最终养成正确、有梯度的学科思维才是正道。

一个人很重要的一件事就是在年轻的时候养成一套好的思维方式。一个学生学习最成功的地方就是形成学科思维，而一名教师的最优秀之处就在于学会在课堂上把握学生的思维来构建课堂。

目前教师在课堂上对学生学科思维的构建现状一般是这样的：

（1）不给问题，不给学生思考的机会和时间。——原来的传统学案就是这样的。

（2）教师替代，想当然地教学，是一种教师全部包办的思考，基本无用。

（3）从中间突然切入的思考，殊不知，教师略掉的前面的部分才是学生最需要的。

案例一：老师替代、包办学生思维。

高一化学题：请写出一个水参与的置换反应。

学生解答情况：基本没有错的。

教师授课方式1：不讲。因为全对了，所以没有必要讲，“三讲三不讲”——这是不是废题一个，是不是浪费了学生的时间？

教师授课方式2：教师往外“蹦”反应方程式。思来想去这个“蹦”字最为恰当，因为在这里教师和学生一样是无序、无方向性地提取知识，那种感觉像撞大运。学生在考场上或许是这个样子的——托着腮，“让我想想，到底是哪个反应？想起来了，应该是钠和水的反应，太好了！”教师在课堂上或许会这样说：“这道题目很简单，比如钠和水的反应就是置换反应。”

教师授课方式3：教师对知识进行系统总结（骨干型教师的风范）。例如，总结置换反应的类型——金属置换金属，金属置换非金属，非金属置换金属，非金属置换非金属——按照这四种类型让学生从储备的知识中寻找方向，这样一来，难度会降低不少。

教师授课方式4：教师以问题为导向，注重思维的养成，引导学生自己进行推导。

问题：什么是置换反应？（单质＋化合物══单质＋化合物；回顾定义，从最基本的定义出发。）

问题：请分析水中元素的化合价。（锻炼化合价的判断）

问题：请思考置换反应中水中元素的化合价应该如何变化。

（考查氧化还原知识）

问题：如果是氢元素变成单质，化合价降低，从氧化还原定义出发，水应当充当什么？需要加入什么？（从氧化还原定义出发，分析价态变化。答：还原剂，强还原剂，还原性要大于氢气。）

问题：怎么去找强还原剂？从化合价来看有什么特点？寻找强还原剂的逻辑顺序是怎样的？

问题：如果是氧元素变成单质，化合价升高，从氧化还原定义出发，水应当充当什么？需要加入什么？（再次从氧化还原定义出发，分析价态变化。答：氧化剂，强氧化剂，氧化性要大于氧气。）

问题：怎么去找强氧化剂？单质如何寻找？化合物如何寻找？

我们可以对比一下以上四种方式，哪一种方式是新高考形式下考试要求的素养立意？哪一种方式能培养学生的学科思维？哪一种方式能培养学生的学习力？哪一种方式能立体、全方面地培养、提升学生的必备知识、关键能力和学科素养？

可以这样说，很多时候教师被假象所迷惑，我们想当然地认为已经将“问题”解决了，其实只是在简单地重复考试不会再考的题目和套路而已。

案例二：教师引导学生从中间部分开始的思考。

高一化学题：请判断氯气是否能够与碳酸氢钠反应。如果反应，产物是什么？

学生的思考方式如下：

第一步：发生反应了吗？大脑快速查询知识储备，得出答案：不知道。

第二步：老师讲过吗？仔细回想，得出答案：没讲过。

第三步：不会，赶紧蒙一个。

教师授课方式1：同学们，本题考查的是氯气与水的反应，氯气与水反应生成了盐酸和次氯酸，生成物可以继续与碳酸氢钠反应，进而生成二氧化碳和氯化钠。同学们，氯气与水的反应这么重要，你们怎么想不到呢？

我想问教师：你是怎么想到本题考查的是氯气与水的反应呢？

我还想问教师：换一种情境呢？学生还能知道考查的是什么吗？

教师是想当然地从思考过程的中间部分出发，但是我们的学生缺失的恰恰不是中间往后的思考，而是中间往前的部分，也就是从新情境中提取考查的内容的能力。

教师授课方式2：引导学生形成一条思维长链。

问题：发生反应了吗？答：不知道。

问题：老师讲过了吗？答：没讲过（忘了）！

问题：老师讲过氯气的哪些性质？（学生回顾氯气的性质，一个优秀的学生要有一整套完整的知识体系，教师要引导学生在学习中对知识进行系统化，在呈现氯气的知识体系——氯气能够与大多数金属、部分非金属、水、碱溶液等发生反应后再次提问。）

问题：从氯气的知识体系中发现氯气与水溶液的反应是不是先要考虑氯气与水的反应？（学生判断）

问题：请写出氯气与水反应的化学方程式，然后判断产物是否可以与碳酸氢钠反应。（学生书写化学方程式）

问题：氯气与水反应的产物为两种酸，这两种酸和碳酸氢钠的反应应该属于哪种反应类型？（复分解反应）

问题：判断上面这种反应类型是否能够发生，需要哪些条件。（强酸制弱酸）

问题：请判断并写出化学方程式。

对比一下上面的这两种授课方式，哪一种方式能够培养学生的思维能力？以问题导向的方式授课，能够引导学生在解决问题的过程中生成知识、培养思维能力、形成学科素养。

我们要让学生真正学会思考，就要从最基本的解题思维模式开始训练，知识系统（我们教师最擅长的培养方式）后再练习快速从知识储备提取（我们教师最习惯的），然后简化思维程序，提升思维速度，最终快速地直指要害。

“一核四层四翼”落地的思考

思维是不是套路？

是从套路走向散打吗？从哪里出发形成后技能思维？

会思考 → 会变化、会拓展、会延伸 → 变化、拓展、延伸的方向和方法体现学科思维

学生形成了学科思维，也就学会了本学科的思考方式，才能真正立足于新情境下解决问题，他们就会变化、拓展、延伸，因为变化、拓展、延伸的方向和方法其实就是由学科思维决定的。于是我的课堂也就有了可操作的备课方式，而且备课时的那种感觉是从来没有过的，可以说是欣喜若狂，这种感觉就如同虚竹在吸收无崖子的北冥神功一样——“拿吧，能拿多少就拿多少！”感觉自己每天都在进步，每天都在成长，如同刚刚毕业的一个大学生，可以完全从零开始重新塑造自己。

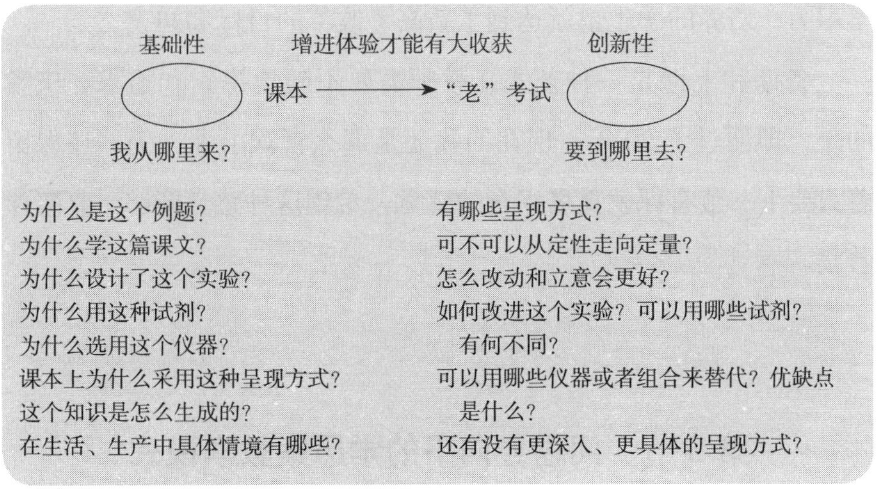

此处做一个总结。

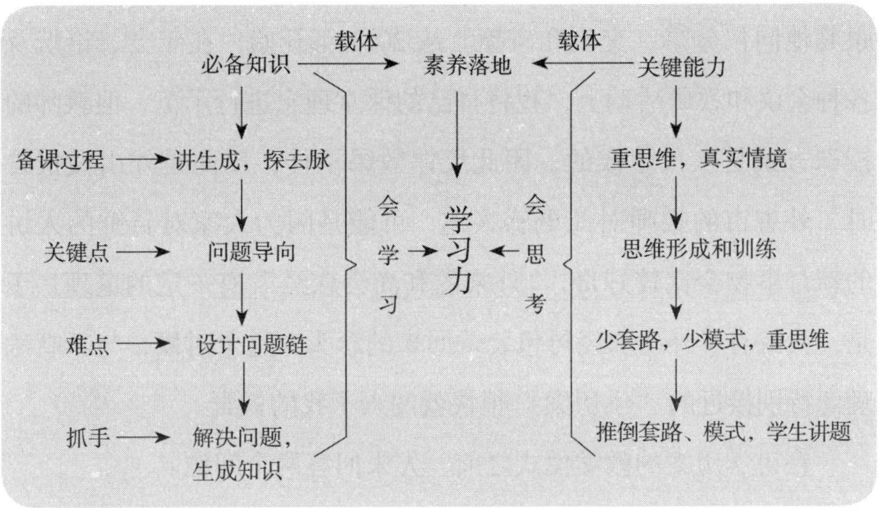

现代社会的飞速发展要求教师要培养出富有学习力的人才，而学习力就表现为会学习、会思考。要使学生会学习，需要他们掌握知识的生成过程，从而学会接受无限的新知识，甚至生成新知识。掌握知识的生成过程，接受和生成新知识的变化方式、拓展方式、延伸方式都需要学生拥有好的思维方式和思考习惯，从而富有学习力，培养的学生也就达到了新高考改革的目标和初衷。

备课和上课是一种艺术，教师需要不断地摸索和追求。庆幸的是，即便过了20年，现在的我还是那么喜欢上课，仍然还保留着只要下一节有课就莫名兴奋的感觉，希望这种感觉能够一直陪伴着我。

第5节　问题导向下的学历案教学模式

对新高考下的课堂理念有了自己的思考，我迫切地希望能够跟其他同仁分享、交流和碰撞。从2017年开始，在年会、论坛及各种会议和教研活动上，我将自己的课堂理念进行示范，但教师的授课方式是长久生成的，因此反馈效果不佳，反而是外出做报告时，外省市的教师对此更感兴趣，可能是因为大家对新鲜的人讲的新奇事物会比较好奇，“外来的和尚会念经”有一定的道理！于是，我就有了外出取经再包装杀回来的念头，这个时候，与新高考理念特别接近的“学历案”很快就闯入了我的视野。

在讲学历案的教学模式之前，先来回答两个问题。

问题一：学历案是什么？

学历案是由华东师范大学的崔允漷教授提出的，是关于学习经历或过程的方案。学历案是指教师在教学背景下围绕一个具体的学习单位（主题、课文或单元）从期望“学会什么”出发，设计并展示“学生何以学会的过程”，以便于学生自主建构经验或知识的专业方案。这个角度是以学生为本，教师自己设计学生从哪些方面来掌握内容，并有相应的评价任务。

学案和学历案的区别：目前大多数的学案像“一课一练”的小练习，即一节课的教学内容分为几组练习，一般的教学流程为尝试练习、讲评纠错、巩固提高。一份完整的学历案包括学习主题与课时、学习目标、评价任务、学习过程（资源与建议、课前预习、课中学习）、检测作业、学后反思。

其实，在我看来，学案、学历案这些名称并不重要。学历案教学并不是一种固定的教学模式，而是一种备课设计上课流程的理念。学历案能够引导教师站在学生的角度去思考、探究、学习和成长的教学设计，是真正能够做到“教为主导，学为主体”的教学评一致性的教学，让以学生为中心的课堂教学理念有了真正的抓手，不再是一句空谈。

问题二：为什么要研究学历案？

原因一，新高考的热词——学科素养、情境化教学和命题、问题导向、基于课标、教学评一致性、知识生成、学科思维养成——在学历案教学中能够得到最大程度的贴合。

学历案引导下的课堂教学应该具备以下几个特点：一是知识永远都是学生自己生成的，永远不要干巴巴地向学生传授知识；二是问题导向的课堂是最流畅的，学生的学科素养在解决教师设计的问题中生成；三是要耐心设计并学会等待，让学生去思考，让学生去发声，让学生多一些“啊哈”的场景；四是要学会将课本上的知识进行重组和设计，最大限度地呈现情境教学、项目教学和单元教学；五是一节课不是看教师讲得多好，讲得多到位，而是看学生学了多少，学了多久，学得如何。

原因二，新高考在山东已经实施了3年，3年下来，教师发现新高考与他们无关。很多人认为新高考“新”在选科走班上，“新”在高考志愿填报上，“新”在课程建设上。于是，即使高考题已经完全大变样，我们部分教师依然是后知后觉，被远远地甩到了后面。

从“三新一旧（新高考、新课程、新课标、旧教材）”到“四新（新高考、新课程、新课标、新教材）”，新高考最终“新”在哪里呢？这“四新”最终的落脚点就“新”在育人的主阵地——课堂教学上。但是教师的课堂是自己看家吃饭的地方，让教师革自己的命，自然困难重重。要想让教师真正地融入新高考下的教育教学，就必须要将教师使用已久的倚仗——传统学案扔掉。不破不立，因此更加贴合新高考的学历案自然就要走到前面来。

既然学历案只是一种理念、一种引导方式，那么每个人都可以设计符合自己风格与实际情况的学历案。结合山东新高考的特点，结合自己的课堂理念，我提出了我们学校的学历案基本框架，这个框架也获得了华东师范大学专家团队的高度认可。

** 中学学历案设计基本框架

一、学习目标的生成（按照以下顺序生成）

1. 基于高考评价体系学科考试内容改革实施路径。

2. 新课标修订版。

3. 新教材（逐字读）。

4. 新教师教学用书。

5. 形成“学生通过什么学习活动能够掌握 ** 必备知识 /** 关键能力 / ** 学科素养”的目标。

二、探究部分（增加对学科思维、学科素养的提升）

本节重点需要掌握的知识、能力 1 ~ 2 个，不能超过 3 个。举例如下：

问题一：提供材料、情境。

设置问题链的方式：（学科、板块、章节、学情、难易度都要考虑）

方式 1：横向体现知识系统性，纵向体现知识、方法生成和应用。（比较简单，易操作）

方式 2：核心型、情境型、引导型、生成型、联系型、应用型、拓展型、评价型。（灵活，要求高）

	问题设置	设置学教活动	达成评价设计
问题 1			
问题 2			
问题 3			
问题 4			
问题 5			

三、形成本节课的知识框架或知识体系（知识树、思维导图等）

………

学历案可以改变一名教师备课、上课的理念，引导学生从一个全新的角度来学习知识，让一名教师无形中养成系统思考问题的能力。

记得刚开始研究学历案两个月后的一天，回家看到孩子在看书，于是顺口问了一句："在看什么书？"孩子顺口回答："桂林保卫战。"我不假思索地问了孩子如下几个问题：第一，你觉得用"战争""战役""战斗"哪个词合适？这三个词有什么区别呢？第二，双方为什么要打？第三，为什么在那个节点打？（大背景节点、时间节点）第四，中方战胜的意义是什么？日方战胜的意义是什么？第五，最终谁输了，谁赢了？为什么会输？为什么会赢？输在哪里？赢在哪里？第六，你觉得本次战役的关键人物和关键事件是哪些？为什么？成为关键人物需要什么品质和能力？关键事件如何处理才会成为致命一击？（培养孩子做人做事的能力）

孩子为了回答这些问题忙了一个上午，因为他要查资料、求论证。每个问题的回答都很多，比如第一问查询的结果如下：

1. 定义不同

战争：双方主力或战区主力间的作战，一般都是为政治目的而进行的。战役：为达到战争局部或全局性战略目的，根据战略赋予的任务，战役兵团在一定的空间和时间内，按照统一的作战计划进行的一系列战斗的总和。战斗：敌对双方投入大到师团、小到班排兵力所进行的有组织的武装冲突。

2. 词性不同

战争和战役都只能当作名词使用，战斗既可以作为名词使用，也可以作为动词使用。例句：在抗洪抢险中，解放军和人民并肩战斗，结下了深厚的情意。（动词）他在影片中扮演战斗英雄，演得自然、逼真，给我留下了深刻的印象。（名词）

3. 规模不同

战争的规模最大，可以覆盖全世界，如第一次世界大战。战役的规模一般都是局部的，如淮海战役。战斗的规模最小，一般都是小级别的。

尽管孩子忙了很久才回答完这些问题，但是因为喜欢所以仍然很开心，而我更开心，因为我条件反射般地提出了六个问题，这是在研究学历案的过程中所形成的一种能力，一种系统思考、设计问题的能力。有一句话说得特别好，人要想成功就要学会和趋势做朋友，新高考下的课堂趋势就应该是这个样子的。

2021 年夏天，由教育部组织的新课程、新教材远程培训开展得如火如荼。果不其然，“教学评一体化”和“学历案”成为 2021 年全国高中教育教学中最热的词。我的心里有点小骄傲，因为一年前我就和南京一中的陆芷茗校长、华东师范大学的朱伟强教授说过，“学历案”插上新高考的翅膀很快就会迎来大爆发。

我们学校提前一年开始研究和布局学历案，到今天，已经在本次课改的下潜和细节方面下足功夫，在实行学历案的过程中，也开始了基于本校校情的新思考。

教学反思 1：学历案的深度推进。

学历案走到今天，要实现由表及里的跨越：从学历案制作——教和学的具体设计，到各个环节的具体实施，到课堂语言的改进，一句话、一个停顿、一个追问都要围绕一个问题——怎么调动学生思维，怎么提升学生思考力。大问题和小问题充斥着课堂，学生思维的训练要时时刻刻存在。

教学反思 2：学历案教学困惑——落实的迷失。

随着课改的推进，有一个现象越来越明显，就是学生的落实越来越差，而我们很多教师要么被蒙在鼓里，要么不以为然。为什么会这样呢？原因如下：

（1）因为要围绕学生的“学”组织教学，学生思维训练加大，自主学习时间增多，教学进度慢，加大了新授课的时间占比。如今，我每周要用2个晚自习的时间来弥补学习进度的缺失，这样就压缩了学生重复、巩固、练习的时间。

（2）课堂上要强调知识的背景，采用情境教学，要明确知识的来龙去脉，让学生自主生成知识、形成能力、养成素养。学习当堂知识时用到了大量其他知识作为支撑，如果该部分知识学生掌握得不好，老师们上课时容易被引导，走了歪路，忘了初心。

（3）新课改下，学生需要落实的内容从显性走到了隐性，不再是外显的需要死记硬背的知识，更加侧重学科思维，学生难寻找，老师难监控。

（4）教师长期以来形成的落实机制被打破，却没有意识到问题的严重性。

我们确实亟需作出改变，解决措施：① 教师一定要有进一步加强落实的意识。② 每节课要引导学生自主建构知识框架，建立后要指导学生反复落实。③ 设计拓展训练时要有意识地加强对基础知识的考查和强化。④ 要把学生思维可视化，学生讲题（课前讲、课后讲）尤为重要。

如果带着新课改的现状分析和问题再来深入思考“一核四层四翼”，自然会有了新的感受。从学生落实的角度来看，教师要注意将“四层”从外到内体现：从必备知识的扎实熟练，到熟能生巧的形成能力；从反复训练和强化训练，到思维和素养的养成，最终跨越学科形成核心价值观。从课堂教学的角度来看，教师要注意将“四层”从内到外生成：从核心价值观分解出学科核心素养，从核心价值观和学科融合角度来审视学科素养——围绕学科素养设计思维训练、能力养成、知识生成。如此，“从外到内”和“从内到外”分别打通，就如同打通了学生的“任督二脉”，扎实了基础知识，提高了学科素养。

很多时候，我们虽然意识到很多好的东西方向是对的，做下去肯定会有收获，但不同的人还是会做出不同的选择。人和人之间的差距在哪里？不在于有没有想法，不在于有没有去做，而在于你和我到底各自能做多久，无非我能做一个月，你能做一年，他能做十年，而有的人能做一辈子，一点一滴，柔水终成雕刀。

第 6 节　我的公开课历程

每名教师都要经历各级、各类的公开课和比赛课的磨砺，一路讲课下来，真如有的老师所说，“举行一节公开课就要剥一层皮”，对此我也深有体会。但是我认为，“剥一层皮”之后只要不是“死亡”就是“成蝶”，我发现每讲完一次像样的公开课或比赛课自己的授课能力都会有一个明显的飞跃。如果没有痛苦就会安然地躺在自己的舒适区，舒适意味着成长停滞，暴风雨会刮掉大树脆弱的树枝，但待到阳光普照的时候大树会长出更加强壮的枝干和更加有力的根系。

在我的印象中，有几节公开课确实让我难以忘却，现在回想起来每节课都是一次进阶。

第一节课

第一节课就是前面我说到的被市教研员荆老师推门的那节

课，那是无比痛苦的一节课，但也是激发了我的好胜心的一节课，更是拯救我的一节课。

第二节课

第二节课是我第一年送高三毕业班的一节推门课。那个年代对青年教师的要求特别高，除非特别优秀，否则一般不会让青年教师从高一一直教到高三，很多青年教师都要在基础年级反复轮回地教学。即使青年教师上了高三，也要战战兢兢地保证教学的成绩，因为一旦成绩不理想，就有可能被半路换掉，那就很难重拾信心和勇气。

运气比较好，我是少数一毕业就从高一教到高三的青年教师之一。但是也确实害怕，尤其害怕被推门听课，当然最害怕的就是被校长推门听课。那个时候的授课水平确实差得离谱，题目也难得离谱，有时候我也是洋相百出。

我记得有一个天平平衡的计算问题需要采用讨论法解决，答案是共有 7 种情况。经过集备之后我就上了讲台，一通天花乱坠、唾沫星子满天飞，我自信满满地给学生讲完，回到办公室后组长说答案不对，应该是 5 种情况。没办法，硬着头皮，咬着牙，皮笑肉不笑地给学生又讲了一遍，依旧是自信满满、唾沫星子满天飞。晚上集体备课的时候我又悲剧了，答案还是错误的，正确的答案就是 7 种情况。作为教师，很多人都很在意自己在学生心目中的形象，一道题目翻来覆去打自己的脸，关键是要讲回第一次的答案，简直让人崩溃。但是没办法，第三天我又一次地厚着脸皮登上了讲台。“呃，这个，同学们，我要再讲一遍那个天平平衡的问题……”，满脸通红、结结巴巴、垂头丧气地讲了第三次。我回到办公室，听到教研组的老师又在讨论那个题目，应该是 8 种情况。当时我感觉不是这道题目“死”就是我“亡”。我把那张已经改成大花脸的试卷用力地揉成了一团，扔进了垃圾篓。如果当时校长听到我这三节课，恐怕会不顾一切地立即从教室后面冲到前面，将讲台上的我扔出教室，好在这样的场景并不多。

这里我想说的是校长推门听的那节课。那节课其实并无亮点，但我就用那节课征服了校长。

那天是周五，上午第一节课，我讲的是一节单元过关讲评课。那节课我制作了 PPT，表扬并展示了 90 分以上的学生名单，批评也鼓励成绩不理想的学生，并对题目进行分类讲解，重点讲解了三个题型并进行了跟踪补练。我还找了几个边缘生呈现他们的错因，我不仅点出了某个学生错了哪道题，还说出了他的错误选项，直接这样喊：“张三，你说一下这个题目你为什么选了错误答案‘A’。”据坐在校长身边的学生说，校长拿起了他的试卷看了看批改，然后询问他做单元过关的时间。周四晚 9:00–9:45 做的单元过关，当晚我就完成了批改、统计出错率、制作课件等工作，备课到接近晚上 11 点半。自那之后，他再没听过我一节课，我想自己应该是用工作态度彻底征服了校长。

第三节课

第三节课是潍坊市级二轮复习观摩课。那应该是 2006 年的春天，我讲的是二轮专题复习《氧化还原规律及其应用》，是高密市化学教研员荆老师将我推荐到潍坊市讲课的，也就是那位听我教学生涯第一节课，并且严肃地告诉我“课教不好下你的岗！”的那个“大恶人”，当然更是后来慢慢认可我，然后一步步将我推上去的“贵人”。毕竟是人生中第一次讲地市级公开课，心中不免有些忐忑，但后来高三化学组全体老师都来帮我设计那节课，我自然就有了信心，愈发感受到这样的观摩课不是在考查个人水平，更是在考查整个教研组的水平。

一节 45 分钟的课我准备了整整一个星期，为什么需要那么长的时间？举个例子吧，为了打造课堂的亮点，我自己设计了两个题目。为这两个题目我做了如下工作：担心自己命题不严谨，会因经不起推敲出问题，我先找了语文老师审查语句，然后找了教研员荆老师审核严谨性，在网络资源匮乏的当时找了在校大学生帮我找大学教授审查情境的可行性。对我来说，准备这样一节课一个星期的时间还有些短。那节课我试讲之后改，再试讲，再改，反复试讲了 5 遍才算定稿。当时好像是在潍坊四中讲的课，是在一个能够容纳三四百人的小型礼堂里，我印象比较深刻的是负责音响的那位女老师多次善意地提醒我佩戴麦克风，我笑了笑婉拒了，因为我对自己的嗓门很自信。让我至今感到过意不去的是最前排那名女生，不知这位女生是否还记得，有一位从未见过的老师曾经给你上过一节化学课，他的每一句话的第一个字都喊得特别响，以至于让你听到后都要不由自主地哆嗦一下。

我抓住了这个来之不易的机会，充分在那节课上展示自己的特点，当然特点中包括嗓门大。那节课算是让我在潍坊市层面亮了亮相，也为紧跟而来的潍坊市优质课的胜出打下了基础。

第四节课

第四节课是参加潍坊市优质课评选。这节优质课要准备两个课题——《电解质》和《离子反应》。那个时候已经开始流行“三案教学”，也就是每节课要准备课前预习案、课中探究案、课后检测案。也就是说，我要在一周的时间内准备出6个学案、2个课件和4个实验，每节课都要试讲3遍，根据试讲情况反复修改6个学案，最终定稿。那真的是非常疯狂的一个星期，晚上12点前基本没睡过，一天不吃饭都感觉不到饿，有一次蹲在实验室里改进实验，突然眼前一黑，差点儿因为低血糖晕过去。

周一出发，地点是青州市。同行的是教研组长蔡老师，这位德高望重的老组长和我一起背着满满一袋子的实验器材登上了火车，确实让我非常感动。参加优质课评选的选手一共有16位，每位选手都是这两个课题，一共讲2天。下午3点抽签，我抽中的是第一个课题《电解质》，是第一天第一个讲，这个签很有挑战性。

抽完签后我和蔡老师找了附近的一个小宾馆住宿。晚饭时候蔡老师组织了青州的几个朋友一起吃饭，我却因为一直在思考第二天的课一口也吃不下，早早地离了席。晚上蔡老师审阅了我的课件，只说了一句话：“非常不错，就是感觉小结没有亮点。”之后，我就一直坐在那个充满怪味的小宾馆里冥思苦想，想着如何进行小结。房间里的钟表滴滴答答，只是“课堂小结”那一张PPT就让我从晚上7点硬生生地琢磨到凌晨3点，最终达到满意的效果。我用冷水洗了洗脸，自己又模拟讲了两遍，天就亮了。在学校门口吃的小摊馄饨，我只吃了两个就呕了出来，感觉肚子依旧是饱饱的，事实上我已经整整两顿没吃饭了。

上课的时候我激情满满地就像是吃了兴奋剂，上完了课还是没有放松下来，完全处于亢奋状态，直至中午上了返程的火车，我直接昏睡了过去，一直睡到下车。回到家一头倒在了床上，一直到第二天上午 11 点被饿醒。这个时候，我才会真正理解有的老师讲完比赛课后说的那句话：“讲一次课剥一层皮！”

当然，那次算得上呕心沥血的备课也收获满满，最终获得了一等奖第一名，也获得参加山东省优质课评选的资格。

第五节课

第五节课是参加山东省化学优质课评选。2009年9月30日，我接到课题通知，10月9日讲课，这次更狠，5个课题——《电解质》《离子方程和离子方程式》《化学速率及其影响因素》《化学平衡及其影响因素》《垃圾的妥善处理和利用》。这次让人难受的有5件事：难受之一要制作5 × 3=15个学案（预习案、探究案、拓展案）；难受之二是国庆七天假化为泡影；难受之三是假期学生不在学校，没法试讲和修改；难受之四是《垃圾的妥善处理和利用》是讲给文科班的课，不但以前没讲过，甚至连课本都没有；难受之五是假期没人会陪你一起备课，所有工作都需要自己来。

发牢骚归发牢骚，该干还得干，抓紧下手！

又一次踏上了“剥皮”之路。窗外鸟语花香，举国同庆，我在家备课备得昏天黑地、日夜颠倒。整整 7 天，我的活动空间基本就在书房里，时而苦苦思索抬头望明灯，时而暗暗咬牙低头思突破，时而叹气声声，时而欢欣雀跃，简直像个疯子。楼下的大姐上楼来找了我两次，问我怎么回事，半夜两三点了怎么还鬼哭狼嚎的。我很惭愧，那个时候应该是突然想到了一个亮点后的情不自禁。

没试讲，没修改，10 月 8 日上午我就踏上了去往枣庄滕州的火车。这次优质课评选时间持续一周，我抽签抽到了第一天4号，上午最后一个讲。我抽到了《垃圾的妥善处理和利用》，这堂给文科班讲的课我从来没讲过，下下签！我一板一眼、感觉万分完美地讲完，美滋滋地走了下来。但是当我听到后面几节课的时候，我目瞪口呆，后面的几位女老师将这节化学课上成了精品课，那几位女老师在化学课上富有感染力的表达让人无比激动，那拿捏得恰到好处的颤抖的声音令人心碎不已，孩子们激动得满脸通红、热泪盈眶，学生哭了，老师哭了，我也哭了，因为我知道自己的课肯定完蛋了。我终于知道，我的课讲到省级就是极限，因为我的语言和感情表达确实很难再提升一个台阶。

总之，期望越大，失望越大。不过，我至今还记得另一些场景，北京师范大学的王磊教授喊下了我："小伙子，你的课自己备的吗？很不错啊，你是哪个学校的？"还有一位评委喊下了我，连连说："真是难得，你好年轻啊。"对啊，28岁，年轻真好。

于是，我在返回的路上就将自己的QQ签名改成了"你好，年轻！"

第7节　关于听评课

听评课，对于充当不同角色的教师而言出发点自然是不同的。同一节课，听课的目的不同，得到的效果和结论也就大相径庭。如果你是一位刚毕业的青年教师，听课的目的是为了学习和进步，一节好课会让自己收获满满。如果你是组内的骨干教师，听课的目的是为了提高授课教师的课堂质量，你会帮助对方找出很多亮点和不足。如果你是一位学校或者年级的领导，这个结果的弹性最大，因为即使是同一节课，如果带着欣赏的心态去听，那你会找出一大堆的优点来表扬老师；如果带着挑刺的心态去听，那你会找出一大筐的缺点来找老师的茬儿。

上课需要锻炼，评课更需要功夫。根据我的观察，有的教师可能听课很多，但是要么缺少观察课堂的维度，要么缺少学科语言来表述，导致根本不会评课。

很多教师缺失听评课维度，很多时候只是随意听课、无序评课，尤其是听评非本学科课堂，时常会没有章法。一位成熟的教师或教学干部要形成自己听评课的维度和框架。以下是我的听评课的基本模式：

第一，点评教师的教态、语言、板书、课件等。（对青年教师要侧重一些，对老教师要尽量减少这方面的点评。）

第二，查阅学生的常规学习。听课时要尽量坐在教室前面，多看学生的上课状态，多看边缘生的课堂反馈。（查看学生的课堂笔记本、错题本、课本使用情况。）

第三，看教师使用的学历案命制情况。（看学历案的结构、情境材料、问题设置、评价设计等。）

第四，对课堂流程和环节进行点评。（记录一节课的“教学评”分配时长。）

第五，看重难点的突破和设计如何。（评课时要点评难度铺垫、梯度设置、师生互动、突破方式、强化落实效果等。）

第六，看“问题导向、学为主体”的体现如何。（点评问题设置、问题突破方法以及提问和应答设置质量，学生顿悟状态和效果。）

第七，看“必备知识、关键能力、学科素养”的达成情况和建议点评。（带着“这节课打算让学生掌握哪些知识、方法、技能，怎样让学生掌握它们，怎么知道学生已经掌握了它们”这三个问题进行备课并做课前准备。）

第八，课堂主线是否清晰，知识线、能力线是否体现。（体现了教师的课堂理顺能力。）

第九，本课堂的亮点和思维爆炸点在哪里？如何设计的？（看教师的设计能力，要多在知识整合方面进行观察和点评。）

第十，本节课“教学评一致性”的整体设计如何。（评课如同上课，要有小结，要用大框架来总结、点评本节课。）

第十一，如有必要，对本节课的必备知识、关键能力进行题目抽测，看学生的落实效果。（抽测的题目设置要注意基础年级和毕业年级的区别，基础年级要侧重必备知识，毕业年级要侧重能力和素养。）

对于缺少评课表述能力的教师，可以尝试在听课时确定自己印象深刻的记忆点，然后问自己为什么对这几点印象深刻，是思想共鸣还是意料之外，慢慢地积累下来，然后在后面的听课、评课时进行印证、对比、应用，同时也会发现新的记忆点，然后再进行印证、对比和再应用，就这样，随着时间和经验的积累，就会形成自己的个人评课系统。在以后听课的时候就可以带着自己的系统进行听评课。当然，在评课时要融入个人的认识（“我”的看法——“你”的做法——进行评价——提出建议——给“我”的启发），如果将别人的课当作一面镜子来照出自己的问题，那在听课和评课上都会上一个大的台阶。

当然不同课型的评价系统自然也不同。比如说，习题课和讲评课的听评课就要有所区别。讲评课和习题课有什么区别呢？既然讲评课要体现“评”字，那么怎么体现？“评”什么呢？

（1）评学生——为什么会优秀？为什么会失手？（表扬和批评，评学生的学习状态。）

（2）评错率——为什么会大面积？为什么会出现个性化错误？（关注边缘生）

（3）评错因——为什么错了？（共性错误教师进行设计，讲练结合，个性错误学生个体展示。）

（4）评题目——考查点在哪里？学科素养怎么体现？如何应对？

（5）评应考——失分点在哪里？正确的思维过程和解题模式应当是怎样的？

（6）评考法——历届高考、统考还有哪些考法？有哪些不同？（归类、点拨、消化）

……

如果缺少评课时的话语系统，只是心里懂但是不会表达，我的建议是多读一些教育专业期刊，阅读里面的文摘、文评部分，这个过程就如同我们所说的“熟读唐诗三百首，不会写诗也会吟”。另外，可以尝试带着批评的角度去看这些文摘和文评，最好是学习别人说话的方法，学会“吵架”，其实批评的过程就是与对方在同一个频道、同一个层次说话的过程。坚持下来，就会逐渐培养出评课的话语系统。

同时，如果缺少课堂观察维度，建议多看一看李玉贵老师的课堂观察维度——她所追求的不仅仅是一个好老师、一个好课堂，而是看到学生、听到学生、想到学生，老师要关注的不是学生的理解，而是学生的不理解，只有这样才能贴近学生的想法，让学习真正发生。

当然，自从实行学历案教学改革之后，我的听课维度发生了很大变化，不再是简单地看教师讲得多精彩，而是站在学生的角度来审视教师设计的每个教学环节和抛出的每个问题，看一节课中学生的顿悟和思维过程是如何推进的，看教师是如何安排学生在解决一个又一个问题的过程中形成本节课的知识体系、关键能力和学科素养的。

附：学历案听课本设计

单位		级　班	科目	
课题			课型	
授课教师		授课时间		年　　月　　日
学生学习过程 / 时间				
评课维度				
学习目标的构建				
情境化教学设计				
问题链的设计 / 问题导向体现				
知识生成的构建 / 学生的思维训练				
学生主体地位的体现				
知识体系的建立				

我时常在想，如果按照风靡世界且被无数案例论证过的“一万小时理论”，一位教师要在课堂教学上成为专家型教师，就需要投入一万小时。但是，这一万小时中，上班时间都算吗？开会算吗？

师生交流的时间算吗？批改作业的时间算吗？做题的时间算吗？一位教师一天中真正用于备课的时间到底有多少呢？我记录了一下自己的备课时间（我是一个从教 20 年的老教师，觉得自己还算是比较负责的教师），用在备课上的时间一天之中只有 30 分钟左右。如果是一位教龄 10 年左右的教师，备课时间可能是 1 小时。如果是刚参加工作的教师，可能是 2 小时，这样算来要多久才能达到一万小时呢？如果备课时间是一小时，就需要一万天，去掉假期和周末，上班时间大约需要 50 年才能达到一万小时。又有谁能够教上 50 年呢？难怪我们大多数教师最终都走向了平庸。突然理解了为什么每讲完一次精心准备的公开课都会有一个明显的提升，那可能只是一个周每天几小时的精心备课，在高强度的沉浸思考中得到了快速成长。如果每周能有一节这样的备课，我们会成长为什么样子呢？

第 2 章　与教师谈谈自己

如今，社会上有这样一个现象：年轻的时候选择创业，打拼一把，如果不成功，就考个工作稳当的公务员或者教师编制。每当有学生表示是因为想要一种安全感所以想当教师时，我都会说："抱着这种心态不建议选择教师这个行业。"如果不是真正地热爱教育事业和对学生有爱心，教师这个行业很难做好。现在的"铁饭碗"已经不是原来的铁饭碗了。

第 1 节　好好看看手中的"铁饭碗"

2020 年新冠疫情期间很多教师化身为十八线主播，网上也出现了很多有意思的段子。但是之后我们猛地回头一看，不免惊出一身冷汗，因为我们忽然发现，原来所谓的铁饭碗已经裂开一条大缝。

2015 年有一则新闻引起了大众热议，一名物理教师在网上授课一节，一晚上收入 8 万多元。试想一下，如果你生病了，在存款允许的情况下想不想找世界上最好的医生给你看病？课堂教学呢，也是这样。将来有一天可能会出现这种现象：比如高中化学《化学反应速率》一节，利用互联网把国内讲得最好的化学教师的课程录制上传，让全中国的孩子都来听这节课。听这节课的价格只需要1~2元，当然还有可能就是国家层面直接把这个课买断，免费推送给学生，以此来保证全国教育的平等性，学生一分钱都不用花就能看到最顶级的课程，其他化学教师也就失去了存在的必要性。有人说，可能吗？2010年暑假，我去上海，在大街上看到支付宝扫码付款觉得很新鲜，现在呢？几年前人脸识别举步维艰，觉得肯定不可能实现，现在呢？省联考的时候我眼睁睁看着一对双胞胎姐妹迅速跑过通道，我手中的平板几乎没啥反应时间就喊出了她们的名字，呈现出照片和身份证明。互联网人工智能发展的迅猛程度是谁也预料不到的。

教育的最前沿，大学教育也受到冲击。前几年很多大学甚至是一些名牌大学都出现了学生集体翘课的现象。翘课的学生不是贪玩，而是在寝室学习国内外优秀大学的课程——MOOC。记得时任北京大学校长的周其凤教授是这样说的：对于MOOC，北京大学不能落伍。这个事情既能提高我们的教育质量，也能提高北京大学的国际影响力。事实上，如果我说得严重一点儿，也许关系到存亡的问题。

为了响应国家在2018年4月出台的《教育信息化2.0行动计划》，2019年8月山东省出台了《山东省教育信息化2.0行动计划（2019—2022）》。计划要求：2022年前完成山东全省各级学校普及同步课堂建设，要求人人拥有便携式移动学习终端，各级各类学校宽带网络接入率达到100%，实现无线网络全覆盖，探索5G技术在无线校园建设中的推广应用。推进智慧校园建设，加强智能教室建设，多媒体设备普及率达 100%。普及数字图书馆、创客空间、录播教室、数字实验室、虚拟仿真实训中心、校园电视台建设，推动智慧后勤、智慧安防、智慧场馆建设，建立起基于物联网的校园感知环境，全面构建支持泛在学习的智慧校园环境。

挑战不止来自人工智能，我们在职教师现在处于前堵后截的境况。2018 年 2 月，中共中央、国务院印发了《关于全面深化新时代教师队伍建设改革的意见》，这是新中国成立以来党中央、国务院出台的首部专门面向教师队伍建设的文件，具有里程碑意义。大致概括一下，主要包括以下三个方面：第一，明确教师特别重要的地位，吸引优秀人才从教；第二，完善中小学教师待遇保障机制，提升乡村教师待遇；第三，保障教师权益，突出教师主体地位。宏观层面上国家出台利好政策提高教师待遇，吸引优秀人才入职教师队伍，是利国利民利教的大好事，但是也对教师队伍提出了新的挑战和新的要求。

2019 年 5 月，深圳中学公布了 2019 年拟聘教师名单，名单一出，瞬间在学生和家长中刷屏。这份名单共有 35 名教师，其中有 13 名教师毕业于北大，7 名教师毕业于清华，还有 5 名教师在哈佛等世界顶尖名校留过学。更让人震撼的是，这群教师全部为硕士及以上学历，有些甚至是清华和北大的博士。

教师行业的内卷，所有教师都无法逃避，必须去面对。作为教师，我们到底应该怎么办？未来又将何去何从？面对这两个方面的压力，我们不妨在下面几个方向上多做一些思考。

第一，多读书，多学习，别逃避外出学习的机会。就个人而言，我不会放过任何一次学习的机会，每当外出学习遇到困难时我都会问自己：到底哪种选择会让我得到更大程度地成长，更大程度地帮助别人。心中默念，这次学习就是改变我一生的学习机会，我一定要好好把握。想想看，每次外出学习都会让你的人生轨迹发生变化，这是多么美妙的一件事！多学习，可能还会开启你人生的第二种可能。我校的一名化学教师，年龄接近50岁，学科教学逐渐失去优势，自己转型研究教育心理学。每天快快乐乐地和学生在教室一起背诵，安安静静地在办公室看书，兴冲冲地自费参加每个周末的心理学培训，还考取了心理健康教育教师资格证。3年下来，成为潍坊市家庭教育名师，在学校里成立“名师工作室”，经常到外面做报告，前段时间还受邀到山东省电视台做了一期节目。就这样，一位老教师换了一条“赛道”，成为远近闻名的心理学专家，而他崭新的职业生涯其实才刚刚开始。人生可以有很多种可能，但是这种可能性需要自己去探索、追求和创造。

第二，要做学生生涯规划的真正导师，在德育教育上多做突破。我们要认识到无论是家庭教育还是学校教育，德育都是第一位的，这是学生成长的动力源泉。这就需要我们怀抱教育情怀去做深度教育，不能只是当一名教书匠。过去的一年我带领骨干教师成立了学校的课堂改革小组，轰轰烈烈地掀起了学校课堂改进的热潮；未来一年，我想和学校的年级主任、骨干班主任每周一聚，一起建设三年一体化的德育课程体系，这是功在千秋的事情，也会为学校、为孩子、为自己赢得更加美好的未来。

第三，想办法在某一领域独当一面，要有不可替代性。培养自己的不可替代性，就是让自己的业务水平能够达到专家型标准。所谓“专家”，是指在学术、技艺等方面有专门技能或专业知识的人，特别是精通某一学科或某项技艺有较高造诣的专业人士。

当然，或许我们很难成为国家级专家，但是在学校某个方面达到校级专家标准却不是一件难事。个人认为，在学校里的不可替代性应该达到下面的水准：目前来看，在学校里这件事情、这项工作离开你别人做不好，或者至少没人能够达到你这个高度，只要有这方面的工作，学校领导第一反应就是想到你。这种不可替代性是多方面的，或许你的授课水平、班主任水平、管理水平达到专家层次会有难度，但是在课程开发、人生规划、心理咨询，甚至普通话、演讲、唱歌、书法、人际交往等方面总有一项是能拿得出手的。如果真的一项也找不到，你还可以找一项自己比较感兴趣的内容特意练习。《刻意练习》这本书中举了很多例子，证明人只要在某项技能上投入一万个小时以上，就能达到专家水平。思量下自己，普通教师通过刻意练习成为一名校级专家是绝对没有问题的。

第四，能够真正让自己静下心来研究、开发一项课程，并且能日益完善和实施下去。课程开发和实施是未来教育的方向，也是新高考改革是否真正落地的重要标志。教育部高等教育司吴岩司长认为：教学改革改到深处是课程，改到痛处是教师，改到难处是校长，改到实处是教材。作为教师，作为新高考改革的实践者，我还想再加一句“改到真处是课堂”。评价一个学校新高考实施水平的高低主要是以课程开发和落地为标准的，因此校长感到最难的就是课程开发，如果能将这个难题解决掉，教师在学校的发展前景就是明朗的。

第五，在人工智能做不到的地方多下功夫。人工智能的发展的确很快，也确实对未来教育造成了很大冲击，但是那毕竟是一种没有温度的教育。好的教育不仅体现在知识的增长、能力的进步、素养的提升上，还体现在情感、价值观、人际交往等多方面的全面成长上，这些是冷冰冰的人工智能所做不到的。因此我们不妨在人工智能不能替代的方面多做一些思考，多做一些工作。例如：课前、课中、课后教师的情感关注、人文管理是不是可以做得更好？是否有意识地培养学生的组织协调能力？总之，时代在进步，社会在发展，教师也不能在改革的大潮中坐以待毙。

各位，现在就让我们一起躬身入局吧！

第 2 节　做你最擅长的事情

自 2000 年开始，“与巴菲特共进午餐”的慈善拍卖活动每年拍卖一次，从 2003 年起转为网上拍卖，拍卖所得善款全部捐给美国的慈善机构。2019 年 6 月 1 日上午 10:30，第 20 届巴菲特慈善午餐拍卖结束，成交价达到 4 567 888 万美元（折合人民币约 3 154.03 万元）。

巴菲特在午餐上到底说了什么，这顿午餐引起了全世界人们的关注和好奇。据有关人士透露，在午餐上，这位股神并不会指导你如何炒股、办公司，更多的是围绕着如何做你最擅长的方面展开讨论。

我陷入了深深的思考，作为教师，最擅长的应该是什么呢？最终得出的答案是“学习”。教师比谁都懂学习：同学们，听课时要注意这些问题；同学们，怎么才能提高学习效率；这种反思和改错方式应该这样调整；怎么背诵才最有效果……类似的话语时常充斥在学生耳边。既然教师最擅长的是学习，作为教师的我们也应该在学习方面投入更多的精力，让自己成为更好的自己。

既然我们要学习，那么作为一名教师，要学什么呢？作为教师，要学习课标、教材、课程，还要学习相关学科的一些前沿知识及行业发展新动向和有关的宏观国家政策，此外还要学习心理学方面的知识，我们的学生、家长还有教师自己都会需要心理学方面的知识。除了教师职业需要的知识，其他知识我们也同样需要。在这里，我推荐一句话，那是我当年考研时遇见的一位教师所说的一句话——“人，要多一些不为什么的坚持”。这句话可以理解成一旦认准方向就要坚持下去，坚持的目的不是为了当名师或者当一名优秀的教育管理者，而是没有原因地坚持，就是只想要坚持而已。你也可以理解成学习不要太功利，如果只围绕着自己的专业方向去学习，那并不能让人做到更好地成长。

2017 年我曾经给自己制订过一个日计划，但因为工作过于繁多，空余时间有限，没有每一条都坚持下来，但是其中几条是我无论多忙都要坚持完成的。这份日计划包括的内容有以下方面：

1. 每天看一个优秀化学课堂视频。（是自己专业的，为什么看？因为需要，因为喜欢。）

2. 每天看两个 TED 演讲。（开阔思维、提升眼界，向教师推荐。）

3. 每天读书一小时。（我比较喜欢心理、逻辑、哲学、管理等方面的图书。不看专业书，因为确实不喜欢。一般不看小说，因为确实没兴趣，当然偶尔也会看一些历史题材的正传小说。）

4. 加入了“樊登读书会”，每天听一听，同时暴走一节课。（运动主要是利用晚自习时间，考虑到运动时耳朵太寂寞，听音乐有时会心不静，所以就选择了读书会。）

5. 每天写教学反思一个。（这个主要是针对新高考下课堂转型而做的思考，但是个人能力有限，有时确实写不出来，会很沮丧，每当课后能够写出一些教学感悟就会手舞足蹈、快乐无比。一年多下来，我已经写了厚厚的一本，并命名为《葵花宝典》。）

6. 每天写工作或生活反思一个。（这个主要来自对日常工作的思考和对学生、孩子教育方式的反思。）

7. 每天主动和学校干部、教师和学生交流一次。（一方面是为了贯彻融入式的工作，另一方面也有利于发现问题并进行思考，帮助别人成长，同时也使自己成长。）

8. 每天和所负责的部门领导研讨一个问题。（这是培养人的管理模式的体现，做这项工作的主要目的不是为了完成上级领导给的任务，而是针对某些问题的思考，以及某项工作的认识从而开展工作。）

我们讨论工作的模式一般是这样的：

（1）本次活动的主题是什么？

（2）本次活动的流程如何？（每个环节、标准、负责人）

（3）本次活动的重点、难点在哪里？需要提供哪些服务？

（4）本次活动的亮点是什么？哪几个环节已经做到极致了？

（5）本次活动结束后的延伸性工作有哪些需要开展？

我把日计划表打印出来，张贴在办公桌的一侧，每天在上面打打钩，会体验到心情的起起落落，以此证明我还活着。每逢周一我就换上一张新的日计划表，并且会郑重其事地在上面写上两句话：多一些不为什么的坚持。请不要欺骗自己。

我们要明白一个问题，学习过程并不痛苦，最痛苦的是下定决心选择学习。学习就像去跑步锻炼一样，最痛苦的事情是做出锻炼的决定，一旦过了这一关，以后的事情就好办了。有很多次，我害怕去操场跑步，但是只要我去了，心里就会感到非常愉快。跑完步后我总是非常高兴地对自己说："做运动真好！"

至此，我才彻底理解了作家刘瑜写的这段话的意义：每当我一天什么也没干的时候，我就开始焦虑。每当我两天什么都没干的时候，我就开始烦躁。每当我三天什么都没干的时候，我就开始抓狂。不行啊，不行了，我三天什么都没干啊，我寝食难安……当然吃饭、睡觉、买日用品不能算"干了点什么"，纯粹出于"完成任务"的心态而做的工作也不能算"干了点什么"。"干了点什么"，应当真的是干了点什么。看一本好书，发掘一个好CD，看一场好电影，写一篇饱满的文章，进行一场会心的对话，与好朋友吃一场欢声笑语的饭，这才是扩大再生活，这才是真正地"干了点什么"。

一个人下班的时间，决定了他的高度；一个人如何使用空闲时间，决定了他能走多远。教师的工作很单调，感觉每天好像都是在复制和粘贴。2020年2月17日，"复制粘贴"设计之父——科学家拉里·特斯勒去世，但他的人生是否如同他设计的"复制粘贴"一样呢？肯定是不一样的。有人说，教师要耐得住寂寞和清贫，守得住单调和枯燥，日复一日把自己这支蜡烛燃烧掉。我不否认这种说法。但是我想，子曰"君子不器"，将这支蜡烛放在哪里燃烧，用什么点燃，燃烧的速度，照耀别人的亮度，照亮的对象是谁，一切的一切都应该有教师自己的意志在里面。

一名好教师的标准是什么呢？是兢兢业业、勤勤恳恳、老黄牛式的工作？还是教学成绩优异、贡献突出？无论你选择的是哪一种，都是日复一日、年复一年做着重复性的工作，这似乎是我们的悲哀。如此，人生的厚度又从何而来？人生的不确定性和每时每刻的期盼又从何而来？因此我们要拒绝复制、粘贴式的工作模式，每天都要想办法做到不一样，每天都要反思，每天都要进步，每天都要不同于昨天、不同于以前，只有如此才能让自己慢慢有了厚度，有了变化，有了成长，有了不确定性，有了更多可能，从而就有了未来。

第 3 节　教师成长的境界和方向

我经常和老师们交流一个问题：别人问你是干什么的，你该怎么回答呢？通常有三种回答方式，体现了三种不同的境界，我们选择的境界也决定了我们未来的发展高度。

回答一：我是教学的。

警惕！追求“教书匠式”的教师不能称之为一名优秀的教师。如果一名教师只是把自己定位成知识的传授者，这种选择会将教师的教育成长之路变狭窄，会把自己的育人标准固化在学业质量上，可能会逐渐缺失在未来教育中的竞争力。

回答二：我是一名教师。

恭喜！这个答案进步了一点点儿，在心中已经将教师当成了自己的职业。教师，是一份职业，是谋生的一种手段和技能；教师，是一份工作，会拥有一种归属感，会投入一定的感情，会有所追求，会有一些梦想和寄托。

回答三：我是干教育的。

祝贺！能选择这个答案回答，说明已经带着一种荣誉感和使命感在工作。这样的教师拥有教育情怀，眼界不会只停留在教学这个层次，已经上升到教育的层次。这样的教师关注学生的全面成长，会拥有更宽的视野、更高的平台、更好的发展。

我们每名教师都要学会寻找自己的成长之路。前面所提的，为什么不提倡功利性学习？为什么要宽泛学习？因为刚开始并不知道自己的成长之路在何方。

最高的人生效率是什么？就工作而言，你今天喜欢的东西正好是你的职业，而这份职业就是你学的专业。说的再直白一点，做着自己喜欢的事情，同时顺便把钱挣了为人生第一境界。有的人读万卷书，行万里路，阅人无数，所以体验多、见识多，最后找到了最适合自己的生活和工作。有的人忙忙碌碌、四处奔波，终其一生去寻找，但到最后也没有找到最适合自己的，其实这还算好的，因为有更多的人就像一只蚂蚁一样，在时代潮流的推动下，在浑浑噩噩状态下求学、工作、离开。他到底适合什么，喜欢什么，可能连想都没想过，其实这才是最可悲的。

很多人选择了教师这份职业，相对来说比较稳定，所以一般来说很难再有勇气和机会去体验其他工作，因为你选择了安逸。既然很多人都跳不出去，那么还怎么去折腾呢？我的建议是我们可以“打个折”。我们可以不跳出教育这个圈子，可以在教育体制之内去穷尽教育体验。我们可以努力去尝试课堂教学，担任班主任，担任教研组长，担任教研室主任，从事学校管理岗位，进行课程开发，开展课题研究……从中找到喜欢并适合自己特质的，然后确定自己的成长方向，从而终其一生去快乐成长。

很多人都会在寻找自己中迷茫，在确定自己的发展方向时也会迷茫甚至迷失。从教近 20 年，缺少职业规划的我感觉这么多年都稀里糊涂地走过来了。工作之初，先要教课，那就努力将课教好；担任班主任，那就努力将班主任工作做好；很多青年班主任都努力争取干部岗位，我也朝着那个方向努力，就这样一步步地走了过来。那种感觉如同正月十五看花灯——哪里人多去哪里，有的时候内心并不想去那个方向，但身处人群中由不得你，人流往哪里走，就必须往哪里走。这一切的发展并不是内心所需求的成长，但是这个迷迷糊糊的过程也是无可替代的，既增长了体验，也帮助自己寻找到最适合成长的方向。

我崇拜魏书生，不是因为他当了教育局长，而是因为他的智慧和演讲；我崇拜李希贵，不是因为他曾是北京十一学校的校长，而是因为他的教育理论和见地。他们真的非常优秀，是很多教师的榜样。但是这就是我努力的方向吗？这个方向适合我吗？我内心真正喜欢吗？

最近几年，我开始组织学校教师层面和学生层面的专家报告会，接触到了许多比较接地气的一线专家型教师，慢慢地，我的内心突然有了一些不一样的触动。

印象比较深的有两位教师：一位女退休教师，我尊敬她，并不是因为她的精彩演讲和报告，而是折服于她的高尚师德和教育情怀；一位衡水中学的退休教师，我钦佩他，不是他一年做 200 多场报告，而是他渊博的专业知识和优雅的谈吐。天哪，原来教师还可以发展成这个样子。看了关于教师更多的可能性，我的心中慢慢就有了自己未来的发展方向。

有一段时间潍坊市举办九大学科的学科领军人物竞选，需要报名、说课、答辩等流程。因为有几个组没有教师报名，于是我就号召和动员部分教学干部报名，参加竞选。我没有犹豫，也给自己报了名，在答辩的现场有老师问我是不是过来当评委的，我笑了笑算是回应。我在想，难道走到领导岗位就不研究学科教学了吗？就把自己的爱好扔掉了吗？其实，人最难得的就是不忘初心，很多教师即使走到了领导岗位，个人的专业发展不但没丢，反而更上一层楼，比如李镇西。

面对想要的东西，放下现在的一切是一种勇气；面对不想要却有足够诱惑力的东西，守住自己的初心不动摇是一种魄力。一旦确定了成长的方向，就要努力处理好两个问题：一是要克制自己，不要再被人人都想争抢、人人都说好的其他东西所吸引和诱惑；二是要做好心理准备，有可能自己选择的这个方向最终努力的结果可能是一碗平平淡淡的白开水。处理好这两个问题，就可以不忘初心，很坚定地坚持下去，用心享受追求成长方向的过程，这应该就是最好的选择。

第 4 节　谈谈农村中学教师成长的平台

登高才能望远，高度决定视野，视野决定方向，因此平台很重要。平台绝对是可以撬动个人价值的最佳杠杆，人生的每一步进步乃至成功都离不开平台。

听过一个小和尚卖石头的故事。禅师给小和尚一块石头，让他下山去卖，并告诉他：“假如有人问价，你不要讲话，只伸出两根指头。假如他跟你还价，你不要卖，抱回来。”

小和尚来到了菜市场。一位家庭主妇走了过来，问：“石头多少钱卖呀？”小和尚伸出了两根指头。主妇说：“2元钱？”和尚摇摇头，家庭主妇说：“那么是20元？好吧，好吧！我刚好拿回去压酸菜。”这一次，小和尚没有卖，他回到了山上。之后，小和尚在师父的吩咐下去了博物馆。在博物馆里，小和尚依旧伸出两根指头。博物馆里的人说：“200元？”小和尚摇了摇头，“2 000元就2 000元吧，刚好我要用它雕刻一尊神像。”小和尚听到这里倒退了一步，非常惊讶。

小和尚还是没有卖这块石头，他继续依照师父的嘱托去卖石头。他抱着石头来到了古董店。不少人议论石头的出土时间、朝代、用途，等等。终于，有人问起了石头的价格，小和尚依旧伸出了两根指头。“20 000元？”小和尚听到后很惊讶，不自觉地发出了声：“啊！”那位客人听到后立马纠正：“不！不！我说错了，我是要给你200 000元！”

这一下子，小和尚彻底呆住了，他立马飞奔回山上见师父，告知师父他的奇遇。师父说：“孩子，你人生最大的价值就好像这块石头。平台不同，定位不同，人生的价值就会截然不同。”

泥泞路上的奔驰，永远跑不过高速路上的夏利。然而，有很多人却错把平台的强大当作自己能力的强大。白岩松曾说让一只狗天天上央视，就能变成名狗。但是我们要知道，没了央视的舞台，很可能不用多久它就又会变回默默无闻的土狗。所以说，很多时候个人的能力是其次的，公司和平台才是决定事业成功的最重要因素。平台能让进步和成功加速，离开平台，很多人或许什么都不是。记得有人说过，一个人即便能力很强，但若在一个不理想的平台，或者根本没有平台，那么还是不能一展抱负。

平台很重要，但是平台从何而来呢？

好的平台通常已经比较成熟，有一套完整的工作方法，可以帮助教师建立好的工作习惯和思维。如果恰巧在一个好的平台，那就一定要好好珍惜这个平台，借助平台的作用最大化地发挥自己的人生价值。

我很羡慕许多带着名校光环的教师，山东省内的像省实验、山师附中、历城二中、青岛二中、青岛五十八中、滕州一中（排名不分先后）这些学校都是牛校，但是这样的平台并不是每位教师都能拥有的，大多数教师所处的平台都是比较普通的学校，那么怎么办呢？我的看法是：如果你觉得自己目前的平台不行，要么就换平台，要么就自己搭建平台。

怎么换平台呢？首先要做到足够优秀。在现在的平台上都不能做到出类拔萃，那就不要着急。“急”这个字是当代社会的缩影，什么事都在“急”，沉不住气肯定是不行的，尤其在工作上。如果自己在现在的单位还不够优秀，说明这个平台能提供足够的养分，这样就应该用心付出、努力汲取，就像爬台阶一样，一步一步、稳稳当当地爬上去。我所认识的几位名师大都经历了这样的过程。一路走来，一路艰辛，有的甚至在农村小学任教了十几年、二十几年，经过积累、沉淀、爆发的过程，获得了“齐鲁名师”“齐鲁名校长”这样的荣誉，最后被更高层次的学校聘请了去，到了更高的平台，汲取更好的营养，施展最大的才华。

有的老师会问，我这个平台比较普通，没有舞台让我成长。但是如果用心思考，就会发现舞台无处不在。举个例子：我们学校每天晚上都有半个小时的合作学习时间，作为教师是否可以每周给学生演讲两次，每次一个主题，认真备好功课，然后演讲并录音，回头纠正不太好的地方，这就是舞台。每一个看似平平常常的日常事项，只要用心都能成为大放异彩的舞台。

弱者看平台，强者造平台。如果发现自己没有能力走出目前的平台，但是这个平台的土壤对自己成长需求来说不够肥沃，就要考虑自己搭建平台。自己搭建平台，首先就要做到不放弃任何一个展示自己的机会。

可以推送免费网课，如果确实水平高，很可能成为网红主播，还可以利用一切学习机会去和专家互动。我给自己提出了一个目标：只要外出学习，我一定要和讲课专家中最牛的那个人加个微信好友，而且会利用一切机会“骚扰”他，一方面咨询自己的困惑，另一方面将自己的思想展示给专家看。脸皮要厚一点儿，牢记一点儿，很多专家都没有架子，很乐于解答别人的困惑。

可以逢人就讲自己的教育理念。比如我在课堂教学中提出了“重问题导向重生成”的课堂教学模式，然后就反复地给学生讲，给老师讲，给干部讲，给校长讲，给专家讲，给教科院领导讲，给教育局领导讲，给来参观的报告团讲，外出时也讲。讲着，讲着，人家就信了！讲着，讲着，我就更加坚定了！讲着，讲着，别人就开始认识我了！讲着，讲着，发展的平台就有了！

可以学会呐喊。写论文、做课题、写书都是呐喊的一种方式。比如“重问题导向重生成”课堂教学的论文我写了，课题也正在研究着，今天的写书也是在呐喊，在表达我的教育理念。有人说，你写书有点早，再沉淀沉淀晚点写会更好。我说，我等不及了。我又说，可能我脸皮太厚了，所以才敢说敢写。干事，先干，再干好；写书，就是先写，再写好，都一样嘛。

总之一句话，就是使劲折腾。

记得看过这么一句话：这个世界上除了自己没人能够决定自己的命运。就算是“上帝”能偶尔决定命运，也应该如同是脚踏车，“上帝”蹬左边，你蹬右边，缺一不可。

这样看来，其实平台就在不远处，平台就在眼前，平台就在手中，所以马上努力吧！

第 5 节　新高考的红利你要拿！

改革开放 40 多年来，我们可以纵向审视一下，国家下的这盘大棋带来了多少红利，什么人拿走了这些红利，这些人有哪些特质。他们是时代的宠儿，也是幸运儿，但是在羡慕他们的时候我们是否可以审视自己没有拿到的原因。

现在，关于教育，一盘大棋又徐徐拉开，我们又该如何对待呢。

插个楔子，为什么是中国人发明了围棋？围棋需要什么，需要大智慧、大谋略、大战略、高远见。

集智慧于大成的中国式远见，不仅仅体现在商业领域，还体现在政治、军事和社会的各个方面。比如古时修建都江堰、郑国渠、京杭大运河、万里长城等，看起来是困难重重，但却实实在在地造福了千秋万代。放眼当下，中国人依旧以其智慧的“远见”谱写着辉煌。

就像很多西方学者在分析现代中国迅速崛起的时候都会提到“中国的五年计划”“中国制造 2025”“一带一路”等中国式远见

的表现。对于中国人特有的“智慧的远见”——可以几年、几十年按部就班地做一件事，他们感到惊讶和钦佩。

我们现在可以看一下新高考这盘大棋国家是怎么下的：

2014 年 9 月在浙江、上海试点实施新高考；

2016 年 9 月正式发布《中国学生发展核心素养》总体框架；

2017 年 10 月《党的十九大报告》中提出了对未来教育的展望和要求；

2018 年 1 月出台了普通高中《新课程标准》；

2018 年 9 月举行了全国教育大会，进一步解读了《党的十九大报告》中的教育部分；

2019 年 2 月出台了《中国教育现代化 2035》；

2019 年 6 月出台了《关于新时代推进普通高中育人方式改革的指导意见》，国家层面的文件都细化到新高考下的具体课堂教学要求；

2019 年 8 月开始统一了各个学科的新教材；

2019年12月出台了《中国高考评价体系》，进一步诠释了“一核四层四翼”的教学理念；

……

这就是中国人做大事的方式，这就是国家对教育下的一盘大棋，是空前的一次大战略，这次改革也会有“大红利”，我们到底要不要？

总之，过了这个村可能就真没这个店了。

仔细想来，我最近几年经常出去做演讲，获得了更多人的认可，就是拿了一点点儿新高考改革的红利——把自己对新高考的实践和反思进行了总结和宣讲。

第一步：2017 年接触新高考，主动走出去学习。

第二步：主动承担了学校新高考落地的系列工作，没有退缩，没有逃避。

第三步：主动总结了一些经验和教训，对新高考形成了自己的见解。

第四步：将外省新高考学习团主动邀请到我校，沟通交流，其实别人的问题也是我们的问题，即便已经解决过一些问题，可能也会发现新的问题。

第五步：接受外省市教育局、学校的邀请，做“新高考落地、课堂改革”报告。

第六步：拥有了更多的机会和教育界专家进行交流，进一步完善个人的教育理念。

第七步：小范围内逐渐获得认可，正努力将自己的教育理念向外推广。

……

我不知道自己将来会发展成什么样子，我只知道目前的自己喜欢这个方向，喜欢这个过程，而这其实就已经足够了。

对于本次新高考的红利，建议教师在课堂改革、新高考评价方案、课程开发、生涯规划、新高考志愿填报上做一些思考和突破。

例如：新高考教师评价方案至今还是一个难题。我看过浙江和上海不少学校的评价方案，但都不能做到令人满意，教师的意见不小。

评价困难缘于学生的选课走班，班级之间学生的基础差距很大。如果看完成率，基础好的班级会有优势；如果看进步率，基础差的班级会有优势。

我提供自己思考的两个方案来抛砖引玉，感兴趣的教师可以在这个方向上适当做一些文章。

方案：均差法＋贡献率法。

第一步：计算每位教师的 Δ 均差。

Δ 均差＝任教后班级成绩均差—接班时班级成绩均差。其中的均差＝学科班级平均分—学科年级平均分。（这种计算方法是“横”中有“纵”，所谓的“横”是只有同一个教研组内的教师有可比性，所谓的“纵”是兼顾了两次考试难度、分数的变化。问题有两个：第一，不同教研组如何组合在一起；第二，原来基础好的班级还是会吃亏，因为还是在看进步程度。）

第二步：计算完成率。

完成率＝教师任教学科的本一＋本二／班级总分的本一＋本二。这种计算方法兼顾各个班级的基础不同，同时能够体现优秀教研组的单科优势，但是要注意，完成率会有负值情况，所以需要进行调整，建议每个教研组调整时要与本组 Δ 均差的最大值匹配。

第三步：Δ 均差 ×0.6+ 完成率 ×0.4（其中的 0.6 和 0.4 可以根据学校的情况进行调整）。

这个方案获得了大多数教师的认可，但还是会有持不同意见的教师，可以从两个方面认识这个问题：一是没有完美的政策，都需要进一步完善；二是只要是评价就很难做到让所有人都满意。

在课堂改革、教师教学成绩评价、课程开发、生涯规划、新高考志愿填报上有内容值得我们去琢磨和思考，我也相信这几个方向的土壤会是很肥沃的。

第6节　怎么写反思

论文和课题总是给人一种条条框框的感觉，我不喜欢。听过很多次如何按照模式写论文和做课题的报告，很多时候，即便内容再好，但是如果不按照某个套路和模式走，就过不了关。不喜欢被约束的我一听写论文和课题报告头就大了，我喜欢天马行空、不受约束地写反思，也正因为喜欢写反思，才有了这本书。

有一句话，“失败是成功之母”，我认为应该改成“失败之后的反思才是成功之母”。被一块石头绊倒多次，是因为没反思；头撞南墙不罢休，一直撞到头破血流也不停止，也是没反思。体验再多，不反思也不会形成见识；痛苦再多，不反思也不会成长。反思是让人得以改进自己的最重要的思维品质。因此无反思，不进步！那么，作为教师，反思有哪些类型，反思的源泉又从何而来呢？

第一，反思可以来自教师的主阵地——课堂教学。

在课堂上，学生的好奇心、想象力是被鼓励了还是被阻滞了？教师喜欢“挑刺”“较真”的学生吗？对学生批判性思维的培养落实了吗？一节课讲完就算完成教学任务了吗？教师追求的是“教过”还是“学过”？听懂和掌握有多大差距？在一节课上有无印象较为突出的事件？如果有的话，这件事发生的原委是什么？一节课的总体感觉如何？这节课教师感到比较满意的地方有哪些？存在的问题有哪些？什么问题是最突出的？中国高考评价体系中对“必备知识”重生成和“关键能力”重思维，教师如何在一节课上落地？如果用心去做，教师在这方面的反思应该会刹不住车的。

第二，反思可以来自职务。

在学校里，有些人可能担任副校长、中层干部、班主任、教研组长……工作中出现的问题都会成为反思的源泉。下面的一个反思是在工作中的思考。

反思——做事的方式

如果要去做一件事情，无论这件事情是喜欢做的还是不喜欢做的，情愿的还是不情愿的，需要牢记两个问题：

1. 告诉自己，人生可能会因为今天的这件事发生改变。因为人生就是连点成线，要做的每一件事，邂逅的每一个人都会成就未来独一无二、不确定的自己，所以要带着郑重的态度去做这件事情。

2. 要有正念的力量，享受做事的过程，让自己融入其中，乐在其中，用心做到极致，做到完美。

第三，反思可以来自所读的书。

当我读到了李希贵校长的《教育艺术随想录》中关于组织、制度、会议的建议，也有了自己的一点儿思考：我认为在执行力上是组织 > 制度 > 流程 > 会议的，学校管理中偶尔出现一次的问题或许一个点评、一次会议就可以解决，并提出处理该问题的流程和标准；当然也要多从系统的角度去思考和分析问题的发生；多次出现的问题就要考虑是否从制度上来解决，如果还不能解决，那就要考虑组织架构的问题。比如目前很多学校存在以下问题：学校各级课程为何一直无法落地？课堂改革推进为何迟缓？干部的战斗力和执行力为何不行？为何在有重大活动时总会出问题？哪些可以用流程、标准来达成，哪些用改变组织架构来解决？

第四，反思可以来自与师生的交流。

当感觉到自己的反思源头有枯竭的现象时，我就会主动加大与教师和学生的交流、沟通，毕竟一线的教育带来的思考是无穷无尽的。

下面是我和一位班主任沟通时的反思：

老师，你为什么哭?

一位女班主任因为班级管理流泪，我问她为什么哭，她说感觉到无能为力，感觉到付出没有收获，为什么会出现这样的结果?

我的反思：

1. 首先你要理解什么是爱，真正的爱是无条件的爱，无论你好你坏，你闹你静。我只是想爱你，而不是缘于你怎么爱我，或者你爱我的方式、时间、地点、事件不合我意，所以我觉得你不爱我，所以我也不爱你，这不是爱，只是索取或者交换而已。

2. 作为班主任管理，教师只负责阳光普照大地，尽量将爱洒到每个孩子身上。有的人有时候喜欢太阳，那他就会欣然接受而改变；有的人觉得太阳有点儿热和刺眼，就会躲一躲，这也无可厚非；有的人害怕太阳的照射，他觉得自己不需要这个时刻、这种强度的阳光，他躲在树荫下或者屋子里，那也是他的自由。

有一位有争议的心理学家——卡尔·荣格曾经说“你连想改变别人的念头都不要有”，看到这句话，可能不同的人会提出不一样的理解。不过，很多时候我们确实不要做太多改变别人的事情，有些经过和历程是不可避免的，就跟家里孩子的成长一样，他们的思想和认识就在那里，我们应该做的是包容。作为教师，要学习像太阳一样，只是发出光和热，认识到每位学生对阳光的反应是不同的，面对老师的一切，有人觉得刺眼，有人觉得温暖，有人甚至会躲开。种子破土发芽前没有任何迹象，那是因为还没有到那个时间点，学生的改变也会在某个时间点悄悄地发生。我们要永远相信每个人都是自己的拯救者。

下面是我与一名学生交流时的反思：

学生和保安的一次对骂

某个班级一个高高大大的男生与学校保安发生摩擦，是因为他连续两次没带出门证，而自己却硬要闯出校门。保安生气了，骂了他一句，他气不过也回骂保安。值班老师批评这位学生，这位学生还理直气壮，认为是保安先开口骂人的。学校办公室打电话过来，让我过问一下，以下是我落实的结果。我问了他几个问题：

1. 如果是一位国家元首这样挨骂，是不是也会回骂？答曰："不会！"

2. 为什么不会回骂？答曰："因为不值得，不对等。"

3. 那你呢？你用一名保安的错误回应方式回击了他，你和他对等吗？"对等"是一个值得反思的问题，你在湖上划船，突然有一条小船碰了你的船一下，差点让不会游泳的你掉进水里。你肯定顿时恼怒，回头就想找人问责，结果发现小船上空无一人，原来是风将一条小船吹了过来，你的情绪会顿时消散，为什么呢？因为不对等。如果一个牙牙学语的孩童骂了你，你会如何反馈？你会惊讶，会大笑；如果一位耄耋老人骂了你，你或许会坦然接受；如果一位同龄人骂了你，大多数时候你可能会反击，而这都是对等与不对等，但其实都是因为你只关注了外面的世界。这些都是不对的。你给予什么就收获什么，想要什么就要付出什么，如果你内心向善，那么你不会因为其他人的所作所为而改变你的善良，其他都是外在的，虚无的。张德芬曾经说过："亲爱的，外面的世界没有别人，只有自己。"

4. 再问，在家犯错的时候，你的父亲骂过你没有。答曰："骂过。"又问，你怎么回击的？答曰："没回击。"再问，为什么呢？答曰："因为他是我父亲，是我的长辈。"那么这个保安是不是和你父亲一样的年纪呢？你能想象一个孩子骂一位长辈的场景吗？

5. 他履行了一名保安的义务，及时制止无证学生外出，防止出现安全隐患，你履行了一名在校学生的义务了吗？如果你是保安，你有没有可能也会急不择言？

6. 如果是两个同学对骂，今天我会一起喊过来说教，但为什么今天只让你一个人过来呢？因为只有你是我的学生，我对你负有教育权，也有这项义务，而对这位保安，我没有！学生说："老师不用说了，我错了，我去道歉。"

谈话结束。

第五，反思来自教师对自己做事、说话的复盘。

下面是我平时所写的一个反思：

反思——努力构建我的工作和生活哲学

生活说话哲学：不说话！非说不行的情况下在说之前想明白自己说话的目的。是不是敬天爱人，是不是为了自己成事或者帮助别人成事，如果不是这两个目的那还是选择闭嘴。记住，自己成事说七分话，帮别人成事说九分话。

生活选择哲学：敬天爱人大于成长大于体验！

生活做事哲学：不忘初心，牢记使命！

处理管理问题：这应该是个问题吗？学会系统地看问题，看透问题的本质，确定问题的类型，原因是出在标准、流程、制度、组织架构的哪个方面。

推进管理工作：设计时要体现流程化管理和闭环化管理，依次确定方向、策略、流程和方法。确定方向就需要明确目的；制定策略要设计“前拉后推中融入”，即前面要设计引领，后面要设计保障，中间要体现融入式管理；流程有布置，有安排，有检查，有反馈，有整改，这五步都要明确时间、地点、人物、标准；方法就是分权、授权、集权，及时评价。

第六，反思来自家庭教育。

家庭教育困扰着每个家庭，我会在结束了一场“家庭战争”（先“母子战争”，后引发“夫妻战争”）后来写一写这部分内容，也会对家里孩子的某些行为进行反思，寻找自己教育的成败之处。生活就是这样，每天都有酸甜苦辣咸，我不知道家庭教育中这五种滋味分别代表了什么，但是我很清楚这里面每种味道都值得去品味、去反思。当然，写反思需要我们有一双发现问题的眼睛，有问题才会有反思。同时，找到问题之后需要进行思考、验证，并得出结论。

有人说，人要轻松一点，要让大脑学会清零，什么也不想，什么也不做，享受当下的时光，但是我觉得自己还年轻，不想让脑子闲下来，于是就尝试着满世界地找问题。

比如开车时路过一个加油站，要加油，思考自己或许可以有两个选择：

选择一：加油，给钱，打开音响，听着音乐离开。

选择二：让谁来加油？我是否可以自己下去试一试加油枪？自己加油过程中会遇见什么问题？在加油过程中观察、学习到了什么？加油和缴费时观察到这个加油站需要删减或者添补什么，怎样改进就更好了？……

假若拥有了一双发现问题的眼睛，找到了问题，下一步就需要破解问题、形成反思，当然这个很难，但确实非常有趣。

我有个积累问题的习惯，可供参考。我会把随时随地涌入脑海中的问题和思考形成的反思框架写到手机短信草稿里，因为好不容易捕捉到它们，怎么能轻易放走呢。于是，随时想到，随时记录，有空就坐下来整理，那感觉就像在秋天里收庄稼，快乐无比。

此外，有一种现象特别有意思。如果有感到特别困惑的难题，但是苦苦找不到答案，没关系，那就先将它装在脑子里，然后会发现过几天答案自动就出来了。答案的呈现有时候是因为看到书中的一段文字，有时候是因为别人的一句话，有时候是因为看到的一个场景，最有意思的是有时候没有任何预兆它就自己蹦出来了，那种感觉太奇妙了。原来人的大脑也可以和电脑一样在后台运行，有问题不要紧，装进去就是，先做着别的，让他慢慢后台运行，真的会有惊喜。有时开着车会突然蹦出一个问题的答案，我会喜不自禁，立即把车停在路边，拿出手机记录答案和突然涌现出的想法，那种快乐和满足真的妙不可言。

第 7 节　青年教师的成长

青年教师的教育生涯是从零开始的，如同一张白纸重新开始书写。我们会发现，如果选择正确的成长方式，人生会因此而发生天翻地覆的变化。下面简单地谈一下自己的看法：

第一，青年教师要明白与优秀教师相比自己的不足之处，然后才能知道自己努力的方向。

青年教师主要存在如下短板：一是传播知识和技能的表达能力弱；二是学情的判断力弱；三是立德树人的感召力薄弱。

这就是青年教师追赶或超越所需要努力的方向。传播知识和技能的表达力可以通过刻意练习慢慢积累提升；学情的判断力可以通过眼勤手快、提升批改质量来改善；立德树人的感召力可以利用自己的年轻和学生建立朋友般的信任及伙伴关系，一样可以一呼百应。青年教师要想在学生中赢得威信也很简单，只要做到两点：一是将课上好；二是不拖堂。

一个刚刚入职的青年教师，先要做的是找一个对的好榜样，找一个每天接触比较多、充满正能量、凡事积极向上的榜样。好榜样的力量是无穷的，坏榜样的力量更是无穷的。我曾经目睹过很多青年教师因为选错了学习的榜样而沦落得一事无成，让人扼腕。

第二，青年教师既要沉得住气，也要说得出话。

沉得住气：刚入职，如同在部队刚入伍，要放低姿态，沉得住气，要忍住暂时的否定、不被重视。有的青年教师走得太顺了，该有的都有了，不该有的也有了，没有太多的沉淀和积累，然后遇事莽莽撞撞、一意孤行，到最后有可能直接崩盘。无论从事什么工作，一个人没有经历过几次刻骨铭心的失败和挫折很难有大的作为。

说得出话：提倡青年教师腿要勤，但并不提倡嘴要快，在办公室里一定要多听、多学、少说。当然，在必要的时候确实需要表达，那时就要通过委婉而又正确的方式表达出自己的想法和看法，让别人知道你并不是一个没有底线可以被任意对待的人。

第三，要发自内心地真正尊重老教师。

老教师最需要的是什么？是尊重和认可。无论在哪种场合都要从心底里去尊重他们。记得有一次我听一位老教师的课，听课记录本上需要记录听课教师的名字，我很纠结，到底怎么写这位老教师的名字呢？因为我很尊敬这位德高望重的老前辈，感觉直接写名字很没礼貌，犹豫了半天我只写上了他的姓氏，结果被这位老教师严肃地说了一顿。当时我很不理解，在选择究竟填写“张三老师”“张三”“张”上，最终我选择的是最不尊重的答案。现在看来，我当时真的傻到了极致！

第四，要保持自己的弹性。

人们通常不会在一开始就做自己不懂的事情，但是当一个人在一些领域获得一点儿成就时，就会觉得自己无所不懂、无所不能，然后做了很多自己并不擅长的事情，最后一败涂地。说到底，这就是失去了弹性的一种表现，要永远表现出学习的姿态，保持不满足的状态，心怀进步的期望，才能让自己有弹性地发展。

美国哲学家威廉·詹姆斯说：“你应该每一两天做一些你不想做的事情。”只有当你自己先对自己发出挑战，才能在别人的挑战面前泰然自若。

第五，明确自己的长处并进一步放大。

我们虽然选择了稳定的工作，但是我们不能选择一成不变地活着。确定了自己的努力方向后，剩下的就需要思考，需要慢慢积累、迎来爆发。例如上课：在听中学，在做中学；将听懂的东西要做出来，做好的东西要能说出来。“一篇课文，三次备课”，坚持三年，就可以成为名师，关键是能否坚持去做。

李镇西老师讲过“每天五个一”：上好一节课，找一位学生谈心或者书面交流，思考一个教育问题或者社会问题，读不少于一万字书，写一篇教育日记。这样坚持三年你就可以成为专家，关键是你是否能够沉得下心。

第六，要做真人。

当教师之前就经常听到有人判断一个人是否是教师——“那个人，一看就是当老师的！”

我时常不明白，这是怎么看出来的？戴眼镜显得文质彬彬？可是现在满大街都是戴眼镜的。有人说教师都很小气，不舍得花钱，我审视了周围的人，发现并不是这样啊。还有人说教师喜欢教训人，经常会不分场合、不分人的乱教育，那也只与个人性格有关系。

如今，如果让我来判断一个人是否是一名教师，我大概也能判断个八九不离十。我的判断标准是一种感觉——一种生活在套子里的人的感觉。

为什么会有这种感觉呢？

因为教师这个群体实在是太特殊了，从 3 岁上幼儿园开始就待在学校里，一直到退休，一辈子基本都在学校里。暂且不说有体制在约束着教师，还有一个看不见的行业操守在规范着教师，还有孩子们的无数双眼睛在盯着、学习着教师的一言一行。别人可以说的教师不能随便说，别人可以做的教师不能随便做。长此以往，很多教师就收得比较紧，很多时候放不开，像生活在套子里的人一样。

其实，我认为这样并不好，我们应该在适当的时间更多地展示真实的自己，也就是所说的学做真人。那么，如何做一个真人呢？

第一，做真人，要学会寻找压力和情绪的释放口。

教师，拥有着相对平淡的生活和工作，要做真人，一方面要培养自己强大的内心，另一方面要学会寻找一个压力和情绪的释放口。

外面的世界很精彩，教师要经常出去看看。利用假期出去走走，在外面的时候，没有那么多的条条框框来约束，也没有那么多的眼睛在盯着。在那些陌生的环境下，没人认识你，可以尽情释放自己。每年暑假我都会给自己一周的放松时间，一个人，一个包，一场说走就走的旅行，钱不多，3 000 元左右，啥时候花完啥时候回来，回来的时候经常就已经把一年来工作的压抑和不好的情绪都扔在外面了。

如果有时间的话，利用周末的时间出去放松放松吧。前几年，我有时候会为自己无聊至极的周末感到悲哀。

我的周末安排：周末两天，一天半值班，半天睡觉，结束。

后来，在某个周末的下午，睡得头昏脑涨的我懊恼不已地走到了教室，之后给学生开了一个班会，主题是一个人生活品质的高低标准是什么。让我感到有些沮丧地是，有些学生说的标准很物质，比如房子多少、存款多少、私家车的档次等。我恨恨不已地说："都不是，是一个人周末活动的品质高低！"

我给学生，同时也是给自己提出了未来的期望：

（1）要有 1 ~ 2 项无氧运动和有氧运动结合的体育爱好，努力让自己达到半专业级别。

（2）要有至少一项艺术爱好，努力让自己达到半专业级别。

（3）能够有个排解烦躁心情的地点和方式。

（4）要有一个朋友圈，随叫随到，能够让自己敞开心扉的一个圈子。

（5）要有一个能够安排多种活动的周末。周末可以和朋友打个网球，游个泳，然后一起喝杯啤酒、聊个天；或者几个家庭一起出去郊游，钓钓鱼，烤烤串，听听歌；或者偶尔来个奢侈的——带着孩子到附近城市听个演唱会，看场自己喜欢的足球赛。

仔细想来，我周末释放自己做得最过分的一件事就是跑到青岛去喝扎啤。前几年任级部主任的时候，感觉自己的压力和情绪积攒到一定程度之后，我会利用大休的晚上，乘 40 分钟动车到青岛，然后打出租到登州路的青岛啤酒街，点几道海鲜，上几杯扎啤，然后手机关机，一头扎倒，第二天睡到自然醒，然后再激情四射、斗志满满地回到学校，快哉！教师也是人，是个正常人。即便是凯撒、亚历山大都把享受生活乐趣看作自己的正常活动，视威武战事为非正常活动。巴尔扎克也说得好："人活世上，主旨是享受生活乐趣！一个毫无癖好的人简直是魔鬼！"

第二，做真人，要敢于展示真性情。人有七情六欲，你我皆未遁入空门，没人能做到无念无嗔，教师也要敢于把真实的自我流露出来。

有人说，教师应该是厚重的，的确是这样的，但并不是有些人所理解的厚重。解读一下自己认为的厚重：对别人讲的事情，有谦虚的心态，认为自己不懂，这样的人，在别人眼里不虚假、活得真实，别人就愿意相信，就愿意与之交朋友。有的人却把厚重当成了师道尊严，天天绷着一个没有任何表情的脸，这样并不好，可能有些人会说，"生活中的高手，从来不会让情绪控制自己，然后做出后悔的举动，他们只控制情绪，变成生活的主宰者"。学会控制情绪并不是让我们把自己变成灭绝师太一般，我认为如果这样做，就是理解上出了问题。

教师不应该有统一的模式，也不应该有固定的样子。有人好动，有人沉稳；有人活泼，有人安静；有人粗犷，有人细腻……这些都不影响其成为一名优秀的教师，所以请不要这样随意评判一名教师——"你看看，一点儿也不像个老师的样子"。无论是哪种职业，都应该是认识并利用自己的性格，不要去改变，而是去利用。

在学生面前教师也不需要掩饰自己的情感。面对很多美丽动人的故事，有些学生就是无动于衷，就是看不到人间之美，看不到生命之绚烂，看不到人间的真情，看不到爱的恒久……为什么会有这样的现象呢？这来源于我们的教育。身为教师，不要在学生面前掩饰自己的情感，不要担心在学生面前流泪，没准这样做还会有利于他们人性的苏醒。倘若竭力掩饰一切，有可能会被学生误认为是冷漠之人，也有可能会让敏感的学生也去学习克制和忍耐。面对那些腐蚀青少年心灵的精神污垢，教师不应当容忍。或许此前我们忍耐得太长久了，我不想让自己的学生只是一个个做题机器，一个个冷血动物。前几年发生的某个大学的学生毒害其舍友的新闻真的值得每一位教师反思：我们究竟要培养什么样的学生。每年在学期工作总结时只会写“所任教班级成绩在年级名列前茅”“深受学生和家长的好评”之类的话，是千篇一律地写还是用心地写，这些是不是教师最想看到的东西而非学生的实际情况呢？在这背后是不是还有其他评价方式？我想将自己的学生培养成有血有肉、敢爱敢恨的青年人，这先要从自我做起，所以教师不要将深沉交给学生，将你的爱、恨、悲伤、失望都真实地袒露在学生面前吧。

第三，做真人，要敢于表达自己的喜好。

人们喜好的对象有很多，这里只说教师对学生的喜好。所有的教师都会被要求对学生要做到一视同仁。当然，这也是我们教师努力的方向，因为做到确实很有难度。打个比方，家中有三个孩子，天底下最爱他们的父母能够做到完全平等对待吗？即使心中有这个意识，也很难做到对待家中的老大和老小同一个标准。不然也就没有很多人常说的“你是老大，你就不能让着点？”这句话了，当然现在家庭教育中很多家长也开始回避此类说法。

我虽然努力去做到一视同仁，但同时也会表达自己的喜好。

在《致青年教师》一书里说道：教师要向学生表明我们的爱憎——在教育中，如果我们不敬重崇高，下一代将变得猥琐；如果我们不维护正义，下一代就会丧失羞耻感；如果我们不看重诚信，下一代将以奸诈为荣；如果我们不尊重文明，下一代将比赛粗野。教育就是为明天的社会培养合格的人，就是为了让未来的社会超越今天的文明。

有人说，要认识并欣赏自己的孩子，不要去改变，而是去欣赏，我不完全赞同。我会很明确地跟学生说，你这样做人、做事就是我喜欢的；你那样做人、做事我虽然不会因此而疏远你，但是我不喜欢你那样去做。

我一直给学生灌输一种倾向性：

我心目中的男孩：一身正气、掷地有声、对自己狠、精力无限、走路虎虎有风、阳光灿烂、敢作敢为！

我心目中的女孩：规范细心、大家风范、静若处子、开心快乐、追求内在之美、自律性强、稳中求胜！

这就是我喜欢的标准，你们就看着办吧！

第 8 节　教育是一门“慢”的艺术——德育第一

2014 年，习近平总书记提出了“四有好老师”——有理想信念，有道德情操，有扎实学识，有仁爱之心。为何不是四有好教师？老师和教师之间还是有一些区别的。仔细体会一下，这四条中有三条是关于德育教育的。

2018 年，在全国教育大会上，习总书记提出了六个下功夫——“要在坚定理想信念上下功夫”“要在厚植爱国主义情怀上下功夫”“要在加强品德修养上下功夫”“要在增长知识见识上下功夫”“要在培养奋斗精神上下功夫”“要在增强综合素质上下功夫”。这里面又有多少是对学生德育方面的要求呢？

现在整个社会都显得有些着急、焦虑，教师也不例外。我们看到教育的现状会焦虑，看到别人的优秀会焦虑，看到学生的无为、无助都会焦虑……

有的事不能急，有的事急不得！

试想一下，我们常说四十不惑，但是如果你让一个人二十几岁就把人生参透了，你让他以后还怎么生活？孩子提前长大并认清了自己一定是一件好事吗？把握不好时间节点的觉醒反而容易出问题。

上面说的有点儿“大”，“小”一点儿讲吧。比如在课堂上，很多教师因为焦虑于教学进度而在前面夺命狂奔，而我有时一节课却只讲一个化学方程式。我要将这个化学方程式的“前世今生”讲得明明白白，要通过这个化学方程式真正提升学生的学科素养，什么教学进度随他去吧！

有人会问：你教不完课程学生考试不会怎么办？

我回答：你教完了课程学生就会了吗？你讲完了又管什么用？

你给孩子“成果”，我给孩子“武器和技能”，你说将来谁更厉害呢？越有生命力的东西，就越需要慢下来，才越能发挥它更大的作用，比如德育。

很多教师都不明白一个道理——学习并不是教育的抓手，而是教育的成果。学生最大的问题不是会不会学，而是想不想学。做人、做事、做学问是有递进关系的，前者是后者的基础，不会做人，怎么做事？不会做人、做事，又如何做学问？教师的本分是什么呢？“师者，所以传道授业解惑也。”

我曾经讲过两位级部主任的故事。

级部主任A和级部主任B都要求各自级部的学生早饭后到教室集合，集合的时间从7:05分提前到7:00。

级部主任A是这样考虑的：我想增加学生的学习时间，时间是挤出来的，能多学一分钟就多学一分钟，能多考一分就多考一分，因此将集合时间提前到7:00。

级部主任B是这样考虑的：学生早饭后的卫生到位比较懒散，效率低下，为了提高学生的时间观念，检验学生集体合作的能力，提高学生学习和生活的节奏，因此将集合时间提前到7:00。

虽然看起来都是7:00集合，但是两位级部主任的出发点不同，前者从学习出发，后者从做人、做事的角度出发，长此以往，高下立断。

在学校教育中，学生的德育成长是要放在首位的，国家层面的思想政治课建设也是一种引导，但现状是很少有学校有系统的德育课程体系。例如，作为学校的管理者是否知晓上一个周各个年级的主题班会？这个班会的主题是随机的还是三年一体化的德育课程体系中早设计好的？班会课件怎么来的？各个班级开了没有？开的效果如何？没有系统的德育课程体系，学生的三观建设会如何？没有正确的三观就会无助、无力甚至会处处和这个世界为敌。一个人，内心如果没有力量必然会导致各种心理问题的发生，现在学生的心理问题已经具有普遍性了。德育建设，特别是系统的德育建设迫在眉睫。突然想到2014年去某知名中学学习，有位副校长说"我们什么都可以给你们，唯独我们三年一体化的德育课程不能给你们。"当时的我还不以为然，现在看来，我是多么幼稚——德育是学生学习的动力源，是学生学习动力研究的主要方向。

一个学校生源好的时候，优秀的孩子多，大多数孩子的三观正，他们人多力量大，自然会带着后面的孩子一起飞，即使没有系统的德育课程体系支撑问题也不大。生源不好的时候，优秀的学生三观再正，人单力薄，就好像小牛拉大车，怎么可能带动起来那么大的团队？于是各种问题和现象纷纷出现，如果我们还没有意识到德育课程的重要性，对"德育第一"不接受，对"一所学校办学水平的高低是以学生德育发展为标准"不以为然，这样就危险了。

我们可以一起感受下面两个案例中德育的力量。

案例一是家庭教育中的德育案例：等一会儿，让他把话说完。

上面这句话说起来简单，但是不是每个人一开始都能意识到这一点。很多时候，或许只有当母亲的才会有这样的耐心，信任孩子，等待孩子。有位孩子的母亲告诉我，她的孩子从小懂事，三岁的时候就有些让人想不到的话。有一回，客人问："如果你有两个苹果，一大一小，你把哪个给妈妈？"——这类愚蠢的"测试"往往令人生厌，可是生活中经常有人热衷于用这类问题考验孩子。

孩子说："我在两个苹果上都咬一口……"客人惊愕地叫了一声："这孩子……"她想说的是："这孩子心眼儿可太坏了，两个苹果都霸占了！"可是孩子慢吞吞地说："……然后我把那个甜的给妈妈吃。"客人很羞愧，对孩子的妈妈说："我差一点儿以为……"母亲笑着说："我的习惯是让他把话讲完，而且可以等他，让他把话重讲一遍。”

案例二是学校中的教育案例：我就是要等你的水滴石穿。

2006级六班的LT同学，学号55，语文、数学、英语都很棒，理综奇差无比。按常理来说，数学好理综不应该差太多的，所以这应该是一个有潜力的学生，于是开学之初就确定他为班级重点培养对象。一次次的考试，他的成绩非常不稳定，但是整个班级的老师，尤其是理综老师从来就没有放弃过他。我把《花开不败》那篇文章打印出来送给他，在封面上我写了几个字：“LT同学，我就是要等你的水滴石穿！”他将文章挂在书架上，每天都会看一遍……在教室里他的头越来越低——他下狠劲了；走路时他的头越抬越高——他开始拥有自信了。最后“花”终于开放了，高考他取得了642分的高分，成绩令人惊叹，而六班的全体师生都知道他的书架上悬挂的《花开不败》中的一句句誓言，知道这个成绩应当属于他，我们终于等来了他的成功。

可以看出，好的教育除了智慧，还在于耐心。一个孩子的成长要很多年，作为家长和教师，要有种树人那样的耐心，善于等待。一名学生的进步并不是立竿见影的，我们需要耐心去等待他的成功。希望我们能够真正理解“孩子，你慢慢来”这句话。可能有的人会说，你真是站着说话不腰痛，你慢下来试试？其实，我至今一直在一线教学，也一直是这样做的，我认为只要在理想和现实之间寻找到那个“度”，并为那个“度”找到一个可行的方法就可以了。

所以，教育是慢的艺术，越慢越有力量，我们要牢牢记得，在学校教育里德育第一，更要牢牢记得，十年树木，百年树人！

第 2 篇

真正看见学生和家长

第1章　让家长真正看见孩子

教育的根本目的是“立德树人”，作为教师需要深刻体会教育的目的，并将其融入自己的教育教学工作中。

立德，“五育并举，德育第一”，十年树木，百年树人。教育是慢的艺术，最慢的是德育，最有力量的也是德育；树人，我们要意识到如何“树人”，谁来“树人”，教育不是教师的专权，教育是个系统工程，离不开家长的参与、学生的配合、社会的关注，需要家庭、学校、社会协同育人。

孔夫子说“有教无类”，提醒我们要看到学生的共性，看到学生的差异性，会实施分层教学，也要会实施分层教育。要实施分层教育，这就需要我们深入了解教育的对象，要了解学生家庭教育的状态和生态，要真正“看见”学生和家长，要适当引导家长正确地认识孩子，“家校共建”绝不是句空话，作为教师，我们可以做的还有很多，如果能够深入了解家庭教育的方方面面，帮助家长提升家庭教育的质量，学校教育则会事半功倍。

第 1 节　家庭教育水平与家长的学历、背景并无因果关系

很多人认为家长学历高，孩子的家庭教育就好，实际上，很多家长虽拥有好的学历背景，但对孩子却没有实施好的家庭教育，相反，有些家长文化水平不高，但是教育出来的孩子却心理健康、进退有度。我们可以这样说：家长的学历高低并不是家庭教育好坏的决定性因素。接下来，我先从一位老太太的家庭教育故事讲起。

我曾听一位校长谈起过他母亲的家庭教育，让我深有感触。这位校长的母亲出生于 20 世纪初，她小学都没毕业，但是这位农村老太太将家里的三个孩子教育得都相当成功。他讲了关于母亲的两件小事，让我对这位母亲肃然起敬。

在讲下面的故事之前先介绍一下他们家里的三个孩子：讲故事的这位校长家中排行老二，上面有一个姐姐，迫于生活压力初中没毕业就退学了，在生产队干活挣工分，下面还有一位弟弟，属于学霸型，是初中生，学习勤奋，年年拿奖状回家，而我们这位校长属于调皮捣蛋型，学习一般，正事不干。

故事一：洗衣服。

以前的农村，每逢下雨天，就没法下地干活，所以雨天一般都是母亲洗衣服的时间。这一天，下了大雨，这位校长的母亲在堂屋（相当于很多人家里的客厅）洗衣服。那个年代家里都没有洗衣机，都是手洗衣服，只能用手搓。手洗衣服的时候一般先在洗衣

盆里给衣服打一遍那种老式的肥皂（没有洗衣粉的年代），然后在搓衣板上使劲地揉搓，之后再用清水冲洗几遍，最后拧干晾晒。这位母亲洗着洗着发现水盆不够用了，于是喊了一声“你们仨儿谁去南屋里头给我把那个大盆拿过来？”这三个孩子当时都没立即吭声，原因很简单：顶着瓢泼大雨穿过院子到南屋拿大盆，肯定会被淋湿，另外也肯定会踩一脚的泥水。我们这位排行老二的校长当时心中暗暗咬牙：“哼，如果点名喊我去，我坚决不去！凭什么让我去？大的有我姐，小的有我弟，怎么也轮不到我！”换成一般的母亲下面的场景应该是这样的：“我养了你们三个真是白养了，就这么点活儿还你靠我挨，我辛辛苦苦……”可能有的母亲会说得更难听或者唠叨得更长久。此时此刻就完全体现出了这位母亲家庭教育的智慧：她用双手捂住了自己的双眼，然后笑着轻轻地说：“我不看哈，让我猜一猜，咱家谁会那么懂事主动给娘冒着雨拿盆子啊，可心疼娘了。”话音未落，三个孩子都赤着脚冲了出去，讲故事的这位跑了第一名，拿到了盆子，他眨着湿淋淋的眼睛趴在母亲的耳朵边喊了一声：“娘，是我！”

故事二：分鸡蛋。

过去的生活条件比较艰难，平时吃鸡蛋是一种奢侈的行为，即便到了清明节——乡俗里鸡蛋为节日必备品，就跟春节北方人吃饺子一样——吃鸡蛋对孩子们来讲也是一件奢侈和快乐的事情。早上吃饭的时候，这位母亲将三个孩子喊在了一起，她说：“今年啊，在咱全家人的努力下啊，收成比去年好了，所以今年清明节我要分鸡蛋吃。”（这是不是在教育孩子呢？有的母亲则连说都不会说，有鸡蛋你吃就是了！）说完后她像变戏法一样拿出了两个鸡蛋，三个孩子眼睛立刻就直了。“这第一个鸡蛋啊，要给老大，你们的姐姐为了咱家，主动退了学，像个青年一样在生产队出大力，挣工分，供养两个弟弟上学，这是咱家的头等功臣！你们兄弟俩有没有意见？”（一句话同时教育了三个孩子）姐姐听后其实心里很惭愧，因为她知道是自己学习成绩确实太差，自己觉得上学没劲儿才退了学，干活的时候也是有过怨言的，所以她满脸通红地接过了鸡蛋。紧接着这位母亲拿着手中剩下的那个鸡蛋停了一会儿（想象一下，这一小会儿对剩下的兄弟俩会造成多大的心里阴影）然后说：“这第二个鸡蛋啊，要给老三。”说到这里的时候，老二心里一沉，心想完了，指定没我的事了，就两个鸡蛋啊，他的眼泪都要流下来了。“老三啊，在学校特别听话，学习特别认真，年年给我捧回来大奖状，我去开家长会也特别高兴……”（老三听了之后心里特别开心，而老二则明白了自己为什么没有拿到鸡蛋，知道了母亲特别重视什么，也知道了自己的短板，这位母亲在这里同时教育了两个孩子）正当老二垂头丧气地准备离开的时候，他的母亲变戏法一样从兜里面又拿出来一个鸡蛋，说：“这里还有一个鸡蛋，我要给老二。”天啊，原来有我的！老二的心都快要蹦出来了。“老二啊，虽然在学校比较淘气，经常挨老师批评，我也被老师找过几次，但是有一点儿老大和老三你们要向老二学习，你大爷死得早，没儿没女，每年清明老二都要去给你大爷坟前磕磕头，你们俩就没想到……”老二当时就愣住了，心里想，我什么时候给大爷磕过头啊，天啊，以后我千万不能忘了啊。自那以后一直到讲故事的今天，他已经接近60岁了，每逢清明节一直雷打不动地到大爷坟前烧纸、磕头（此处这位母亲不动声色地同时教育了三个孩子，同时分鸡蛋时体现了孩子们的平等，指出了不足，明确了方向）。

这哪里是一位大字不识的农村老太太，这分明是一位教育家啊！很多知识分子对孩子的家庭教育和普通的农村妇女并无区别，甚至还达不到人家的水平，而这又是为什么呢？其实，真正好的家庭教育并不是那种拿着心理学、教育学一板一眼的“正规军”教育，真正的家庭教育就发生在生活的点点滴滴中。

有些时候很多家长意识不到日常生活在家庭教育中所起的作用，意识不到自己的言行对孩子的影响有多大。有些家长总是寄希望于学校，希望学校能够将孩子的学习和品德一块教育，虽然学校也确实能做到一部分，但是孩子的教育其实是个全面的工程，仅靠学校那点儿教育是不够的，家庭教育绝不可缺失。教师应该学会引导家长用心去思考，把握住生活中的细节，不显山露水地对孩子进行教育，而这种天长地久、满满浸润的教育，恰恰是最有生命力、孩子也最愿意接受的教育。

用一句话概括，就是教育越贴近实践和生活，就越有力量，就越贴近核心价值（此处可以体会一下国家层面提出的“一核四层四翼”）。我们会发现一个特点：很多时候，一个人的真正转变一般都是在生活中而不是在学习中完成的。

第 2 节　家庭教育的方向是什么？

作为一名教育工作者，我很害怕听现在的家长交流孩子，因为张嘴闭嘴全是学习和分数。我们想一想，现在的家庭现状是不是经常是这样的：无论何时，无论何地，无论何人，父母是不是总是喜欢谈成绩、谈名次呢，很多人谈到孩子的成长的时候只有学习。

我有一个朋友，有一年春节聚会，向我诉说孩子的现状。他的孩子上高一了，抽烟、网瘾、逃课什么都干，我听后很紧张，提醒他孩子的问题很大，但是让我惊讶的是朋友的回应：“问题倒不是很严重，期末考试物理、化学都接近 90 分呢！”我哑然，孩子都发展到这个状况了，还用分数来衡量？最后我没好气地瓮声瓮气回了一句：“这样下去很快要崩的，包括所谓的分数！”最后，如我的猜测，这个孩子很快就退学了，让人痛心疾首。

孩子的成功不是一定要用学习成绩来衡量的，人是终生发展的，考试分数的高低不是评价教育成败的标准。家长总是谈学习、讲成绩，会有什么结果？并不会让孩子的成绩越来越好。家长无休无止地唠叨也不会成为孩子学习的内动力。有些家长还会因为孩子的学习成绩经常互相推诿，说一些“我不这样管更差，我不要求会更差”“好，你来管，我不管了，我退出”的话语，无形当中对孩子产生了很大的家庭伤害。

我常常思考，现在的家庭教育到底有没有问题？孩子的成长并不等于学习成绩。开心、阳光、热血、向上、自治……这些品质我们要想方设法地在家庭教育中去体现。

在家庭中，如果用心去设计和培养，我们会发现，让孩子成为拥有了开心、阳光、热血、向上、自治等品质的人是很美好的一件事，家长可以静静地欣赏孩子的成长。孩子在收获这些品质的同时，自然也会收获满意的学习成绩。人生是长跑，学习是一生的事情，也是长跑。能力突出，相同时间可能跑得更远一点儿，能力差一些，多跑些时间就是了。别人跑 10 年，我跑 15 年，行不行？只要方向不错，我早晚会追上你的。但是如果只注重学习成绩，不注重其他方面的教育，尤其是德育不成功，奔跑的方向越远，错得就会越多。孩子走了弯路，弯得不厉害还能拽回来，弯得太厉害了，可能就一头扎进路边的深沟里，怎么也爬不上来了。

我们常说性格决定命运，先天性格可能会受基因的影响，那么后天的性格来自哪里？后天的性格来自家庭教育。我们在家庭教育中要有意识地培养、磨炼孩子的性格，才能让孩子形成健全的人格，才会造就孩子成功的人生。

小学教育看父母，初中教育看老师，高中教育看自己，大学教育看环境，这是我总结的学段教育主导因素。小学时期是习惯、性格养成期，父母是榜样，孩子崇拜父母、信任父母，父母的见识、格局、耐心、陪伴太重要了；初中时代，母亲这个山头很可能已经被孩子拿下，所以父亲要注意接手，当然叛逆期的孩子可能会对父母所有的教导嗤之以鼻，此时如果碰到一个优秀的班主任老师，那是一件幸事；高中时代，个体开始追求独立，离开家庭并逐渐脱离对家庭的依赖，同时对老师的依赖也减弱，孩子的学习力、自制力及孩子的自我管理能力开始上升，此时主要看自己；大学时代，孩子真正地脱离了家庭、老师的监管和约束，开始睁开双眼去探索外面的世界，此时学习环境和氛围显得重要起来，所以学校、学院、宿舍、朋友的影响就相当大。

学生时代的教育是将人分层拉伸，智力教育起了主要作用。学校毕业之后的社会教育是将人给扁平化了，那是德育开始起主导作用。一个人的智商决定成功的快慢，情商决定成功的可能性和高度。比如我们参加 10 年高中同学聚会，可能差距还在，参加 20 年高中同学聚会，除了几个拔尖的，差距几乎就没有了，而且我们还会发现，那几个拔尖的往往是长跑运动员，是富有人格魅力的人。

“主动、反思、自治、自律、进取、勇敢、尝试、表达、沟通、团结、合作、体谅、健康、阳光、简单、正直、果断、计划、欣赏……”这些词语看起来真是美好，这些词并不是随便拼凑在一起的，我找它们找了很多年，这也是我对孩子最大的期望。在这里面，我最喜欢的三个词是“主动”“反思”“自治”，首推“自治”。自治不是自制、自律，自制太残酷，自律太冷血，自治即自己管理自己，想自己该去想的，做自己想去做的，自己规划和管理好自己，这样的孩子才是最有发展潜力的孩子。

第 3 节　真正看见孩子

在家庭教育中，有些家长常常是“看不见”自己的孩子的，很多时候，家长看见的不是孩子，看见的只是他们自己的想法和需要。那么，“真正看见孩子”应该怎样做呢？

我们可以回想一下，在孩子成长的过程中我们有多少次会将“疼”说成“不疼”，让孩子慢慢失去知觉、感觉、直觉等。一位心理咨询师说：“有一次我们去吃饭，然后我姐抱着孩子不小心碰在了楼梯上，孩子疼得号啕大哭。我母亲的处理方式：‘哎哟，宝贝不疼哈，不疼。’我父亲的处理方式：‘这个楼梯太坏了，姥爷打这个楼梯。’我姐夫没说话，把孩子接了过来用力抱着，让孩子平静下来。我姐紧跟着和孩子道歉：‘宝贝，对不起，我知道一定很疼，妈妈不是故意的，下次我一定会小心的！’我们对比这四种做法，哪一种做法才是真正看见呢？很多家长不知道的是，其实我们千方百计让孩子避免出现的问题恰恰是孩子成长最需要的体验。孩子有时候乱穿或穿错袜子，甚至冬夏衣服不分，这一切都需要他自己去体验，不必用所谓的经验去“教育”他。

一个冬天的早上，我开车送孩子上学，天儿有点儿冷，孩子一屁股坐在了副驾驶的位置上，帽子依旧在头上，没有摘下来。背后传来一个声音：“儿子，在车里面还冷吗？摘下来帽子吧！”我瞅了一眼，暗示她不要说话，心里想：“这个你不应该去管，这是控制的一种表现。”我伸手就打开了汽车暖风，Ⅱ档。一会儿孩子就将帽子摘下来了，我笑着问：“怎么摘了？”儿子一本正经地说：“不冷了呗！”其实，很多时候，我们“教育”到这种程度就足够了。说句过分的话，如果家长没有给孩子按自己的意愿生活的能力，那就是失职；如果家长不愿意让孩子按照自己的意愿生活，那就是自私。我们不应该用成人所谓正确的经验去控制和约束孩子，从而让孩子看不到真实的自己和内心。

“真正看见孩子”，还需要家长真正了解孩子。如果想要真正了解孩子，就要理顺出“当下要务”的道理。我的孩子到了小学一年级的时候还不会看手表，孩子的妈妈着急得很，我说：“实在教不会，先让他看着电子表吧。”我都40岁了，有时候东南西北还总是分不清，高密这个人口不到一百万的小城市我只认识两条大街，怎么了，影响正常生活了？这些早晚就会了的东西不要害怕，我们应该思考的是“当下要务”——现在必须就要学会的东西。我们要思考的是孩子的未来应该是什么样的，拥有什么样的生活品质——周末和朋友一起游个泳、打个网球、听个音乐会……而不是只会围绕工作和吃饭转圈圈。

培养孩子的思维方式，培养他们的安全意识，培养他们与人打交道的能力，以及一些艺术、体育爱好，增强健康的体质和心理，才是“当下要务”，钟表早认识和晚认识，区别没有想象中那么大。

真正了解孩子，还应该少一些说教，多一份欣赏。有时候我会思考一个问题：周围有些成功人士的孩子其成就没有超过他们的父母。有人说这是概率体现，有人说这是生态回归，更有人说是家长的光环太大。或许，更多的原因恰恰是因为其父母太成功了，他们有了很多成功的经验，就会凡事都指导孩子应该怎么做，总是觉得在最恰当的时候给予了孩子最恰当的指导。他们已经将自己设定为孩子的天花板，孩子成为自己的一件作品，或者说成为一件速成品、复制品，孩子的未来又怎么可能超过他们呢？

我们或许会感到困惑：到底什么事情该管，什么事情可以不管？我有一个自己的判断方法：明确究竟是谁的事情。如果是孩子自己的事情，无论父母多么看不惯，也要努力管住嘴巴，内观自己。假如孩子希望听到父母的意见，那么父母最好与他分享生活的体验，而不仅仅是告知“高明”的结论，少一个答案，孩子的人生就多一种可能。

每个人看世界的方式都是不同的，我们不要用自己看到和体验到的一切来固化孩子看世界的方式。很多时候，做父母的只需要说一下自己所看到的世界的样子就足够了。

2021 年春节正月初二，我们一家三口傍晚开车回家，在城郊附近看到三位老人在路口清理、捡拾垃圾。我提议，每个人观察这三位老人 30 秒（路口等待红灯的时间）然后提出自己对这三位老人的看法和自己的推理。

孩子第一个发言：其中一位老人腰杆挺直，没戴手套，这个人自我要求比较高，有可能当过兵；一位老人大腹便便，行动迟缓，这个人自律能力不行；一位老人在最后面不干活，手里拿着袋子，属于偷懒的……（孩子的观察比较细致，但是局限于每个人的特征，方向感不够，急于沉入小圈子。）

孩子的妈妈第二个发言：最后面这个人是个组长或者包工头，所以没干活，前面两个人是被他雇佣的。（女性善于从关系上进行认知，同时本我主义不明显，孩子是母亲世界的中心，因此她的推断很明显受到了孩子的影响，是顺延着孩子的推理进行的。）

我第三个发言：今天正月初二，属于假期，环卫工人也在休假，往年最多会在中心城区进行简单清理，为何今年在市郊也清理？这应该是我们市今年入围了全国文明城市的原因；这三位老人没有穿环卫工人的工作服，行动并不是太方便，推理应该不是环卫工人，而是被临时雇佣的；最前面的老人拿着捡拾工具，将路边植被中的塑料袋、纸屑捡到路边，第二位老人归拢垃圾，同时将废纸放在一边，最后一位老人用袋子装废纸，应该是为了收集废纸卖废品。（我注重了背景分析：为什么要干，为什么是这个时间，为什么是他们，他们是谁，他们怎么分工的。）

我提出问题的本意是想锻炼孩子的推理能力，这个过程对我的教育反而是最大的。我真真切切地感受到了：同一幅画面，不同的人看到的世界真的是不一样啊！但是哪种看法是正确的，哪种看法又是错误的呢？我没有进行点评，只是语重深长地告诉孩子我的感受——看似是同一个世界，但是每个人的世界却不一样！

作为家长，我们要让孩子从内到外地成长而不是从外到内地成长。我们应该让孩子能够真正感受到自己的需求，听从自己内心的呼唤，向好向善地让自己发展，而不是去迎合父母和外界的肯定而被动地成长，长成他想要的样子。不是父母要求是什么样子的，社会和环境要求是什么样子的，最终就变成什么样子，这是违背了身心发展规律的。

父母每一次向孩子灌输“正确知识”，其实都是在剥夺孩子自由体验的权力，给孩子省去的路恰恰是孩子成长最需要的路，所以作为家长只有真正看见、了解自己的孩子，并尊重孩子自身的成长，才能让孩子自由地成长为他应该有的样子。

第 4 节　谈谈爱和尊重这个话题

老人常说，孩子分三等：一等孩子用眼教，二等孩子用嘴教，三等孩子用手教。我说：“所有的孩子都要用真正的爱去教。”

没有父母不爱自己的孩子，但是很多父母却不懂如何去爱孩子。有的父母说自己为了孩子付出了一切，但是却不被孩子理解，甚至被孩子抱怨。那么，真正的爱是什么样子的？父母应该如何把握呢？

第一，真正的爱是看见、关注而不打扰。

孩子不需要完美的父母，只要父母能够控制住自己的言行，不要试图去教育孩子怎么生活和思考，孩子就可以活出远远超出父母想象的精彩人生。

第二，真正的爱是没有条件的。

爱孩子不应该是有条件的，一旦爱有条件，就制造了“分裂”。假如父母说“你听话我们就爱你”，那么这种有条件的爱就对孩子的认识人为制造了“分裂”。这个孩子会认为，听话的时候他是好的，不听话的时候他是坏的。于是，他会渴望做一个听话的好孩子，压抑自己的独立意志，就不再是他自己了。结婚，是父母的选择；生养孩子，是父母的选择。没有孩子，父母一样会吵架，一样会变老，我们每个人的人生都是自己的选择，孩子无须为父母的选择承担后果。

真正无条件的爱是什么样子的？如果我能吃 2 块糖，而你愿意给我 10 块，那么剩下的 8 块都在说“我爱你”。自己赚来丰盛财富的人主要有两种童年：一是父母的物质条件较好，给孩子痛快满足，不设限；二是父母虽然穷但是很谦卑，很少给孩子树立什么规矩观念，有就痛快给，没有就承认没有。

第三，真正的爱是要懂得如何拒绝不合适的要求。

拒绝孩子不等于不爱孩子。拒绝本身不会让孩子受伤，让孩子受伤的是附带的评判。没有评判的拒绝，爱依然可以流动。父母在拒绝时为了证明自己的拒绝合情合理，孩子的要求不合道理，拒绝的同时往往会讲上一大通道理，相当于告诉孩子：我是对的，你是错的！这样减少了父母没有兑现的内疚，但是爱的流动却被阻断了。孩子体验到“被拒绝等于我错了”，真正让他痛苦的不是被拒绝，而是体验到“我错了”的感觉，认为“不讲道理的我不值得被爱”。于是很多时候就不再轻易提要求，或者提了要求被拒绝后也不再争取，因此作为父母可以拒绝自己认为不合适的事情，那不是不爱孩子，但是一定要考虑孩子的心理，拒绝不是孩子错了，而是因为其他原因。

第四，真正的爱不等于不让孩子体验失败和痛苦。

人不可能一辈子不栽跟头，如果一定要栽跟头，早一点儿比晚一点儿强。无论父母多么高瞻远瞩、未雨绸缪，也不可能呵护孩子一辈子，孩子终究是要长大的。

我们身边有很多实现完美逆袭的孩子，他们的父母有着共同的特点：一是大气、开朗、不斤斤计较，不倚老卖老；二是虽然他们自己受教育的程度不高，但是学习的愿望很强烈，愿意尝试新的东西，接受新鲜事物；三是即使在物质上不富有，也会在精神上不断地给予孩子支持和鼓励。

第五，真正的爱要让孩子有体验延迟满足的勇气。

孩子之所以能够敢于体验延迟满足，是因为有父母的爱在托底。延迟满足能力真正的成因是什么？恰恰是父母经常及时回应孩子和满足孩子，使孩子深信自己的需要会被满足。为什么乘地铁会争先恐后抢座位，而乘飞机和动车就不抢？那是因为乘地铁的不确定性，晚一步可能就得不到座位，乘飞机和动车每个人都知道凭票对号入座。及时回应和满足孩子，也就是给予孩子真正的爱，他们长大后越具有延迟满足能力，成长力就越强。

第六，真正的爱是学会尊重孩子。

孩子刚出生时是一张白纸，要是家长担心自己画画能力不行，那么就尽量少画，给孩子足够的尊重就好，让他成长成应该有的样子，就是足够成功的教育。

父母对待孩子的方式决定了孩子的性格，孩子的性格又决定了他一生的命运。教育的本质，其实就是父母的自我修行。有的父母经常强制孩子吃饭，孩子不会因此就变得爱吃饭，而会感到“吃饭就等于痛苦”；若经常督促孩子学习，孩子不会因此拥有自主学习的能力，而会感到“学习等于痛苦”；若经常向孩子抱怨配偶的不是，配偶不会因此变好，但是孩子会感到“家庭等于痛苦”。父母的控制欲伸向哪里，孩子的一生都将在哪里体验到扭曲的痛苦，若父母将孩子的一生都活了，孩子活什么？少一份控制，孩子的人生就多一种可能。我们不可能理解孩子所有行为背后的真正原因，我们也不需要成为心理学家才可以生孩子。面对孩子，父母只需要保持一份尊重，若不懂如何“爱”，至少不要自作聪明地切断孩子自救的活路。

一位优秀的家长懂得教会孩子如何更合理地约束自己，培养孩子从自制到自律到自治，同时不减弱孩子对学习的热爱或者不会产生刻意的压抑自我内心的想法。但现实中很多家长不懂这个平衡状态，而是逼孩子采取某种固定的模式和自我想象中的高度，从短期来看，这种方式或许能起到一定的效果，长期来看却是揠苗助长，对孩子有着极大的杀伤力，最终可能会毁了孩子的所有。

第 5 节　孩子是父母的作品

有人说：“龙生龙，凤生凤，老鼠生儿会打洞。”对，基因的传承的确很重要，但我们观察一下周围的家庭，基因体现的是全部吗？有多少父母学生时代是佼佼者，最后成为高级知识分子，而孩子的表现却让他们不能接受。我的一个朋友曾经在朋友圈里发了一通牢骚：“闺女，你是不是上天派来惩罚我的啊！”按道理说真的不至于啊，两口子上学时高中都是年级前 5 名，在单位工作能力也相当突出，真的是万里挑一啊！当然这样的例子实在是太多太多了，那么，到底是什么原因呢？

孩子其实是我们的一面镜子，刚出生时好好的一张白纸被父母画成今天的样子，喜欢或者不喜欢，孩子都是父母的作品。不想承认？那好，我们回想一下曾经发生的事情吧。

比如我们觉得孩子特别拖沓，无论安排什么工作，无论如何三番五次地叮嘱，最后发现还是不管用，但这样的孩子是我们家长培养的。仔细回想一下，以前的自己有没有这样的场景呢？母亲喊“** 回来吃饭”，孩子回答“妈妈，我知道了”，然后过了一段时间，母亲又喊“** 回来吃饭”，孩子又回答“我知道了……”，历经了几次场景重现，这位“大爷”才慢慢悠悠地回到家。在孩子的心中会慢慢形成一个度的把握：“嗯，大约妈妈喊几次让我回家或者妈妈的声音分贝提高到什么程度就是我真正要回家的时候。”有些人认为这是小事，而我觉得这是教育的大事，要培养执行力问题，喊一遍即可。不回来的话要么下楼去找他，给孩子一个明确的提示，我就喊一次，你不上来我就下去找你，或者喊一遍不上来那就不等了，马上吃饭，回来晚了没饭吃或者自己想法子解决（当然这是下策，并没有培养执行力，同时很多人家中还有疼孩子的老人会改变这一切）。

今天吃饭一顿磨蹭，没培养出执行力，明天家长又说：“**，把你的书桌收拾一下，太乱了！”“好的。”估计之后也没有下文了。就这样，慢慢地我们就把孩子培养成今天的样子——拖沓，做事不扎实。因此要么别安排事情，如果安排了请一定要落实到底。

某日，上初二的孩子给我出了一道题目：用量筒测量液体的体积，第一次读数俯视，读数为 20.0 mL，倾倒部分液体后，第二次读数仰视，读数为 5.0 mL，问倾倒出的液体体积是多少？答案：小于 15 mL。我没有回答，约定各自画图解答。

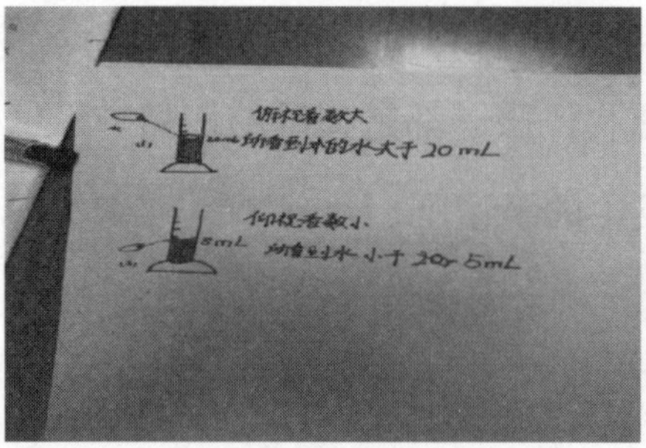

孩子的作品

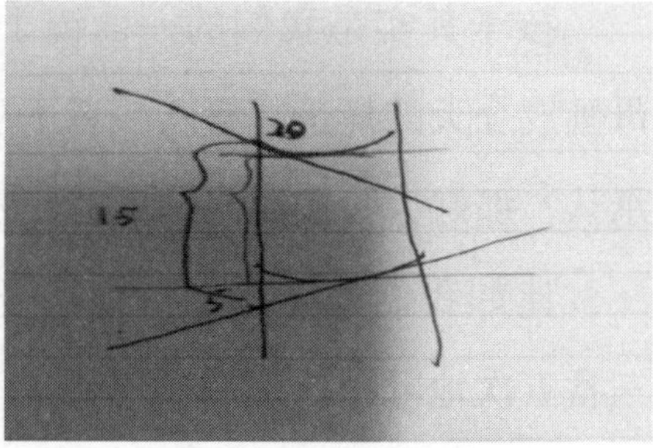

我的作品

我和孩子各画了一幅图，拿到这两幅图后，我确实想了很多。

结论：两幅图，一幅色彩画，一幅简笔画，让我受不了的是孩子竟然有闲心给图上了色！画得即便比我好看却没有得出本题答案。

初步反思：孩子对直观、感性的东西为何那么感兴趣和擅长？对于抽象、理性的学科为何迟迟打不开？数学、物理、化学学得那么痛苦和低效，政治、历史、地理即便是天天背诵也那么开心，每天对着满满一橱的史学书和地理书开心满足，甚至捧着我不愿意看的名人传记看得津津有味。

再反思：这一切缘于我们的日常培养。孩子从小记忆力就特别好，这可能基因里继承着外婆和母亲的部分，所以在记忆方面的能力从小到大都是被认可和表扬的。自信在这方面油然而生，为了获得更多的认可，他会投入更多的精力去赢得更多人的认可，也就有了班级“万事通”的美誉。不过，从小父母陪伴的缺失让孩子在生活中的理性思考没有养成习惯，父母的缺位会让孩子陷入两个困惑：第一个困惑是没人与孩子沟通和提问生活中的种种事情是怎么回事（比如厕所墙壁的瓷砖怎么是方的而不是圆的），孩子自然就不会有这方面的质疑和反思；第二个困惑是孩子偶尔有了质疑，问这是怎么回事，却因为我们父母的缺失没有及时给予反馈或肯定，从而让孩子将更多的精力投入直观、感性的东西去赢得认可和肯定。当然父母的缺失还会造成孩子语言交流的不足，从而让孩子的语言表达能力明显不如同龄人，孩子的语文和英语的作文水平也体现了这一点。

最终反思：无论如何，别怪孩子，这是我们的作品；无论哪个方面，好的还是不好的，都是我们的作品。

第 6 节　当教师是一位家长

现在各种培训班被严格管控、师范类学校的录取成绩节节攀高，教师这个群体受到了前所未有的关注，很多人好奇教师的家庭教育到底是怎样的，因此，接下来我们谈一谈教师关于孩子的教育。

不可否认，很多教师家庭的孩子很出色，出色教师的孩子尤其明显，但是近几年教师家庭的孩子出现了学习成绩下降的现象。这可能与现在的教育现状有关，与社会很多人所说的内卷、焦虑有关，但是我感觉最主要的还是由教师家庭教育的饱和现象导致的，因为饱和，所以才更容易陷入困境。

因为教师懂教育，教师知道投资教育的成效和反馈有多高，所以这个群体比其他群体都要焦虑孩子的教育；因为教师懂教育，所以就会观察孩子，每个年龄段、每天甚至每时每刻都会感受孩子成绩的变化，所以比其他群体都要敏感于孩子的成绩；因为教师懂教育，所以可以看到分数背后的问题，会帮助孩子一科科分析原因，明确不足，因为太了解，所以会发现更多的问题，会感觉时间更不够用，会对孩子提出更多的要求，从而给孩子更大的压力。

很多人可能会说“近水楼台先得月”，教师拥有更好的教育资源，但我想问的是，教师的教育资源能决定一切吗？教师可以给孩子换一个好的学习环境、好的学校、好的班级、好的同桌……真的能吗？就算万一做到了，效果又如何呢？难道一个教语文的可以教高中数学，可以胜任所有学科的教学，是十项全能冠军得主了？有一年，高二放假，班级中有一位英语和数学不好的边缘生，我特别嘱咐他这个假期一定要在这两个学科上多投入点时间，孩子信誓旦旦地离校了。开学后，面对依旧惨败的成绩，我很疑惑地问他，假期到底怎么学的？答曰：“我妈妈（教初中化学的）给我梳理了一遍。”可想而知最终会是什么结果。

我们要明白我们能给孩子的是什么，不能给的是什么，擅长的是什么，不擅长的是什么。我是教化学的，在孩子的化学学习方面我只做了两件事情：第一是答疑（问我才答，不问不答，他有自己的化学老师），第二是在生活中培养孩子的化学思维。

作为教师，你是一位“直升机妈妈”吗？什么是“直升机妈妈”，直升机可以做到始终围绕在人们的头顶徘徊。教师家长也崇尚“盯死他”的教育模式吗？打算将孩子盯到什么学段呢？高中还是大学？

很多教师懂教育，但是把握不好现实和理想的度。也许有人会说，我也有教育情怀，我也懂现在教育模式有时候太功利，你说的道理我都懂，但是毕竟生存在这个社会环境中，你不功利就要被淘汰，你太理想孩子就太痛苦，你说我到底应该怎么办？

教育也是分长跑和短跑的，这是一个方向性的问题。长跑可能要寂寞，可能要坚守，短跑反而经常在短暂的时间里显得很成功。这种时候，长跑者的心或许会乱。于是，局面就成为这个样子：总有一些长跑的人由于不断地被短跑者干扰，也加入了短跑者的队伍，当然也有一些原本只打算跑短跑的人一段时间后决定改为跑长跑。很多教师家庭在教育孩子时就常常在长跑和短跑中徘徊。对此，我的看法是了解孩子的思维习惯、学习潜力、性格特点，然后确定自己的孩子到底是个长跑运动员还是个短跑运动员，确定到底是跑长跑还是跑短跑，这就是“度”。

在家庭教育中，请不要将教育学生的那一套拿给孩子用。有的教师在学校里是一位优秀的管理者，是一位优秀的班主任，是一位优秀的学科教师，但请不要随便将学校里的那一套生搬硬套给自己的孩子。学生是学生，孩子是孩子，是不一样的，教师面对学生往往能把握好“度”，但是面对自己的孩子却把握不好。在学校，教师的关注能量是分散到一个班级四五十名孩子身上的，他们能够接受这份巨大的能量，而在家中，教师的能量是全部用在一个孩子身上的，尤其父母都是教师的，对孩子而言可能会是梦魇——阳光太炽热了。另外，很多教师可以忍受学生的错误和无知，给予学生容错的空间和时间，同样的问题和现象发生在自己孩子身上，却不能忍受。

在教育方面家长要做到真正地有见识。我经常将孩子比喻成一个能量球，从小到大，孩子要吸收四面八方的能量，然后成长。这些能量中，有外界的能量——家族、家庭、学校、朋友、社会等给的，有内在的能量——身高、体格、颜值、学习力等，所有这些都可以让孩子成长。

从某种程度而言，长得好看、身强力壮、心灵手巧也可以折成孩子的学科分数。孩子的身体素质好，但是学习成绩不太理想，孩子可不可以学习体育专业，孩子随便跑跑跳跳就能弄个100分，文化课再考个400多分就能上北体、山大；心灵手巧，喜欢美术，学习美术专业，联考轻松就过了270分，文化课考个400多分就能去南开、山大，这条道路也是成功之路吧！

我和孩子曾经一本正经地说，如果有北大和北体两所大学的通知书同时给你，我会毫不犹豫地让你选北体。孩子很吃惊，问我为什么？答案很简单啊，北体毕业从事什么工作？从事的是运动、健身、健康一类的工作，一边锻炼身体一边就把钱挣了，人这辈子最幸福的事情就是从事着自己喜欢的事情顺便把钱挣了。再者，随着社会的发展，人们解决温饱之后自然要提高生活品质，会在追求运动健康、追求艺术、追求美的路上走得越来越远，所以选择体育的孩子从事的可是朝阳专业。再思考一下，未来的客户可能是哪一类群体呢？高收入、高压力、亚健康（比如考上名牌大学的IT男），这相当于他们加班加点好不容易挣的钱又送到你这里来了，这样的选择多好。

国家实施新高考其实也是在提倡我们进行个性化教育，打造适合每个学生发展的教育平台，体现以人为本的教育模式，我们也要真正理解和面对。

第7节　如何看待“问题孩子”

孩子每天都在成长，每天都在进步，我们不能用一把尺子来衡量不同年龄的孩子，如果一个标准下来，在我们的努力下会打造出一个“问题孩子”，那么“问题孩子”究竟是如何形成的？怎么破解这个难题呢？

我的孩子总是乱放东西。有一天，孩子的妈妈让他收拾自己的书桌，同时更换旧铅笔盒，可是让她生气的是孩子竟然不扔掉破烂的简直不像样的旧铅笔盒。娘俩儿争论了好一会儿，最后闹得不欢而散。

对于本次家庭战争，我问了几个问题：

第一，铅笔盒到底是谁的？

第二，扔铅笔盒是谁的意志？

第三，孩子为什么不扔掉破旧的铅笔盒？（有没有想过可能是孩子因为用了好多年想留着做个纪念？）

第四，为什么总是以家长的意志为转移？（孩子的母亲说，我是为了培养孩子整理物品的好习惯。不过整理物品和扔掉物品有什么必然联系吗？）

“问题孩子”的形成或许就是在这种教育模式下慢慢培养的，孩子最需要的感觉是个体的归属感和确认自己的重要性，若其缺失，他就会想方设法去获得，从而呈现出逐渐递增的偏差行为，这些行为的养成可以分为四个阶段：

第一阶段，吸引人们的注意。

孩子会想方设法做出一些让你意想不到的行为，他会想吸引你的注意力，想让你看到他，他其实就是在喊：“看看我，看着我！”

孩子引起注意力的方法有很多，有时甚至会让你大跌眼镜。记得有一年接高三毕业班，班里有个孩子父亲去世了，母亲瘫痪无人照顾，境况很惨。我刚接这个班时，原班主任和班级里的班干部反复和我强调，说他有心脏病，经常犯病，一定要小心，弄得我战战兢兢，提心吊胆，如临大敌。

开学不到一周，这个学生就犯病了：直挺挺地躺在地上，眼睛紧闭，全身发抖。我在教室现场，但我的直觉告诉我这是在装病。患心脏病的人嘴唇一般没有那么鲜亮好看。另外，开学后的体检我还特意去问了大夫，大夫说没听出有什么问题。但是这次我还是小心翼翼地将他送到了卫生室，第一时间联系了他的叔叔到校。

高一、高二他从来没跑过操，到了高三还是这样，谁敢让他跑啊！他的大休作业从来就没做过，而且永远有说不完且不重样的理由，水浸了，火烧了，妈妈不舒服，这样的家庭你怎么舍得去批评？

当然还会经常看到他捂着胸口痛苦万分地去卫生室。

他穿帮那天是大休后的一次返校，我突然接到一个电话，是路过他身边的一个好心人打来的。这位好心人说看到一个孩子晕倒在路边，孩子在半昏迷状态中说出了我的电话号码，我一听就蹦了起来，借了学生的一辆电动车就出去了。远远地就看到他，弯着腰，无比痛苦地推着自行车在一步一步地挪，脸上还贴着创可贴，但是直觉又一次地告诉我，他又在装病。虽然我一直相信自己的观察和直觉，但是我找不出他装病的理由。我把他送到了卫生室，又一次打响了他叔叔的电话。他叔叔过来看望了孩子，走时放下了500元钱，我突然就找到了他装病的原因，他只是想通过这种办法来获得亲戚、老师、同学的关心和关注。于是，我送走他叔叔之后就悄悄地返回了卫生室，不过我是在外面，通过后窗的一个角在观察他。我突然看见他很灵活地站了起来，找出书包，然后很惬意地把自己扔到了床上，熟练地掏出了MP3，躺在床上翘着腿听起歌儿来。我没留情面地当场揭穿了他。当然我知道如果公开意味着什么，我也知道他的苦衷，我告诉他自己会保守这个秘密，但我有一个要求，活就要活出个男人样来，这种行为是乞者才会有的。

之后他开始了跑操，整个高三他再没有犯过一次病，最终他考上了重点大学的本科。

我们想一想，在家中，孩子有没有类似的行为呢？

第二阶段，权力斗争。

在这一阶段，孩子会想，这是我的权力，这是我的自由，这是我的世界，我不想做，你不能逼我，这一阶段的家庭教育已经慢慢开始失去爱的味道了。

第三阶段，持有报复心理。

在这一阶段，孩子是这样想的，既然你不关心我，你也不尊重我，你还侵犯我的权力和自由，你伤害了我，那么你伤害我多少我也要伤害你多少。当然报复的方式要么是伤害你，要么是伤害他自己。

第四阶段，自我放逐。

当发展到自我放逐这个阶段的时候，孩子就真发展成问题孩子了。他已经无力展示自己，不求获得别人的关注；他也不会再去和你抗争，因为抗争不过，甚至连想法都不再拥有；他也不需要通过报复这种方式来毁灭父母或者他，或者这个家庭的爱，他厌倦了，努力有什么用呢？反正我一点儿也不重要，一切都无所谓了，这才是最可怕的状态。

孩子需要我们耐心地陪伴，而孩子的成长更需要耐心地等待，公园里各种各样的花开放得有早有晚，怎么可能做到同时开放呢。其实，老人常说的“别担心，树大自直”在某种程度上来讲是有一定道理的，但道理的背后只不过是你衡量孩子的尺子发生变化了，原来的问题已经不是问题了，孩子的发展弹性变化了，孩子成长自然也会发生向上的变化。比如家长们常说孩子上了大学后，改变了很多，变得听话了，更上进了，这是怎么回事？初中、高中所谓的“问题孩子”究竟有什么问题？——谈恋爱、上网、吃烟、玩手机、上课睡觉……我想问，这些问题到了大学之后家长们还觉得是非常严重的问题吗？这些暴露在中学校规校纪之下的孩子在大学会被称为“问题孩子”吗？在大学宽松的教育模式下，这些问题都已经不是严重的问题，甚至已经不是问题了，所以孩子很容易得到家长、老师的肯定，而不是得到批评、训斥和处分。在这种环境下，孩子获得了认同，不需要再到恋爱和游戏之中去寻找认同感了。就这样慢慢认可自己，并尝试去获得新的肯定和认可，从而取得更好的进步。自然而然，家长和老师就会感觉“这个孩子改变了”。

当然，我们不能简单地将大学的管理模式放到高中，也不是提倡对孩子实行无边界管理，我们要根据孩子的特点创造一个适合的环境和合适的管理弹性才能让孩子更加优秀。

我们都不想培养出问题孩子，我们都努力把孩子培养成优秀的人。其实所谓的优秀，并不是一定要得到第一名，而是让孩子最大限度地发挥潜力。他不需要成为最好的，他只要成为最好的自己。每一个杰出的孩子周围都有一个鼓励和赞美的世界，无论如何不要让孩子放弃自己！

第 8 节　重视生活教育

在多年的教育实践中，我发现教育越贴近实践和生活，就越贴近核心价值，就越有力量，一个人的转变往往是从生活开始的。

学习是个小圈子，生活则是个大圈子，学习是生活中的一部分。如果孩子在生活中表现得无知、愚钝、被动，反映到学习上，也会显得无知、愚钝、被动。那么，生活中的无知、愚钝、被动是什么原因导致的呢？往往是家长管得太多、过细，管得太没有底线。生活弱智的人，不会表现得善于思考，学习力也不会突出，如果是一个高中生，面对现在新高考的考试模式尤其会更加不适应。

我们应该让孩子成为生活的主人，让他去思考，让他去体验，让他去欢喜雀跃。我们要让孩子反复地体验“尝试和失败”，只有如此才能让孩子懂得主动反思，反复刺激脑神经，孩子会变得更聪明。一个孩子成长的过程中，早先是生活充斥着他的整个世界，所以孩子智力的发育除了学习的启蒙之外，更重要的是使其在生活中不断地主动尝试和体验失败，然后孩子就会变得越来越聪明。

那么，我们常常看见的现实状况是什么样的呢？

首先，我们对孩子过度保护，只看成绩，不看体验。很多家长对孩子保护过度，并且将重心放在学习的启蒙教育上，从孩子在幼儿园时期起就做大量的数学题，背诵很多的诗词，并以此为自豪。生活中“哎呀，这个不能动，这个危险，这个我要看着你，这个我替你，这个你看我，这个我陪着你”……当然，这样做减少了很多意外伤害，但是孩子没有经过自我尝试、体验失败和主动思考，学习力下降。有些家庭，特别是父母是高层次认知的家庭，会主动创造一些社会实践、公益和合作项目让孩子体验、反思，从而提升智商和情商。有些特别贫苦的家庭，孩子会主动从事一些家务、农事活动，也能有一些真正的生活体验。通常而言，现在的一些成绩后进学生，各方面都是“巨婴”的孩子主要产生于对孩子过度保护的家庭中。

其次，我们给孩子的发展设置了很多框架。有些家长觉得自己的教育理论不行，就学着用传统的条条框框来约束孩子的成长。在一次校长培训会上，邀请了一位专家校长过来做经验介绍，这位校长做得很好，讲得也很好，我也收获颇多。但到最后，介绍学校的传统文化课程时，这位校长播放了某省电视台的一期节目——《老梁说筷子使用的一些禁忌和规矩》，里面讲了十几种筷子使用的禁忌，不能横着放，不能不齐整（不齐整就是三长两短）……我有点愤怒，有必要让孩子学这些吗？我想问：这种知识有必要传输给孩子吗？你嫌社会和家庭给孩子的条条框框还不够多吗？你嫌现在的孩子还不够拘束老实、畏手畏脚吗？你嫌现在的孩子还不够“傻”吗？我觉得只要告诉孩子筷子使用时的一些礼貌问题就可以了，有的真没有必要说，至于“筷子使用十三禁忌”就更没必要学习了。

以上两种现象就是我们时常说的将孩子“惯瞎了”“管傻了”。

我们不能让孩子在生活中有无所谓的念头，随遇而安其实就是在逃避改变和困难，延伸到学习中也是在逃避，这种做法会让孩子的学习呈现无所谓、低效率、不进步的状态。

新高考模式下提倡劳动教育，倡导劳动教育的初心是想让孩子多体验、多见识、多尝试、多思考。我们不要将孩子所有的活动都规定好步骤一、二、三，那样的劳动教育只是培养了一个熟练的技术工人而已，这不是对孩子进行劳动教育的目的。做家务里面有学问，且有大学问。从今天开始，我们在劳动中可以开始尝试放手，不必演示，不必指导，让他痛苦，让他思考，思考就会进步，痛苦就会成长，父母在旁边就做一个观众，一个喊加油的观众，就已经非常好了。

前阶段从书中看到以色列的家庭教育，那种拒绝短平快的家庭教育给我触动不小，也许可以给我们提供一些借鉴：

第一，每天妈妈都会问自己的孩子，你今天问了什么问题，问了什么好问题？

第二，要逆流而上，永远不要让自己太顺利、太容易。

第三，世界上最难的事情最容易成功，最容易做成。

第 9 节　我们对孩子的期望

家长对孩子的期望有很多方面，也有很多层次，貌似很少有家长会对自己的孩子满意，我们的标准总是一高再高。上学的时候希望学习成绩能够一骑绝尘，如果不能那样，最好也是出类拔萃。除了学习成绩，比如还期望孩子的工作，期望哪类职业（职场得意的家长还期待孩子可以继承自己的事业）。

可能孩子最讨厌的莫过于家长说："你看看谁谁谁，哎呀，那个孩子真好……"小时候我听了类似话语只是抵触，等到我上高中的时候，每逢母亲说出这句话，我会立即回击："呃，你看着他好，那就找他做你儿子吧，怎么样？”孩子会一直问一个问题——“我到底怎么样你们就满意了？”我们家长的答案一般是：“没有最好只有更好。”生活中有很多家长经常给孩子不断地提要求，甚至还设定了上限，达不到目标就会用各种言行打击孩子。可能有的家长会说，谁会做这么愚蠢的事情呢？而我说，我们每个人都会做，只不过很多时候没有意识到而已。

我的孩子有一次在学校统计学生乘车的数据，但是没有成功，回来之后很是苦恼。他说其他同学不听他的话，不配合，所以没法统计。他晚上辗转反侧睡不着觉，孩子的妈妈就教给了他一个能够吸引人注意的办法：“各位同学，请安静！下面我要统计一组数据，需要同学们支持和重视，因为如果统计不到位的话，你可能会失去住宿和乘车的机会。好了，下面我要开始了。”这个办法的确非常好，我们都知道要引起别人的注意和配合，最好的方法就是告诉他们如果不注意就可能会失去某种东西。不过，我反思了一下，这种方法并不太恰当，家长会将解决问题的思维方式强加给孩子。我们应该让孩子自己想办法，多想几个，合理的、不合理的都要想。让他将所有的想法写出来，写在纸上，这样会比较有仪式感，会得到他的重视。家长可以在孩子每种想法的后面添加建议，但是一定不要评价哪种方案最好，让孩子按照顺序逐一去尝试每种方法，在体验中去品尝成功和失败，智力得到提升，开心和痛苦也得到了体验，这样会更好。

很多时候，家长不能束缚孩子的思维，不能给孩子设立天花板（可能家长给的方法就是他的天花板，他以后很难再超越了），不能让孩子走捷径，要让他体验每一种味道，每一种味道都是他们成长的财富。我们也有义务帮助孩子寻找更完美的方法和过程，至少让孩子知道永远有不完美这种状态。

有见识的家长通常不会将自己的想法强加给孩子，他们也不会强迫子女继承自己的事业，无论他们有多么成功，无论他们可以给孩子多么坦荡、光明的未来。他们明白自由的可贵，知道每个人都有自己的爱好和生活，孩子也是一样，不能将自己的想法强加给孩子，孩子有选择的自由，可以选择更加适合自己的未来。这样的家长不会让孩子生活在自己的期望里。

有一天，孩子在上英语网课的时候偷偷地看关于拿破仑的文章，被我狠狠地收拾了一顿。一个活泼好动的男孩在无人看管的时候看自己喜欢的小说，我不清楚这顿收拾到底是对还是错。即便是从事教育这么多年的我，作为家长在处理问题的“度”上也难以把握好。很多时候，家长不知道自己对孩子的期望太大会对他们造成多大的影响。过大的期望有时可能会抹杀孩子的天性和激情。很多时候，看似孩子做错了事情，但背后可能是他天性和激情的自然流露，天性和激情决定了梦想和冲动，梦想和冲动决定了创造和发明。现在的孩子无论在学校里还是家中都在期望下被灌输。有一位大学校长曾经说：“现在的小孩子不是输在起跑线上，而是被累死在起跑线上：尤其是男孩，不会玩，不敢玩。”有的孩子非常自信，但同时又非常自卑，一个人如果拥有这样的性格，是因为他们的自信在成长的过程中被父母的期望调整过。长此以往，会伤了求知欲，伤了身心健康，伤了孩子的勇气。

既然提到了男孩，那么家长要真正认识到男孩和女孩的不同，对孩子的期望不要仅仅以年龄、学段来衡量。有人说，父母送给男孩最好的礼物就是晚一年上学。我比较认同这个观点，在我看来，儿童时代男孩和女孩的差距实在是太大了。我的儿子和同事的女儿同年同月同日生，乳名都一样，但我感觉很惭愧：人家的闺女两三岁的时候就会用英语说话了，咱家里这位小子中文都不顺溜。上幼儿园大班的时候问他中午在学校吃的什么菜啊？他结结巴巴地回答说："绿绿的菜。"我当时就崩溃了，貌似大多数菜都是绿色的吧。我抬头看了一眼生无可恋的孩子母亲，一咬牙下了一个决定——让儿子"复读"，再上一年幼儿园。不过，这一年孩子的进步是肉眼可见的，无论是身体素质、思想认识还是认知能力，都非常出色，现在看来这个决定是正确的。我曾担任过两届实验班的班主任（现在很少有学校办实验班了，但是前些年还是比较普遍的），曾经做过数据统计，计算了实验班和普通班学生的平均年龄差距（合计到月），发现实验班的平均年龄要比普通班大 2 个月左右。刚开始我也没觉出什么大问题，后来才发现，如果将实验班的男孩和普通班的男孩的年龄比较一下，差距就明显了——平均年龄竟然大 5 个月左右。（曾经读过《异类》这本书，里面有关于这个问题的阐释，感兴趣的可以读一读。）

可能世界上最难也是最痛苦的事情是让父母承认自己的孩子很平庸，想让父母调整对孩子期望的难度可想而知。但是，为人父母，面对自己的孩子总要做出妥协。我们的人生也许会有三次妥协：第一次是意识到父母很普通，第二次是意识到自己也很普通，第三次是意识到自己的孩子原来也很普通。

随着年龄的增长，家长对孩子的期望也在发生变化，其实那是家长的需求在发生变化。当孩子很小的时候，父母会比较谁家的孩子更好看，更健康；求学的时候，父母会期望孩子的成绩更优秀，考入更好的学府；就业的时候，父母会期望孩子能去更好的城市，找到更好的工作；后来，父母更期望孩子不必走那么远，不需要有那么大的能力，只要健健康康的，有时间常回来看看就足够了。现在，我们是不是已经认识到，孩子真的生活在家长的期望里。

很多时候，家长的见识才是孩子的起跑线。在家庭中，比贫穷更可怕的是缺乏见识、缺乏爱、缺乏规矩。我希望天下的父母多在自己身上投入一点精力，提升一下自己。如同独自一人培养出三个亿万富翁的英雄母亲梅耶·马斯克，她的家庭教育的主旨其实就只有一句话——尽自己所能成为孩子的榜样！

第 10 节　焦虑的母亲

在很多家庭中，孩子的母亲往往是家庭教育中最辛苦、付出最多的一位，但往往也是家中最为焦虑的一位。她们之所以会焦虑，很多时候是因为发现自己孩子的发展和想象中很有差距，为孩子的现状和将来焦虑，同时还会因为孩子拒绝接受自己的主动帮助、不珍惜自己的付出而焦虑。

为什么孩子不珍惜母亲的付出？是因为很多付出太廉价了，我不想要还给，不要还不行。如果一位母亲有耐心等到孩子主动寻求帮助，面对求助，还能适当拿捏一下，这样会不会更好？把握好“度”是家庭教育中最难但又是最需要做到的。

一个牙牙学语的孩子指着一个字问母亲：“妈妈，这个怎么读？”有的孩子的母亲会欣喜若狂，“哎呀，我的孩子想学习了。”于是查字典，搜网络，买书籍，然后将孩子的主动问变成了家长的主动教，一顿折腾，孩子的学习欲望没了，后来就开始了家长和孩子痛苦的对抗之旅。当然有的母亲会告诉孩子那个字怎么读，然后轻声告诉孩子：“不要急，等你长大了会慢慢学到的。”

很多时候家长不缺少理论，是在理想和现实中摇摆。人人都想培养出一个长跑运动员，但是现实是，如果等待孩子自我成长，他可能就会被同龄人所淘汰，因为这个竞争本身就是不公平的，所以没办法，我们就需要改跑短跑。这是整个社会的焦虑，都知道不对，但是都不能掉队，而以孩子为中心的母亲自然也就更加焦虑。

“孩子，让我来看看你今天学的什么。”“宝贝，我给你出了几道练习题，你把它们做出来吧。”“亲爱的，我买了一本很好的习题集，你每天做一点儿跟踪练习吧。”“你为什么这么应付我？你为什么这么不耐烦？你为什么对我的付出这么不重视？”“我为你付出了这么多，你凭什么这样对我？你考这几分对得起我的付出吗？”这些话语是不是似曾相识？有时候，“城门失火，殃及池鱼”，此时对父亲来说也是一场灾难：“你看看你，孩子都跟着你学，一点儿好的都没学到，你就不能管管孩子的学习？”

生活中，如果孩子不需要也硬给，最终孩子无论遇到什么事情都会立即竖起一道屏障，对母亲全方面排斥，当然也会排斥母亲提倡的好好学习。他们会认为：“学习这件事情妈妈比我还急，我不需要关心，我的学习只是为了取得她的肯定和喜悦，与我无关……”

母亲应该在孩子面前示弱，不要什么都会，什么都懂，要让孩子主动来找，要让孩子感觉到你的帮助弥足珍贵。要把精力放在培养孩子的求知欲和德育上，让孩子学会生活中的自治进而发展到学习中的自治。或许，母亲可以在生活中多问孩子，这个问题怎么办，这件事情如何处理等。还可以每周召开一次家庭碰头会，总结本周家庭的情况，分析一些社会上的现象，每个人发表一些见解，让孩子感受到他的存在。这样他的意见会被尊重和表扬，他会主动地思考，主动地生活，从而会主动地学习。

在我家中，母子之间常常前脚刚刚吵完架，后脚又相亲相爱，叛逆期的孩子和他的妈妈之间时常保持一种相爱相杀的局面，对此我表示很痛苦。

儿子（上初二）："妈妈，停水了，没有水刷牙怎么办？"

母亲："儿子，你看看暖瓶里有水，注意用凉水兑一下，别烫着……"

对于他们的交流我表示很无语。对此，我决定要给这对母子上课，所以召开了一次严肃的家庭会议。在会上我痛诉这对娘俩儿的"恶行"对我造成的伤害，同时解读了他们刚才的对话。

对孩子我生气于他的不思考，我担心他会因为生活中不思考影响他的学习。我的解读是这样的：水和妈妈之间没有任何关系，你的思维出现了问题。没有水应该思考哪里可能有水！家里的水分成流动水和静止水，其中流动水有两个来源，一个是自来水，一个是纯净水，你刚才说的没有水是哪一个？你应该立即去启动另外一个流动水源，如果另外的流动水也停水了，你就要思考静止水。咱家的静止水在哪里有？暖瓶里有水，凉水杯里有水，脸盆里也有水，热水器里也有水，哪些可以用来刷牙，哪些停水的时候还能使用，用的时候要注意哪些问题，都要一一分析。如果这些静止水都没有，还可以寻找刷牙的替代品，比如吃一种水果，哪种水果能够最大限度地清洁牙齿？香蕉、橘子还是苹果？你是不是也要做出判断？另外，你的思维可不可以再拓展一下，问一问对门阿姨家里有没有水，为什么我们家没水，是全体用户停水还是我们自己出了问题，出现不同的情况时可以做什么？

对于妻子我生气于她没底线地帮助，因为这样会培养出一个从生活弱智走向学习弱智的孩子，我明确提出了今天对话中正确的应答方式，同时也提出了减少娘俩儿冲突的“九字真经”。

正确的回答方式：“儿子，开动你的脑筋想一想，怎样可以找到刷牙的水？”

生活中回答孩子的“九字真经”：不知道，你想想，我想想！

可惜“九字真经”也没有解决这两位相爱相杀状态的持续进行。有一天，妻子无比痛苦地问我：“我们之间对孩子的教育差别到底在哪里？”我回答：“度的把握！”因为即使是“九字真经”，孩子的妈妈也没有把握好度，什么时候要说“不知道”（看着他心情不错），什么时候要说“你想想”（孩子心情一般，然后根据自己的感觉说出“你想想”和“你想！”，语调也很关键啊），什么时候要说“我想想”（他心情不大好，但是你又不能立即给出答案，你就可以用“我想想”，同时给孩子一个平息心情和思考问题的时间）。但是在生活中孩子的母亲很少能判断出来，有几位母亲能做到这一点呢？大多数孩子的母亲是用激动的情绪来引导着自己一定要将事情做完，将话说完，言谈是情绪引导的，不然自己就会崩溃。

我常常这样来回答自己对度的把握：“我做每件事、说每句话的时候都在观察和感受孩子情绪的变化，甚至是一点点儿面部表情和肢体语言的变化，然后我会随时做出调整，准确做出我是要继续还是要马上停止的判断。而你做不到，你话说不完就会难受，事做不完就会痛苦，这就是你和我的差别。”

有一年所在的级部要求全体高三学生将每个人的家庭合影张贴在走廊上。我仔细地观察了我班里 42 名学生的家庭合影，发现一个奇怪的现象：家庭合影中母亲在中间的大多都是家中的“一把手”，而且基本不是那种小鸟依人型的女性。再仔细想想，这些家庭的男孩，其共同特征大多都是特别内向、特别内敛。

以父亲为主参与教育的孩子自治能力特别强，因为很多父亲粗枝大叶，凡事不会面面俱到，孩子会自己思考并满足需要，从而培养了主动思考的习惯。“穷人的孩子早当家”，这句话的背后是什么？因为家贫的孩子父母一般忙于生计，因此很多事情都需要孩子自己去解决，无形中锻炼了他们的生活自理能力。

什么样的妈妈才是好妈妈？前不久读到了一段很好的文字：我随时都愿意承认我的教育有问题，承认我曾经对孩子做错了一些事情，我愿意承认我的错误，我还愿意改善。

下面一段是我在生活中的反思，供所有母亲阅读和思考：

在孩子的教育中母亲实在是太重要了，母亲在孩子的眼中应该是温暖的港湾。儿子的英语课代表一职被撤掉了，这是意料之中，一个特别内向的孩子是很难当好课代表的。我想这对孩子会是一个很大的打击，甚至会对他的英语学习都会带来一种恶性影响，一门弱科即将形成。这种困境需要交流、倾诉、鼓励、寻找方向才能克服。可是在家庭中还有谁能够倾诉呢？爸爸是那么威严，我不敢；妈妈？以前我什么都可以告诉我妈妈的，因为我可以寻找到慰藉，而现在妈妈变得那么苛刻、唠叨……还是算了吧，可能过几天就会好起来的。还是和朋友们说说吧，或许能够得到一点儿来自朋友们的安慰吧。就这样，随着年龄的增长，孩子一点点儿将自己从家庭中剥离出去，其实，家的温暖往往是一个人，尤其是一个孩子最后的依靠。

送给天下所有母亲两点看法：第一要尊重他 / 她（真正的像

尊重一个成人一样），第二是帮助他/她（而不是要求他，约束他，塑造他）。希望全天下的母亲都能把握好度去教育孩子，希望全天下的母亲都不要再焦虑。

第11节　缺位的父亲

同很多父亲一样，我也是一个家庭中缺位的父亲。每次都会用自己工作太忙来解释给家人也解释给自己听，其实大多数时候我们并不是时间的缺位，而是心的缺位。

在家庭教育的很多方面，母亲是替代不了父亲的。在家庭中，母亲应该是水，用感性的爱滋润出温暖的家；父亲应该是山，不仅仅是靠山，要用理性的爱负责家庭方向引领，就这样，有山有水才为家，“依山傍水出人才”。何为家庭方向引领？并不是有的男士经常所说的“家里，媳妇管小事，我管大事”中的大事，其实在家庭中哪里能分辨得出大事、小事呢？

《三字经》中讲“养不教，父之过”，为何是父亲而不是母亲？这里面当然有中国的传统因素在。生活中一个孩子教养不好，我们也常认为是父亲的缺位。在家庭教育中，要给男孩子足够的弹性，不要管得太死，这个工作通常需要父亲来做。孩子上幼儿园时我就亮出了家庭管理的三条底线。我是这样说的：“儿子，第一不能偷东西，喜欢可以抢；第二可以犯错误，但是不能撒谎；第三不能不尊重老师和长辈，我就管这三件事，其他事情解释权归你妈妈所有。”

我解释一下设置这三条底线的原因是什么。

第一条底线是为了孩子未来的工作。

为什么允许孩子可以抢自己喜欢的东西呢？因为他的性格比较善良，从来不跟别人计较，所以经常受欺负。另外，他的母亲管得比较严格，我担心这样会把孩子给管废了（有的男孩到我办公室都紧张得说不出话，手没地方放，基本上属于被管废了的），所以提出了可以抢，培养他一点儿男孩的勇气甚至狼性，在以后的社会中能够安身立命。至于不能偷东西，那是因为偷东西确实是恶习，这种事情可能不会将你培养成小偷，但是这种不劳而获的思想会带入学习和工作中，那么人基本上也就废了。我们想一想，不劳而获的获得方式在工作中会将一个人引入什么歧途？在大多数单位中，一个人只要勤勤恳恳，舍得下苦功夫，无论干什么都不会太差，而玩小聪明的从来都没有好下场。

第二条底线是为了孩子以后的家庭。

不要撒谎，是孩子都会撒谎，因为这几乎是人类生存的本能，但是我们要明确告诉孩子，撒谎不好，是错误的，是没有担当的表现。在学习中弄虚作假就是撒谎，在工作中玩忽职守是撒谎，这些都是没有担当的表现。表现在家庭中，如果夫妻双方不能做到坦诚相待，忠诚信任，那么距离分手也已经不远了。告诉孩子，如果犯错了，你就要挺起胸膛接受它，如果你的力量不够，家人会在后面支持你。

第三条底线是做人的原则。

不能不尊敬老师和长辈，一个人，如果连这点底线都守不住了，那就不能称之为人了，因为这是底线。人，无论何时何地都要有一个底线的意识，这是不能碰的“高压线”。孩童时代这个底线是尊敬师长，长大后那就是法律法规。

儿子在幼儿园小班时就被我惩罚过一次。我的母亲去接他放学，谁知那一天他不知道犯了什么劲，嫌弃奶奶用自行车接送。他说其他小朋友都用电动车或者轿车接送，自己太没面子了，听到这我还能接受，因为孩子之间的攀比属于正常现象。紧接着他开始用脚踢自行车，坚决不上车，要自己走，到最后踢奶奶的腿，以至于差点将老人绊倒。当然，这不是心疼孙子的奶奶告诉我的，而是楼下一位接送孩子的老人告诉我的。那天是我迄今为止唯一一次动手打孩子。训斥完之后我直接用手拎起来就把他扔了出去（虽然盛怒，但是方向和力度也是我提前判断好的），从餐桌直接扔到了客厅的沙发上。把一家人都吓坏了，但我明确地表态，今天谁都不要管，这个事情是我的事情。当然，我跟上了安抚工作，同时提出了约法三章，自那之后他再没敢碰过这三条底线。

同时，我也遵守我的约定，三条底线之外我不乱管，也不多管。记得有一天，幼儿园老师给我打电话，说儿子将一个小朋友踹到小便池里去了，在学校让老师给关了禁闭，要求我严格管一下。他这个行为确实挺过分的，所以当时我想收拾他一顿，但是考虑到这不是我的管辖啊，就只轻声问了问缘由。原来是那个小朋友比较淘气，故意将小便往别人身上洒，其他小朋友都没吱声，结果让我儿子一脚给踹到小便池里去了。我心中暗暗地窃喜了一下（嗯，有点爷们样了），然后故作严肃地说：“多危险啊，小便池虽然不深，也会呛到人的，而且用暴力解决问题很不文明！”紧跟着就带着儿子去看了一场电影（算是一个默默的奖励）。

身为父亲，如果可以形成优秀的家族传承，这对孩子是终身受益的。瑞典最大的家族企业瓦伦堡家族有两条家族戒律：一是家中男子必须当一回海员（祖上是海员起家，也是为了培养冒险精神和坚忍精神），二是爷爷或父亲每天必须拿出一小时与孙子或儿子散步。看到这里，我很惭愧。

当然做父亲的要让家中的男孩有点怕性。当班主任20年了，据我的观察，跑偏的男孩有个共性——家中没人镇得住他。一个男孩虽然需要弹性的教育，但是并不是无限制地扩张。孙悟空有本事，天不怕地不怕，谁也管不了他，他想无限扩张，所以如来佛祖给他带上了一个紧箍咒，成就了后来的斗战胜佛；《大宅门》中的白景琦有能力，不怕天不怕地，爹娘管不了，他也想无限扩张，最后遇到了能镇住他的老师季宗布先生，才成就了后来的“白爷”。所以提个意见，如果儿子怕当爹的，这个爹上上心，孩子发展就差不了，如果当爹的镇不住这个孩子了，至少要从家中亲戚找一个让他害怕的人，如果真找不到这样的人，终极办法可以让他到部队磨砺一下。

父亲要在家庭教育中自己把握好度，同时帮助调整母亲的度。大多数母亲都喜欢控制，也许这是女性生存的天性，我们改变不了，但是当父亲的帮助其调整度。有些女性容易情绪化，情绪一旦上来就会失去度的把握，很多男性则较为理性，对各类情形的把握会更清晰一些，可以适时地观察母亲和孩子的言行、情绪并做出相应的调整。

有一天我开玩笑地说：“今天很充实，上了各种课型，给学生上了两节课，给班主任上了一节课（班主任会），给老师上了一节课（教师会），给娘俩上了一节课（娘俩吵架后安抚和点评，并指出问题和要求）。”有人会说：“我又不是老师，不会上课怎么办？”我的回答是这个课会不会上与当不当老师无关，如果实在不会上，还可以请孩子母亲的闺蜜给上上课，或者买教育类书籍送给孩子的母亲，当然，在送书之前建议自己先读一读。

父亲在家庭教育中一定不要短视，要沉得住气，看问题至少有10年以后的眼光，要让孩子知道一个道理——很多时候，知道这是件什么事比知道怎么去做更重要。在这个人人焦虑的社会，在这个沉不住气的时代，很多家庭中的父母无形中慢慢地变得短视起来。在教育孩子方面，很多事情追求速度，越快越好，完成得越早越好，短、平、快的现象无处不在。一件事情、一件工作都不用孩子思考，“我教你，这样这样做，一定不要那样那样做”，孩子连事情的本质都没有搞清楚，又哪会有什么分析问题的能力呢？

我是一名化学老师，在课堂上也有深深的感触，学生最犯怵的是化学计算题，只要碰到计算题基本都是一个状况——乱蒙一气。其实，从某种程度上来说，这种畏难乱蒙的习惯有时候真的缘于追求短、平、快的家庭教育。通常学生拿到一道计算题就想立即做出来，想到的第一句话就是这个题该怎么做？学生熟悉、简单的或许能够顺着走下来，遇上陌生、复杂的就彻底没了办法。正确的思维顺序应该是拿到题之后问的第一句话是——这个题是什么题型？不同的题型有着不同的解题思路，按部就班走下来就是了。因此我才说，要让孩子真正明白这个道理——很多时候，知道这是件什么事比知道怎么去做更重要。

老人常说，作为父母，家里要一个唱白脸，一个唱红脸，如果两个都唱红脸就把孩子给管“死”了。

曾经有一位父亲和我谈起自己的孩子，他很苦恼：为什么在家中表现那么乖的孩子在学校里那么叛逆？是不是学校老师不会管？他很自豪地跟我传授如何在家管孩子，并举了他教育孩子的例子：日常只要孩子在家，他就虎视眈眈地盯住孩子，孩子稍有不在状态便会及时提醒。某日，他因事外出，又担心孩子在家玩，他不担心孩子玩电脑，因为已经设置了密码。他担心孩子看电视，于是他走的时候将电视遥控器刻意摆了一个角度，同时用手机拍照，返回家后的第一件事就是看遥控器的角度是否发生了变化。天哪！我彻底无语。看得出来他应该是一位严格的父亲，于是我就问，孩子的母亲是不是也很严格，答案是肯定的。我很郑重地祝贺他，我告诉他，这样管理的家庭一般会培养两种男孩，一种是特别内向、非常自闭的孩子；一种是表面特别顺从，但是实际谎话连篇、特别叛逆、难以管理的孩子。你的孩子属于后者，在我看来至少要比第一种强。每个孩子都要给他一个情绪的宣泄口，家中找不到就在学校里找，学校里找不到就到社会上找，因为如果一个人找不到自己情绪的宣泄口，那么就需要自己将情绪全部消化掉，成人或许能消化的了，但是孩子就会发展成上面说的第一种，就给他的人生造成了不可逆的伤害。

第 12 节　最好的家庭教育模式

对孩子最有用的教育，就是让他们看到父母在努力成为更好的自己，除此之外，都不重要。

很多人可能会有疑问，在前面已经将父母在家庭教育中要注意的问题都讲了，还讲啥家庭教育模式，合起来不就是了？这种看法是不对的，最好的家庭教育模式 > 父亲教育 + 母亲教育。

好的家庭教育模式要从初心、角色、度这三个方面来提升，其中度的把握前面已经讲了，现在重点说一下其他两个维度。

第一，初心。

“不忘初心，牢记使命”不仅是每一位共产党员需要学习的，而且我们所有人在做事的时候也需要牢记的一句话。比如父母在教育孩子的时候是否还记得教育的初心，是否问过自己到底想要什么？

前些日子我把孩子从城区最好的民办初中转学到了我单位附近的一所农村初中，为什么要这样做呢？我的思考是：究竟什么样的学习环境才最适合自己的孩子？那所民办初中的确是县城最好的学校，但最好的就是最适合的吗？我自己本身就是一个生活在肯定和赞美的环境中才有生长力的人，很脆弱，在一个压抑和痛苦的环境中很快就会败下阵去，我的孩子也是。那所学校能给孩子什么呢？给予肯定吗？那里的孩子想得到肯定只有一个来源——成绩优异。

为了获得别人的肯定，这个向来内向的孩子报名参加了校运动会的四五个项目，孩子龇牙咧嘴地参加百米飞人大赛，到终点时却没人关注；为了获得别人的肯定，不善言谈的孩子报名参加了文艺晚会，笨拙地弹着吉他唱歌，还是没人关注；为了获得别人的肯定，孩子在周末花了 3 小时制作了国家地图，信誓旦旦地说这一次肯定会被表扬，可以获奖，结果其他同学做得更好，人家的是立体的，还带着不同的颜色，看到孩子一次又一次垂头丧气地回到家中，我很纠结。孩子的失落感一日又一日地加重，学习的挫败感也会日益加重，在学校里得不到肯定，慢慢地就会影响到家里，父母也会开始显现出失望的表情，孩子会想“我真的这么失败吗？”我想让孩子在一个肯定和赞扬的环境中生活、长大，当然，并不是让孩子远离失败和挫折，这也是孩子必须要承受的，所以在初二上学期孩子就转学了。

我的初心是什么？是让孩子幸福、快乐地成长。因为我了解他是一个慢热长跑运动员，用训练短跑运动员的模式来锻炼一个长跑运动员，那肯定就练废了。重点初中对孩子成败的评价标准是能否考上重点高中，我们作为父母评价孩子成败的标准是看现在、大学、工作，还是更加久远的未来？好的教育是培养孩子自信的教育，我想让自己的孩子越来越快乐，越来越有信心，这就是我的初心。

当然，转学之后我也担心他是否能够适应这所农村初中，从原来在班级的40多名到这所学校变成级部前三名，担心他心态的变化，会重拾信心吗？会不会起到反作用呢？转学半个月后的一天早上，我看到家中的白板上出现了一首诗——《问心》，是孩子写的，我很欣喜，我的担心是多余的，我的决定是正确的。

问　心

疾风知劲草，恶浪磨顽石。
欲想成其志，处于风浪中。

“欲想成其志，处于风浪中”，说明孩子的内心并没有因为转入这所竞争力差的学校而造成心理上的落差，他依旧是充满斗志、健康向上的孩子，而这正是我想看到的。

第二，角色。

有人说，只要你有了孩子，你就应该是演员。孩子的模仿能力超强，是任何奥斯卡影帝、影后都望尘莫及的。从孩子出生起，父母就要当至少 18 年的演员。当然，演员有两种——本色出演和演技派演员。如果想让孩子和自己一样有出息，那就本色出演；如果想让孩子比自己有出息，就试试当一个演技派演员。我的孩子喜欢看书，这缘于家中本色出演（喜欢看书的母亲）和演技派演员（装模做样的我）的共同作用。

根据孩子不同的学段，两位演员要分清登场主次，幼儿园和小学需要耐心教育，一般母亲为主演，父亲负责亮管理底线，多和孩子游戏和运动。初中之后孩子会有叛逆期，这时唠叨的母亲要退居二线，父亲要冲到一线。据统计，很多成功的孩子都经历了一个相似的过程——慈父严母＋少小离家。背后的原因是什么？严母有耐心培养孩子规范的生活习惯和学习习惯；慈父有耐心和孩子一起多互动、多体验，快乐成长；少小离家是孩子在年龄稍大就离开了严母，此时的严厉和唠叨会是一种“毒”，此时对孩子最好的教育和滋养是宽松背后的信任。

在家庭中要根据孩子的性格特点设计每天固定的亲子活动。比如在转学后的半年中为了让孩子建立自信，结合他性格比较内向、语言表达能力不足的特点，我设计了每天 15 分钟的家庭演讲活动。每天晚饭后，儿子做阄，三人抓，谁抓到 1 号谁就演讲，其余两人做听众兼评委。演讲的内容不确定，可以是读书反思、生活感受、社会见闻，实在不行讲学科题目也可以。听课的两位要提出两条以上自己的听课疑惑或感受，这样既锻炼了演讲能力，又提升了观察和思考能力，一家人其乐融融，是多么开心的一件事。

总之，世界上最难的事就是做一位好父亲或好母亲，这么重要的角色没有任何培训就上岗了。因此，我们只有怀揣着一颗敬畏之心，用我们没有任何条件的爱去陪伴孩子，真正看见和尊重他们，让我们和孩子一起成长。这才是最好的家庭教育。

第2章　谈学生的成长

现在，每提到一所高中，首先会说这所高中的升学率如何，谈到一个学生，首先想知道的是这个学生的成绩如何。自从孩子上了学，评判他们的标准很多时候都是学习成绩，等到孩子上了班，可能评价他们的标准又成为收入和职称等。很多时候，人们追求的只是最后的结果，只是最后的成功，至于过程，往往都被忽略了。

何为成功？有人说成功就是活成了别人羡慕的样子，有人说成功就是活成了自己想要的样子。

作为教师，要教书，希望学生毕业后能升入理想的学府，但是学生的未来不仅仅是更高一级的学府，他们会走得更远，还会有更波澜壮阔的未来，因此教师要教知识，更要育人、树人。

育人，就是让学生有能力去面对未来的一切不确定性。树人，就必须立德，要注重学生的德育教育，注重学生的三观养成，还要全方位地了解和影响学生，在思维方式上引导学生，让学生吸收各方面的“养分”，他们才会健康成长。因此，无论家庭、学校、教师、学生期待的成功是哪种样子的，我特别想和他们说，无论什么时候，对于学生而言，最好只谈成长，不谈成功。

第 1 节　让学生真正地认识自己

现在的孩子都非常聪明，了解很多的东西，他们对世界的认识比我们当年深刻得多。他们熟悉自己的父母，能察觉出父母一丝一毫的变化；喜欢自己的朋友，能说出他们所有的性格和喜好；忘我地追逐自己喜欢的东西，认为自己了解它们所有的一切……要是我们说他们不懂事，可能会有一百种理由来反驳我们。有时候，我特别想问一下这些孩子："你们认识自己吗？"

认识自己，就要看清自己。

无知通常表现为四种情况：第一不懂自己，第二不识人，第三不晓事，第四不明理。很多人终其一生都没有认识自己，因为他们不知道真正认识自己的方向在哪里。没有认识自己，又何谈顺利地成长呢?

那么，一个人要怎样做才能真正地了解自己呢？我对自己的认识过程思考如下：人，首先是一种社会动物，自然有其共性，也受其所处的社会文化的影响，然后才是家庭教育的影响和个人体验的成长。

第一，基因决定人的共性。

由基因决定的人类共性不胜枚举：人在下雨天睡眠质量都普遍较高；几乎所有的孩子都害怕陌生人；很多人从小喜欢糖水胜过白开水；孩子对图画的接受能力超过对文字的接受能力，都喜欢听故事；会场上一个人鼓掌，其他人会自动跟着鼓掌；男性参与群体暴力的程度几乎都甚于女性，旅行离开家乡的距离一般也远于女性，都喜欢以威望来划分等级，都自动将世界划分为自身所在的群体和外部群体……

再比如，人往往都是先做先说先犯错，然后还会给自己找借口，尤其是“自我背叛”之后（违背了犯错之前曾经有过的正确想法）。我们说话、做事绝大多数都是没有经过深思熟虑的，只是下意识地去选择、去说、去做，事后会找一个冠冕堂皇的理由来解释给自己听，而且理由会越来越多，让自己对犯下的错误感觉越来越正常，认为理所当然、不可避免，有时候甚至觉得都不算是一个错误。

所有这一切其实都是人类在漫长的进化过程中所形成的，已经写在了人类的基因之中。

第二，我们不能忽略社会文化对自身的影响。

很多文化历经了数千年，长久地存在，不断地加深，早已储存到我们的基因之中。曾有人做过测试，如果将画有鸡、牛和草的图片展示给美国和中国的小学生看，并要求他们对这些进行分组，美国小学生普遍将鸡和牛归为一类，因为它们都是动物，而中国小学生更多是将牛和草归为一类，因为牛吃草。美国文化重视类别关系，亚洲文化更重视背景和关系。再比如美国人往往强调他们的与众不同之处和过人之处，而我们则强调共同特点和相互依存的方式。当被要求从三台电脑——一台拥有比较大的内存，一台拥有比较快的处理器，另外一台则在这两方面都处于中等水平——进行选择时，美国消费者往往先判断自己最看重哪种性能，然后再选择该方面性能最突出的一台，而中国消费者则倾向于选择两方面性能都处于中等水平的电脑。因此文化背景对人们的决定和行为的影响远远超过了大多数人意识到的程度。

第三，家庭教育。

在所有影响因素中，家庭教育是性格形成的最重要的组成部分。随着年龄的增长和内省，现在的我愈发感受到家庭教育的力量，家庭教育是孩子成长的基石，是性格形成的骨架，其重要性不言而喻。

以个人为例，我的性格特点：一是我有一条谁都不能碰的底线；二是特别不自信，有时让自己都不堪忍受；三是特别擅长挑毛病，表现在一切方面。下面分别说一下这三点我是如何察觉和内省的。

第一点，我的性格底线来自生活中的反复体验。

通常情况下，孩子的性格大多是母亲的影响起了决定性作用。我的母亲这一生很不容易，外公、外婆有了我母亲之后就离异了，然后各自组成了一个家庭。我的母亲跟着我的外婆，而我的姨和舅舅们年龄都比我母亲小很多，他们的名字甚至都是我母亲给起的。这些原因造成了母亲在性格上比较强势，她是一个很有操控感的人（也许缺少安全感的女性表现尤其明显）。

母亲对家里三个孩子的要求也比较严，无论大事、小事都会有具体的要求，不能走偏和走样，某种程度上来说这也是操控感（但是即使现在我也不怪母亲，因为那是童年的不幸才导致她形成了这种性格）。从小到大，我会从心底里抵触这种操控，所以我现在特别抗拒受摆布，受外来意志左右，无论这种外来的操纵是好心还是坏意，我都会自动抗拒。

举个例子：有一次外出开会，级部主任打电话给我，说我们级部每个班级悬挂的横幅（高三学生挑选励志横幅，师生签字，然后悬挂）被文管中心给撤掉了，我当时就失控了。这种事情可能换成谁都会生气，但是我当时就没道理得彻底失控了。

我质问：打个比方，我刚刚买了一只自己认为很漂亮的碗，有人趁我不在家跑到我家里去，将我的碗给砸了，这合适吗？你可以点评我的碗丑，也可以给我提意见和建议，但是你无权趁我不在家给我砸碗。这个横幅你可以提建议，也可以提要求，但是不能不打招呼就撤掉。

最后，事情让我给搞成一团乱，他们都不相信这样一个“忠厚老实”的人怎么会发这么大的火，说实话，当时的我也不知道为什么会那样，只知道自己的情绪失控了。

第二点，特别不自信和擅长挑毛病。

以前也没发现自己有“不自信”这个毛病，后来通过读书和反思竟然慢慢意识到了。比如我每次开完教师会都会神神秘秘地问几个比较要好的同事：“哎，你觉得我今天讲得怎么样？”人家怎么可能会说不好呢，但是每次听到那种意料之中的“太棒了”之后，都会心满意足。我甚至在召开学生会后都会拽住几个学生问，我讲得怎么样？还是意料之中的“老师，你太棒了”，于是感觉自己又“飞”了起来。

关于喜欢“挑毛病”，不知道多少人有这个癖好，可是对我而言，那种感觉实在是太爽了。比如让我写文章和公函，我确实写得不够好，但是我会看稿子找问题，而且还会点评得还算不错。级部管理工作我走一趟，感觉满眼都是问题，而且很尖锐，问题根本藏不住。佳乐家超市开业第一天，我姐在那里上班，我去捧场找问题，问题写了满满的一张 A4 纸。当然学生对我也很无语，因为我整天给他们挑刺，对他们不满意，我这样的人，估计没人能受得了。

这个性格的形成当然也要查找原因了，合二为一吧，都是缘于我的母亲。她太优秀了，她做的咸菜、酱亲朋好友都来要着吃，她炒的菜一点儿不亚于饭店大厨，我从小学到高中的衣服都是她做的，头发是她理的。电视上只要她看上眼的衣服，回头就买块布，趴在缝纫机上立马就做出来了，而且一模一样。有一个亲戚家的孩子她只看了照片一眼，回去后就给做了一双小鞋和一个帽子，穿戴之后刚刚好！……我的母亲确实太厉害了，让我膜拜至今！

我们兄妹三人当时都比较郁闷，用现在的孩子经常喊出来的一句话就是："我太难了！"我们做任何事都达不到她老人家的标准，肯定会给我们挑出一堆毛病，而且点得非常准，但我们做的时候明明感觉已经达到极致了啊。就这样，一天天的生活培养了我们不自信的特点，当然也学会了又快又准地挑毛病。

我说上面这些事情主要想表达：首先，要学习观察自己，真正地了解自己，才可能规划自己；其次，只有了解了自己才可以根据自己的性格特点来改变追求幸福的小路或大路；最后，可以根据自己的性格特点来确定自己的发展方向。这件事情确实很奇妙，人的性格特点有些是缺点，但更可能是特点，如果好好利用就会变成优点。比如我不自信，因此就非常希望得到很多人的认可，继而慢慢喜欢上了演讲。

第四，个人的体验和见识。

人的一生可以分成三个阶段，简而言之，第一阶段是见"天地”，第二阶段是见“众生”，第三阶段才是见“自己”。

人这一辈子，先见了“天地”，也就是了解天高海阔、宇宙无垠，方知这个世界的伟大，知道自己并不是世界的中心，地球离了谁都转得挺好，察觉到自己的渺小和无知，才会知道谦卑；所谓见“众生”，与形形色色的人打交道，明白了“众生相”，慢慢感受到“林子大了什么鸟儿都有”的真谛，才会变得宽容，逐渐地接纳所有的人，了解所有好的和不好的，逐渐形成自己的世界观、人生观和价值观；所谓见“自己”，当一个人眼睛向外看的足够多了，慢慢沉淀，才会将视线转移到自己身上，开始内省和自查，从而慢慢地认识自己，看见了自己，感受了本我和真我，才会变得豁达。

那么，怎样才能早一点儿、通透一点儿地认识自己呢？在我来看，可以有两种方法：要么吃一次猛药，要么慢慢体验和反思。

方法一：吃猛药。人，有时候长大是一瞬间的，有的人之所以成长得慢是因为他没有经历能够实现自我认知的历程。在 2020 年，为了给高三学生在疫情期间提供安全的学习环境，学校从 4 月 15 日开始实施全封闭，所有高三师生都封闭在校。三周的全封闭让我对自己、对他人有了更深刻的认知和了解。不经历这三周的日日夜夜、点点滴滴，根本体会不到其中的酸甜苦辣、悲欢离合。有时候我会想，如果再封闭一年，如果学校门口是一个完全不可突破的障碍，最终胜利的会是管理还是人性？到底需要多大的压力才能完全释放出一个人的本性？这是认识自我和认识他人的一个非常好的机会。在这种高压之下，濒临崩溃的状态会将一个人的优点和缺点无限放大。在风平浪静下察觉不到的问题和现象，在特殊时期已经被放大为惊涛骇浪。每个人都可以好好审视自己被放大的弱点，还可以看一看自己的韧性到底有多强，更可以看看日常所看到的人和事还是不是自己原来眼中的那个样子。那段时期的封闭就如同一剂猛药，让我有机会更加深刻地了解自己和别人。解封时，我说了一句话：封闭的这三周的成长要比过去三年的都要多！

方法二：慢慢体验和反思。要多读书、多尝试、多体验、多见识，然后才能自我觉醒。自我觉醒之后就要缩小范围确定自己努力的方向，然后才能寻找并确定适合自己“基因”的独一无二的方向。人这一辈子最幸福的事就是在最好的年龄寻找到了最适合的方向，然后用一种工匠般的精神去投入，多一点儿不为什么的坚持和努力，自然就会收获成功。那么，这个自我觉醒的年龄是什么时候呢？三十而立？四十不惑？这个有准确的界限吗？没有，对有的人来说可能是20岁，可能是40岁，对有的人来说还可能是一生吧。

认识自己，就要认识自己的能力。人的一生貌似是走了一个循环：从刚出生时“世界的中心”，到无所不能，然后发现自己的无能和渺小，最终消失在这个世界。但是无论过程如何，这一生，其实一直是在进步的，只不过用太多的精力去看外面的世界，而没有将精力投到自己身上而已。人和人之间的差距其实并不大，每个人只要找到适合自己的方向并逼自己一把，就可以活成自己想要的样子。冯唐曾经说过这样一句话，虽然非常无厘头，但是表述却非常到位：我已经尽力了，还要我怎样，我还能怎样，咬我啊。不管结果怎样，哪怕非常不尽如人意，只要尽力了，那便是成长。

认识自己，就要学会欣赏和重用自己。对自己能力之内的事做到最好。对自己能力之外的事努力去做，做一个能够重用自己的人，做一个勇敢的人，而勇敢就是当还没开始的时候就已经知道自己可能会输，可是依然要去做，并且无论如何都要坚持到底。

我担任过体育班的班主任，也担任过美术班的班主任，至今为他们的努力和坚持而骄傲，为他们的成绩和进步而自豪。在这两个班级我很少谈学习方法，但是我要求每个学生每天都要默念两句话："不抛弃，不放弃！我不是一般人，我与众不同！"真正地认识自己，就是对自己不抛弃，不放弃！佛语说"诸事无常，无常是常"，认准了只管去做就可以了，既然学生没到谈成功和失败的年龄，那么所谓的成功和失败都是成长。

曾国藩曾经说，世间事有一半是"有所逼有所激"而成的。每个有成长经历的人不一定成功，但是每个成功的人必定经历一个完整的成长过程，而这个过程可能会布满荆棘。

我有一个大学同学，家庭条件比较困难，大学几年的学费一直拖延没交，毕业时学校要求交齐学费，但他确实拿不出来，最终没拿到毕业证。实在走投无路，他只好干起了体力活，在市区蹬起了三轮给人送货。后来某一知名品牌果汁在潍坊设代理，他拿着自己东凑西借的钱拿下了代理……现在，他已经拥有了几家酒店和庄园。每个人都应该在生活中不断成长，只有成长，才有可能收获成功。

在成长的道路上，这个世界上的人被分为三等：

第一等：内心强大，有自己的目标和方向，不达目的誓不罢休。这种人属于自燃型，成功人士大多属于这种。

第二等：墙头草，随风倒，没有主见，听从别人安排，需要别人的带动。这种人属于引燃型，成功的机会还是有的。

第三等：自己不改变，拒绝被改变，还担心别人会改变，所以会想方设法阻挠别人的改变。这种人属于拒燃型，也就是负能量的人，请拒做并远离这种人。

没有人可以跳过成长直接成功，就算有，那也是极为短暂的

“成功”，而这种“成功”过后，可能就会跌落到更深的谷底，因此我们应该将更多的精力放到成长的过程中。

要想成长，该怎么做呢？其实只要做好两件事就可以了，活在当下和凡事用心去做，也就是将即将要做的事情做到自己认为的极致，如果不知道极致是什么样子，那就观察一下优秀的人，努力去做到他们的高度甚至比他们做得更好。只管去做，不要考虑结果怎样，也不需要考虑明天如何。明天，那是由无数个今天的积累组成的。要知道，每个人每一秒都在变化，都在改变着明天，思考怎么做到比前一天更好不是更有意义吗？就这样，人生一点点儿变得精彩，自己一点点儿收获成长，明天的自己将是不可限量的，这就是成长最好的方式。

记得看过这么一段话：“个人的跃迁和提升，短期看学校和专业，中期看认知、终身学习能力，长期看格局和性格。”说的确实很有道理。

第 2 节　自制、自律和自治

“凡是能让我成瘾的东西，都不是我需要的乐趣！”

有一位电影演员因为自律，一直保持了好身材，即便是出演功夫片也毫不逊色，他说：“我就是没有才华，所以才用命去拼。”一位导演这样评价他，这个年代很多人都想方设法用最短的时间做最多的事情，没想到还有年轻人肯花大时间做一件事。

其实人和人之间的差距不在于有没有想法，做没做，而在于能将自己的想法做多久而已。

一个人的成长一般是三个环节：自制——自律——自治。在我看来，“自制”是自制力的体现，是“灭人欲”，更多的是让自己不要去做什么；自律要比自制高一个档次，是“存天理”，开始要求自己多做一些合乎规律的向上的东西，但是里面还存在一些“自制”的味道；最高的层次是自治，是“做真人”，人所想、所做的都来自内心，内心强大，可以自我管理和自我治理，开始由内而外地生长，成长成自己想要的样子，而不是外界、父母等期望的样子。

我读过《少有人走的路》这本书，写得非常好。书中花了大量的篇幅写了如何自律，书中说：解决人生问题的首要方案是自律，缺少了这一环，我们不可能解决任何麻烦和困难。局部的自律只能解决局部的问题，完整的自律才能解决所有的问题。所谓自律，是以积极而主动的态度去解决人生痛苦的重要原则，主要包括四个方面——推迟满足感、承担责任、尊重事实、保持平衡。我认为书中的内容用“自治”一词来评价应该会更好一些。作者之所以没用“自治”这个词，可能更多考虑到了词语的表达方向：“自治”指的是“自我管理，自我治理”，是一个行政学、政治学术语；“自律”指的是一个人的自我约束和自我克制，是一个人生修养术语。

自治不是简单地自我约束和控制，而是智慧发展，也就是学会自我管理，对自己的每一个小目标都有付诸行动的计划，然后一个一个地去实现，慢慢地建立起自信。盲目自律，对自己过于严苛，实际上并不能解决什么问题，反而会感到生活的无聊和辛苦，长大以后一旦放纵就会一发不可收拾。

自律是走向自治的一个必经阶段。正如我们要减肥，所以选择运动，这是来自外界的因素导致我们选择了运动，这是自律，有时候会感觉痛苦；喜欢运动，乐在其中，减肥只是一个捎带的结果，这是自治，乐在其中。当有助于我们成长的好习惯慢慢地由从外到内的自律和约束转变成从内到外的自治时，我们就真正进阶成功了。孩子在小的时候可以尽情地玩，认认真真地玩，尽情地释放自己，但是要有清醒的头脑，慢慢寻找内心真正的需求，才不会被生活中的一点点迷惑所打败。

《少有人走的路》中有如下一段话："增强自控力的唯一根本在于要找到真正爱做的事情是什么，真正想成为怎样的人，也就是要找到人生使命。当真正喜欢做一件事情时，自律就会成为人的本能。"因此最大的问题不是自律，而是我们没有花费功夫确定愿景——为什么要改变？我们没有求助于内心深处的价值和动力，没有求助于我们生命中最重要的声音。

找到内心深处的价值和动力，听到生命中最重要的声音，然后找到自己的人生使命（这是最重要的，也就是自治），之后再用自律去做，让自律成为自己的本能，最终有所成就。

做到自律确实有难度，因为对我们来说，每一个坏习惯都让我们感觉舒服。不仅如此，实际上每一个坏习惯都是我们人格的一部分，都反映了我们自己的深层需要，要是将它们硬生生地剥离掉，自然会很痛苦。新的神经回路一开始必然是脆弱的，要用它战胜旧的神经回路，最好采取一些聪明的策略。我曾经看到一些提升自律的方法，不妨一试：第一，从最容易的事情开始；第二，每天必须做一件事情；第三，每天必须不做一件事情；第四，不要积累太多的未完成的事情；第五，有决定胜过没有决定。

有一位曾经影响了我一生的人告诉我，“如果我们对某件不好的事情产生依赖感，感觉已经开始失控，那就把它彻底删除”。我试过这个直截了当的办法，确实管用。比如我喜欢足球，每逢世界杯、欧洲杯，我基本一场不落，天天熬通宵，这对身体非常不好，于是有一天我将家中有线电视的数据线给剪断了。有人说，再买根新的就可以继续看了啊，但是出去买数据线那要多费劲儿啊，一直到足球比赛结束了，我才去买了一根新的数据线。再比如有段时间我和很多人一样，也迷上了王者荣耀和抖音，我发现自己在这个方面的抵抗力几乎为零，尤其是看短视频，感觉自己已经失控了，浪费了大量的时间，于是就删掉了它们。有人说，再重新下载就是了，多简单啊！对比一下，重新下载安装与直接打开程序哪个更麻烦？怎样做会让理性重新占领制高点？因此我删除之后就再也没安装过。

总之，实现这三个阶段的进阶有时会很痛苦，但是值得，因为这个世界上正有人通过这种进阶过着我们想要的生活。

第 3 节　信仰与方向

什么是信仰？可以说是“信心瞻仰”之意。比如人们对某种主张、某种宗教或者某个人极度地相信和尊敬，并以此作为自己生活的指南和行动的榜样。信仰是人类一种高尚的精神生活与生命的终极追求，其所关注的是无限的存在。当人的智慧无法达到真理时，信仰便成为唯一的途径。

民族需要信仰。

梁漱溟老先生写过一段文字：“青年是社会的未成熟分子，其所以要求多学习，原是学习着如何参加社会，为社会之一员，以继成熟分子之后。却不料其来革命，革命乃是改造社会。”试问：你参加它尚能力都不足，又怎么能有改造它的能力呢？青年此时缺乏社会经验，对于社会认识只有虚见和臆想，认识远远不够。请问，认识不足，又何谈改造社会呢？

《人民日报》曾经发表过一段话，读起来让我热泪盈眶：

如果你觉得你的祖国不好，你就去建设它；如果你觉得政府不好，你就去考公务员去做官；如果你觉得人民没素质，就从你开始做一个高素质的公民；如果你觉得同胞愚昧无知，就从你开始学习并改变身边的人，她有缺点，我们一起修正，而不是一味地谩骂，抱怨，逃离。

横眉冷对千夫指，俯首甘为孺子牛。“你所站立的地方，正是你的中国；你怎么样，中国便怎么样；你是什么，中国便是什么；你若光明，中国便不黑暗”，愿中国青年都摆脱冷气，只是向上走，不必听自暴自弃者流的话。能做事的做事，能发声的发声。有一分热，发一分光，就令萤火一般，也可以在黑暗里发一点光，不必等候炬火。此后如果没有炬火：我们便是唯一的光。

一个没有信仰的民族挺不过五千多年的风霜，一个没有信仰的民族也迈不过拦在中华民族伟大复兴面前的这一道道坎。

民族需要信仰，人也需要信仰。

一个没有信仰的民族是可悲的，一个没有信仰的人是可怕的。

第一，信仰是人的一种本能需要。马斯洛的“需要理论”中最高层次是自我实现的需要，自我实现的需要包括了一个很重要的内容——信仰。

第二，信仰是个体存在的一种证明。我们存在于这个世间，它有两种证明，一种是自我证明；第二种是他证。信仰是自我证明的最佳方式，因为它让我们找到了一种永恒的感受。另外，个体的存在也有他证，就是让别人来证明自身的存在。比如学生的存在证明老师的存在，如果没有学生，一个人就不能称之为老师。

第三，信仰是人类生活的一种展现。“道”在老子哲学中与“德”同义，就是指人们遵从客观规律的生活准则或行为规范，“德”不会无缘无故就从天上掉下来。如果想做一个谦卑的人，就要主动来寻找“道”，最终来获得“德”，这是信仰形成的重要渠道。

第四，信仰是人生意义的表达。在迷惑时，在困境时，很多人都会思考：我活着是为了什么？作为一个人，对人生意义的反思是正常且有必要的。对人生意义的表达来源于道德，更来源于信仰。一个人没有信仰，很难过上一种有道德的生活。

人，要有信仰才有生存的意义，年轻人尤其是学生，更要有信仰才能有更好的成长，因为信仰可以给我们指明前进的方向，信仰亦可以给我们成长的力量。

第 4 节　关于体验和见识

一个人要想在人生道路上获得某种成就，无论是想获得世俗意义上的成功还是实现自己所怀揣的梦想，都必须具备目标、方法和实践这三个要素。没有目标就没有意义，方法不正确就意味着没有效率，而不实践就等于空想，三者缺其一就无法成功。为了达到三者之间的平衡，我们需要不断自我省察，自我省察就存在目标、方法和实践的中心点。

何为自我省察？我最期待的是什么，我做什么会感到幸福，我最擅长什么，我是谁？不要介入任何事物，将父母的期待、朋友、社会大环境之间的影响等因素全部抛到脑后，正视最真实的自己。

如何做到自我省察呢？那就是体验。读书，比较系统；读人，比较灵动，最好的读人方式是社会公益（在没有经济收益的前提下工作的动力来自哪里）。在一个人成长的过程中，只要不犯法，不过分消耗自己的时间和精力，能够提高自己的见识、体验的事情都可以去做，无论对错，都去试试看。

一个人首当其冲的成长当属精神的成长。如何成长？我们经常说，一个人历经苦难，方能涅槃重生，回顾自己过去的40多年，成长最快的是担任级部主任的7年，当然最让我蜕变重生的是最难的最后3年。孟子说："故天将降大任于斯人也，必先苦其心志，劳其筋骨，饿其体肤，空乏其身，行拂乱其所为，所以动心忍性，曾益其所不能。"他这是在告诉我们如何尽快地实现精神的成长。

一个人要想成就大事大多要经历一番艰难人生的体验。陀思妥耶夫斯基说过："我唯一担心的事情就是，怕我配不上我所受的苦难！"在这个世界上，没有什么路是白走的，没有什么事情是白做的，所谓"功不唐捐"就是一些看似无意义的事情，都是将来成长的基石。有时候，只有走错了路，才逐渐明白自己想要的未来；只有交错了朋友，才逐渐知道什么是患难见真情。

增加体验和见识可以提高一个人的学习力。有些人之所以有学问，是因为他们善于发现问题，不懈求知。问题是一棵树苗，学问是一棵大树，环境、见识、读书、生活实践则是滋养树苗，久而久之就形成一棵苍天大树。有人认为线下教育会被线上教育所替代，我不是很认可这种看法。线上教育是没有温度的教育，缺失线下课堂中的思维火花碰撞，从而让学生缺失生活中的体验和见识，线下教育目前来看应该是不可能消失的。线上教育在学校实践中的效果如何呢？2020 年，因为疫情学生拥有了长达三个月的寒假，学校组织了最好的老师上网课，师生天天都累得要死要活。假期结束，学生返校后的状态让全校老师大跌眼镜，人家竟然是啥都不会，网课上了和没上一样！由此看来，缺乏正式课堂的体验和互动、提问与回答，学生学习的效果是很受影响的，甚至毫无成效。

既然一个人向内向外都要发展，那么每个人都要找到向内向外发展的方向和办法。向内：学会独处，去进行内在的整合，把新的经验放在内在记忆的某个恰当的位置上，只有经过整合，外来的印象才能被消化，内在的“我”才能成为一个独立又不断成长的系统；向外：最大程度地去体验这个世界，去帮助他人，促进社会发展，主动去感受和拥抱好的与不好的，这是快速成长的优势所在。

有一位大学校长曾经说过，现在的好大学不仅仅想要人才，更想要人物。什么样的人才方可称得上人物呢？我认为，有思想、有见识、有故事的人才就可能成为人物。

对于学生来说，青春是用来干什么的呢？青春就是用来探索和发现自己本来的天分是什么的。一旦找到自己的天分，就跟那些在某些工作上勉强自己的人有了本质区别，做事就会得心应手，因为那是天生的，符合基因的最佳配比，所以当你正年轻，趁年轻，折腾吧！

第 5 节　学生内心的锻造和成长

一个人真正的成长是内心的成长，一个人真正的强大是内心的强大。内心的强大就是气量大。何为气量大？举几个例子来说明一下。

子曰："孟之反不伐，奔而殿，将入门，策其马，曰：'非敢后也，马不进也。'"（孔子说："孟之反不喜欢自夸，打仗败了，他走在最后来掩护撤退。快进城门时，他用鞭子抽打着马说：'不是我敢在后面呀，是我的马不肯快跑呀。'"）读到此处，我肃然起敬，一个人难得功不独居，过不推诿，更难得的是不自夸，有深度，有厚度。取得一点点儿成绩就逢人便说，唯恐他人不知道，描述自己的功劳时还会夸大其词，一张口就想当初如何"过五关，斩六将"，从未提起自己如何"败走麦城"，其实这是内心不自信的表现。如果一个人活在别人筑造的环境里，活在别人的认可中，就不会有强大的内心。一颗平静的心，心有大器量，不居功自夸，才是一种大智慧，体现了深厚的涵养和宽广的胸怀。

东汉云台二十八将中有一位"大树将军"，名叫冯异。《后汉书·冯异传》中说，军队出征打仗，经常在外宿营，闲暇之余，将领们会谈起各自的辉煌战果和"不世"军功，以充谈资，聊来聊去就演变为自吹自擂。冯异不同于其他人，每到这个时候，他都会默默走开，找棵大树，在树下静静思考自己在战场上的得失和经验教训，久而久之，上至将军，下至普通军官及兵卒都发现了这一规律，所以就调侃冯异是“大树将军”。不久后，大家才明白他“为人谦退不伐”，才会有如此举动，从而对他由调侃转为敬佩，“大树将军”的称谓虽未变，意义却发生了转变。每次路遇其他将领，冯异总是避让对方，不争功，不夺赏，当利益送到面前的时候，总是将这些功劳和赏赐转给其他将领和属下。正是因为冯异的这种优秀品质，刘秀对他大加赞赏。当然，有这样的品质和气量的人怎么可能不被人信任和重用呢？

西汉名臣丙吉两救汉宣帝。汉宣帝年幼的时候在狱中生活，丙吉自己掏钱抚养这个当时没有任何前途的孩子，生病时请医医治，在孩子要被杀戮时挺身而出，选帝时敢于上书霍光推荐，所有这些对我的触动都远远不如后者：丙吉多年来一直照顾和养育汉宣帝，但没有多少人知道此事，丙吉也一直没有向任何人提起过，只是安安稳稳地当着自己的小官。同时汉宣帝本人也毫不知情，后来因为一个昔年的旧人牵扯出来这件事，汉宣帝才得知实情。事后，丙吉被汉宣帝封为博阳侯，后来官至丞相，辅助汉宣帝治国。不求收获，但问本心，这得需要多大的情怀和气量才能做到啊！

如果没有这么大的气量，那么至少要有一颗健康、强大的心。

每支 NBA 球队里面都有当家球星，他们的篮球技术高超，得分手段极多，但这些不是他们能成为超级巨星的首要资本。要成为一个球队的老大，最重要的是要有一颗强大的心。那么，怎么验证一名球员是否有一颗能当球队老大的心呢？作为资深球迷，据我观察，有两个现象能证明某个球员是否可以当老大：第一，比赛那天可能状态和手感都非常差，甚至会出现十投零中的现象，但是到了比赛最关键的时刻，一个球，投中赢，投不中输，队友们还是会将球传给他，他还是信心满满地将球接过来，毫不犹豫地就把球投了出去，而且球还会中，那么这个人就是球队的老大；第二，NBA 有一种球叫“Answer Ball”——回应球。什么意思呢？就是双方在比赛过程中出现最胶着的时间段，会出现你进一球我就进一球，你进三分我不会投两分，你后仰跳投我照方抓药，总之就是你用什么招式进球我也用同样的招式回敬你，坚决灭了你要起来的势头，让人热血沸腾，这就是当家球星应该有的样子。

可能我们既没有名人的那种气量，也没有 NBA 巨星那么强大的内心，作为一个普通人，内心的成长和强大应该是什么样子的呢？

第一，要敢于面对未知。

有人对未来的不确定性感到恐惧，比如出国旅游的时候语言不通，因此会担心，但是面对着同样的问题，有人会是另一种看法，国外有没有失聪人士？国外有没有盲人？他们能生存不？那还有什么可怕的？未来也正因为有其不确定性才充满了未知的惊喜，如果一切都是可以预知的，没有任何变化，人生的意义又在哪里呢？

我们可能在意别人怎么看待自己，但是自己怎样看待自己也很重要，对于个人而言，哪个在先，哪个在后呢？金庸老先生在书里写道：“他强由他强，清风拂山岗；他横由他横，明月照大江。”《小窗幽记》中写道：“宠辱不惊，看庭前花开花落；去留无意，望天上云卷云舒”。皆是如此。

第二，要认识和接受事物的另一面。

健全的感觉器官能够让我们感知周围的一切，比如品尝天南地北的美食，欣赏高山流水、鸟语花香，发现色彩缤纷的世界。健全的内心呢？一颗健全的心可以帮助我们勇于面对世界的一切，坦然面对现实，有能力应对好的或是不好的一切遭遇。因此，我们要有意识地在日常生活和学习中锻炼自我，使内心变得强大。

第三，我们要有意识地发现和创造机会才能强大自己的内心。

我给学生说过一个情景剧：假如你和自己的父亲有个约定，考试进入前五名就可以赢得一个平板电脑，最后你成功了。晚上自己在家左等右等，到了十点多了，你的父亲还没有将平板电脑带回家。你实在困极了，就洗漱躺下了，但是刚脱完衣服钻进被窝，就听到父亲回来了，你是穿上衣服一蹦三跳冲出去要平板电脑呢，还是一翻身睡觉，等到第二天去迎接已经注定了“在”或者“不在”的平板电脑呢？这个是修炼内心的好机会。

某高校曾经在自主招生命题时出了 12 道题，前 10 道题基本是无解的，只有 11 题和 12 题比较简单。假设一个人第 1 ~ 10 题都没有做出来，如果内心不够强大，做到 11、12 题时会发生什么情况？或许题目都读不懂了吧。说到底，这是一次心理素质测试。

要想内心强大，“大处着眼，小处着手；群居守口，独居守心”，才会变得强大。

第 6 节　注重思维成长

一个人是否幸福，很大程度上缘于其思维方式。

撒切尔夫人曾说过这样一段话：“注意你的思想，因为它将变成言辞；注意你的言辞，因为它将变成行动；注意你的行动，因为它将变成习惯；注意你的习惯，因为它将变成性格；注意你的性格，因为它将决定你的命运。”我们可以梳理这些话的起点和终点，会发现到底是什么决定了一个人的命运。不是性格决定命运，而是思维方式决定命运，是看问题的角度和方式决定命运。

用一个案例来阐释一下：

我中途接手了高三四班，担任班主任，发现四班的讲台是横向排放的，导致横向宽、纵向窄。放上讲桌之后，讲桌和黑板之间只有不到一米的距离，空间很狭窄，有很强的拘束感，上课很不舒服。这样会影响老师们上课的情绪，慢慢地也许会给这个班级造成不良影响。

为什么不改呢？都开学两个多月了，是老师们没有意识到吗？老师们是不是会想，原来就是这个样子，存在即合理啊，可是原来又是多久呢？是一年还是两年？十年前启用这栋楼的时候就是这种布置，用了这么多年了还改什么改，以前能用现在就能用。这其实是固化思维，它会固化人们的思维方式，降低生活质量。

我用脚量了量，发现如果将这两块讲台纵向放是可以的。我尝试着用纵向放置讲台的尺寸进行了板书，发现我是能写到黑板最上边两个角的，于是马上就调整过来。正在欣赏着自己的改进，电教委员说：“老师，讲桌现在往前了，网线不够长了，够不到主机了（主机在讲桌内的橱子里），怎么办？”他多次尝试之后无果，提出：“老师，这个讲台还要恢复成原来的样子，这样肯定不行”——又一次固化思维，成长性思维是新的问题出现后思考如何解决出现的新问题，而不是因为解决不了新问题就要恢复原状，进而消除改进和变革。

我问：“为什么不能将主机从左边的橱子调整到右边的橱子，不要只盯着网线好吗？”

回答："老师，右边的橱子没有打孔，不能走网线和电源线，这样不行。"

我问："那为什么必须要走孔？"

回答："老师，钻孔就是为了要走的，不然漏在外面很乱。"

我问："既然网线不够长，是网线插口在主机后面，为什么不将主机倒过头来，让屁股漏在外面不就够长了，而且主机的开关在顶部，开关机又不影响，这样不就全部解决了吗？"

回答："老师，主机没有这样放的！"

我问："为什么不能这样放？谁规定主机必须按照头向外的样子放？因为你看到的都是这个样子所以就必须这个样子吗？其实在特定的地点我们可以用特殊的方式，如何放主机的初心是什么？放置的目的是必须按照固化的方式还是让使用者更加方便呢？"

由此看见，思维固化无处不在。生活中哪有那么多的条条框框，打破这种固化和常规，明确初心，找出最佳模式才是王道。

马上放学了，我提醒电教委员记得关掉电脑，这个学生思维又僵化了一次，回答："老师，鼠标坏了，没法关机了。"

我回答："没有人规定关机必须用鼠标，可以用键盘，如果所有的办法都不行，你还可以采取直接断电这种非常规操作，总不能让电脑一直开着等到修好鼠标再关机吧。"

不仅学生思维固化，教师思维固化的现象也无处不在。

级部给每个班级制作了一面班旗，跑操时由一名学生担任旗手。学生举旗跑在队伍最前方，感觉特别有气势。课间操时我发现5班没有旗手，就问班主任原因。他回答：我班只有6名男生，其中有4名体育特长生，"三操"时要进行体育锻炼，另外两名一个是长病假，一个最近崴了脚，所以我们班就不举旗了。

我问："女生不能举旗吗？"

回答："尝试了，举不动，跑下三圈人就累废了。"

我问："女生三圈举不下来，一个人举一圈，一圈一个人能不能坚持下来？"

回答："呃，应该能吧……"

我再问："旗杆是铝合金的，有点重，你考虑没考虑换一根塑料管的，这也举不动吗？"

回答："呃，也是……"

我们可以想一想，自己在生活中的思维方式是什么样的呢？

一个人学习和工作的出发点也主要是由思维方式决定的，而思维方式是来自自小到大慢慢地内化形成的，最终成为融在我们骨子里难以改变的一种思考问题的方式。在思维方式的养成过程中，家庭教育起了很关键的作用。

我们很明确地告诉自己，知道一件事的本质是什么要比知道这件事怎么去解决更重要。不过，现在的家庭教育过于短视，过于功利，因为很多家庭的财力和现状支撑不了用那么久的时间等待，父母的思想也做不到平心静气的等待。于是，短、平、快的功利教育模式成为主流，对于"这件事情应该怎么做"的教育投入远远超过了"这件事情究竟是一件什么事"。慢慢地，这种思维方式就会带到学习中，更会带到将来的生活之中。

形成已久的思维习惯是很难改变的，当然，难以改变并不是不能改变，因为优秀的思考者总是在思考他们的思维过程，他们不认为优秀的思维方式是天生的，关注自己的思维过程，对其不断进行反省和调整，进而形成比较好的系统思维模型。

人们在遇到问题的时候总是想立刻有一个答案和解释，而且我们还乐此不疲地等待答案的突然闪现，当有的问题闪现不出来答案时，就无奈地放弃了。那么，一个思维高手的思维方式会是什么样子的呢？他面对不同的问题会用自己的思维模型进行分析，有着自己的思维框架。例如，有人列举“拼多多”成功逆袭的案例，如果问其成功的原因是什么，你会有什么答案？我们可能会自然而然地涌现出所谓的“答案”——价格低廉、腾讯投资……这些其实并不能成为严格意义上的答案，因为它们并不是思维分析的成果，而是一种认知存在而已，并且是一种不够系统的、零散的、片面的认知。有一位成功人士的分析虽然用了最简单的思维模型，却得出了一般人分析不出的结果——用最底层却很系统的框架，从“天时、地利、人和”三个角度进行分析。而我在想，如果给我这三个维度，我应该也会得出差不多的结果，但是我缺失了这种思维模型——学会从“天时、地利、人和”来分析如何做事才能成功。

每个人的成长经历不同，知识体系不同，面对同一个问题的思维框架就可能有差异。有位大咖喜欢分别从“商业思维、技术思维、科学思维、人文思维”依次分析事情的本质。心理学家罗伯特·迪尔茨认为人们应该建立思考问题的分层逻辑——环境层、行为或行动层、能力层、价值观层、角色层、愿景层，这六个层级逐级上升，从而解决问题。

我，一名教师，也是学校的管理者，也有自己的思维模型。

比如在学习上我喜欢“一横一纵”来形成系统的知识体系：横向是思考同阶知识有哪些，有助于形成知识体系；纵向是思考知识本位是什么，从何而来，又有何应用；纵向如果再“功利”一点，这个题目原来怎么考，本题怎么考，还可能怎么考。

再比如我设计或安排工作时总是喜欢按照方向——策略——

流程——方法的思路进行设计，具体工作实施时，会按照时间、地点、人物、流程、标准、检查反馈、总结提升的顺序进行设计，这些都是我拥有的思维模型。

有人说：凡有问题，必有模型。我们用厘清问题——归类领域——寻找结构的流程，就可以把人类积累的各种重要模型用于解决自己的问题上。

我们如何确定一名学生的优秀呢？最重要的因素就是其思维方式。做题时不拘泥常规和套路，思维方式多；阅读的时候思维方式活跃，读书就会卓有成效；写作的时候思维质量高，写出的文字自然耐读。这些都是思维品质的反映，我们也就能够判断这名学生是否优秀。

下面介绍几种常见的思维方式（里面有我的总结，也有引用他人的理论）：

（1）思维方式的精髓之一就在于看待问题的角度，如果从别人的视角出发就是换位思维；如果从与常人相反的视角出发就是逆向思维；如果从所有人都没想过的思维出发就是创造性思维。总之，多一个视角就多一种思维方式。

（2）每一次认知矛盾的发生都是一次突破上升的时刻，要么是同阶扩充，弥补缺失，丰富系统；要么是向上提升、开阔视野、重新认知。

（3）5W 法：5W 法是指对一个问题连续多次追问为什么，直到找出问题的原因。提问要向有意义的方向问，要疑问不要质问。

（4）5S 法：5S 法是进行推论，可以停在概率变得较低、低到没有实际指导作用那一级，然后等待时间推进，让时间吞噬链条的前面几级，从而使得后面几级的概率自动提高，再继续向后推论。

（5）系统学习知识的方法：① 获取阶段：我以前看过或者听过这个知识吗？② 理解阶段：我理解知识的含义吗？③ 拓展阶段：我知道知识从何而来，与哪些知识有关系吗？（前面的“一横半纵”）④ 纠错阶段：我删除了那些不恰当的联系了吗？了解事物的真正含义的秘密取决于如何将其与我们所了解的其他事物（熟悉、擅长、观察）相联系，然后内化于心，用自己的方式和方法来给出正确解释。（费尔曼学习法）⑤ 应用阶段：我将知识用到实际生活中了吗？（前面的半纵）

练一练？

1. 如何让石头漂起来？——你小时候玩过打水漂的游戏吗？只要掌握好角度（方向）、力度（付出）、速度（时间）就可以了。

2. 怎么把一个鸡蛋立起来？——不破不立，找出问题究竟在哪里，敢于突破和创新。

3. 101－102＝1，请只挪动一个数字，让这个等式成立。——实在没有办法你可以把“2”拿到“10”的右上方试试。

4. 降维打击——如何让小学生都能清楚区块链的“去中心化，可追溯性，不可篡改性”三个特点？——我尝试过多种办法来讲解，结果连高中学生我都讲不明白，直至有一天看到了一则新闻。这则新闻是讲一个小区的居民为了防止社会车辆乱入小区，从而影响业主自己停车，在小区大门上串联了66把锁，被网友赞为“最便宜的门禁系统”“区块链技术实体化”。

我们来看一下对这种行为的解释：

第一，去中心化。

原来解释：因为采用了分布式核算和存储，不存在中心化的硬件或管理机构，任何节点的权利和义务都是平等的，系统中的数据块都是由各节点共同维护，具有系统维护功能。任何一个结点停止工作都不会影响整个系统的运行。

实例讲解：正如这个小区的门禁系统一样，每把锁都相当于区块链上的一个节点，代表着一个业主，他们拥有同样的使用权利，并且不需要统一管理，只要每个业主管理好自己的锁，这个系统就可以一直存在，除此之外，如果有新的住户或有住户要搬出去，那么这个系统就可以增加或减少相应的锁，而不会影响这个系统的正常工作。

第二，可追溯性。

原来解释：区块链是一个分散的数据库，它记录了区块链上每笔交易的输入输出，因此可以轻松地跟踪资产的数量变化和交易活动。

实例讲解：对小区的门禁系统来说，每把锁都记录着不同业主的相关信息，如哪个单元、哪个楼层、哪个房间等，每个业主只有一把锁和一把钥匙，谁没有锁找谁，真正实现了可追溯性。

第三，不可篡改。

原来解释：在数据被验证并添加到区块链之后，将永久保存这些信息，单个节点上对数据库的修改将失效，除非系统中 51% 以上的节点同时被控制，因此区块链的数据稳定性和可靠性将非常高。

实例讲解：小区的 66 把锁门禁系统相当于区块链，每个房主的锁相当于区块链中的一条信息，每把锁对应一个房主，仅此房主和一把钥匙，如果汽车要进入，房主需要下车拿出钥匙开锁，才能打开小区大门，车辆进入后，再下车将门锁锁上，这样一来其他人要进去就很难了。

初中、高中阶段我们要掌握一些必备的知识，学习一些关键的技能，掌握学习的能力，养成优秀的思维习惯，这样就可以登上更高的平台接受教育。因此趁着年轻，不要只考虑成名、成功、有钱，而是应该养成一套健全的思维模式。有人说，性格决定命运，而我要说，人在年轻时所形成的思维模式决定他一生的幸运。

第 7 节　深度学习和学习方法

有人学习很刻苦，但是成绩就是没起色，我评价他就是不够刻苦，这样说主要是指他的大脑不够刻苦，缺少深度学习。看起来很努力地学习，只是在反复地背诵和抄写，重复来、重复去，疯狂地重复阅读和集中练习确实会让人越来越熟练，会让人产生一种已经记住了的错觉，但那其实是在浪费时间，是无效劳动或者是“原地踏步走”，到考试时就会原形毕露。

这个世界，骗别人很容易，骗自己更容易，可是骗这个世界有点儿难。人的睡眠分为浅睡眠和深睡眠，一个人睡眠质量的高低不是看他浅睡眠时间的长短，更不是看他躺在床上的时间长短，而是看他深度睡眠的时间。学习方面呢？有人只是坐在那里，很多时候是做个样子给老师、同学、家人，甚至给自己看，真正有效的深度学习几乎没有。

所谓的深度学习是要有努力检索的学习。要学会主动回忆，这个过程不会轻松。因为要打通思维通路，所以会比较痛苦，要耗费心血。当然，在这个方面耗费的精力越多，学习就会越扎实。那种不花费气力、没有任何挑战的学习是无效的，如同蜻蜓点水，很快就成为过往云烟。

知识的建立可以分成三个步骤：编码储存、巩固落实、重新检索。那种看起来很努力地学习只是完成了前面两步而已，最重要的一步是重新检索。所谓的检索实际是间隔复习，所以我们常提起“日日清”（每天都要做到日必）、周周清（每周系统整理本周学习内容）、月月清（利用检测或错题重考）。有人做题时总是喜欢查看课本或者学案，危害很大，因为他把学习中最重要的“检索”这一步给丢了。检验学习效果最好的方法是考试，因为考试的时候没有任何依赖，手机不准拿，资料不准带，所以考生会抓耳挠腮、绞尽脑汁地去努力检索，而这个时候新的神经元缔结和思维通路的建立是最高效的。由此可见，有些学校实行的日检测制度是有科学依据的。

我们可以多审查学生学习上的各个环节，看看哪部分不是深度学习，是否可以转化为深度学习，该怎么转化，然后将它努力做下去。坚持下去，学生的学习进步慢慢地就由火车变成了动车。

明确了深度学习，再来谈谈学习方法，在这里我只说两种可以参考的方法。

方法一：学会找问题、问问题。

会问问题是一种终身受益的习惯，不仅体现在学习中，还会映射到生活和工作中去。一种好的创业模式就是解决一个大的社会问题，如果能够发现一个大问题然后想办法给解决了，也就创业成功了。

我们可以看到，成功的人一般会有两个特质：第一个是特别自信，他相信自己肯定能做到；第二个是善于问问题。一个善于找问题、问问题、解决问题的人，也就是追求终身学习的人，是一个成长性很强的人。在管理上有一句经典的话——“管理最大的错误就是没有问正确的问题”，由此可见，无论个人学问的进步还是思想的成熟都离不开会问这项能力。

有些家庭培养出来的孩子很喜欢动脑筋，显得非常聪明，这些家庭最大的特点就是善于培养孩子发现问题、解决问题的能力，会在孩子放学后或生活中不断提问，而非告诉孩子明确的答案。

梁漱溟老先生在《东西方文化及其哲学》中认为：“学是学习，问是追问，有些学问是由效仿得来的，也有些学问是由尝试、思索、体验和涵养得来的。人生本来就有向上心，有求知欲，对于不知道的事物喜欢发出疑问。对于一种事物发生疑问，就是对它感到有兴趣。既然有疑问，就想办法解决它，几经摸索，终于得到一个答案，于是不知道的变为知道的，所谓‘一旦豁然贯通’，这便是学有心得。学问的好处正在原来有问题可以变成没有问题，原来没有问题也可以变成有问题。前者是未知变成已知，后者是发现貌似已知究竟仍是未知，或者更深层次的知晓仍未到达。学和问相连，所以学问不只是追忆而必是思想，不只是因袭而必是创造。”

因此，可以说学离不开问，不会问就不会学。

讲到学会问问题，我就想起来2009届的一名学生，是个帅小伙。自从我在班级倡导每日一问之后，他就走向了疯狂的问问题之路。无论碰到哪个学科的老师，他的第一件事就是先将其喊停，然后开始小心地掏口袋。作为一名化学老师，我很无奈地看到他掏出来一个皱巴巴的数学小纸条，然后又很耐心地放回去，然后继续掏和继续换，直至将已经皱得不成样子的化学小纸条拿出来。我这才明白：敢情人家的口袋里装着所有学科的纸条。由于他问不明白坚决不会让你走，所以很多老师见了他都要躲着。但就是凭着这股劲儿，他硬生生地从班级的 30 名问到了高考前 10 名，以 630 的高分考入了南方一所知名的高级警官学院。

知识可以分为三种阶段：第一阶段是知道这个东西好不好，第二阶段是知道自己懂不懂，第三阶段是知道自己会不会用。在担任年级主任的 7 年里，在担任班主任的 20 年里，我一直在所在的级部或者班级中推行每日一问制度——每天至少要找某个学科老师问一个问题。我的目的是什么呢?

第一，可以提高落实。要想问问题，先要会找问题，可能需要查找、反思 10 个题目才找到一个最有价值的题目去问老师。我看重的不仅仅是这个不会的题目，我更看重如此会将另外 9 个题目又巩固了一遍。因为考试不只是考会不会，还要考熟不熟。

第二，在问老师的时候增加了师生交流，让教师更加了解学情。在互动过程中，教师会发现学生这个题目不会的原因，会察觉学生解决题目所用的知识上的漏洞。一名教师能从问的题目上判断学生学科的水准如何，而且问了一段时间后会发现，越找越会找，越问越会问。因此，问题要比答案重要，问过便会有收获。我希望自己培养的学生“问号”要比“句号”多。

方法二：主动学习、学会讲题。

我非常害怕听到“完成任务”这个词。一名学生如果只会完成老师或者家长布置的任务，注定不会有大的成就。在家的“完成任务”是完成老师或家长布置的任务，没有标准也没有效率；在校的“完成任务”是完成老师布置的自习任务，完成作业后亦不会主动学习：我称之为“行尸走肉式”学习模式。

一个人做什么事情最有激情、最有斗志、最有标准、最有效率？是他自己想做的事情，而不是别人安排他的事情。如果一个人将学什么，怎么学，什么标准从心中找出答案了，就已经踏上学习成功之路了。

一个人一旦开始主动学习，也就有了形式多样令人目瞪口呆的学习方法上的“放大招”。一位同事曾经跟我说起过他身边一位清华学霸的英语学习方法。他在高中不住校，每天骑自行车往返，英语不够理想的他想利用每天往返路上的时间背诵单词。如果用手拿词典，会不安全，所以他就想到了每次出发前都在自己的胳膊上贴 10 个英语单词。这样一边骑着自行车，一边看着单词背诵，走完这段路程也就记住了这 10 个单词。试想，如果只是“完成任务”的被动学习又怎么可能想到和采取这种学习方法？

下面是国际上比较流行的学习金字塔，它将学习方式分成主动和被动两个层面，我们可以很清晰地看到学习内容的留存率差距有多大。

学习金字塔

在主动学习中留存率最高的是“教授给他人”，国际上称之为“费曼学习法”。我们要多去尝试和体验这种高效学习的方式。下面介绍一下费曼学习法。

第一步：选择一个想要理解的概念。

第二步：设想一种场景（我认为最好的场景是站在黑板前），你正要向别人传授这个概念。会做和会讲差距有多大，试试便知。

第三步：如果讲不下去了，就回顾一下学习资料，记住，一定要回到最原始的学习资料（课本、课堂的学案）重新学习让你感到困难的那部分，直到能够顺畅地讲出来。

第四步：让讲解做到通俗易懂，努力简化语言，尝试与已有的知识建立一种关系，这样会更好地理解它。

这里提出的是情景式讲题，也就是想象给别人讲题，但是听讲的对象是不存在的，不会质疑，自然不会给我们反馈，即使讲的有问题，有时也会稀里糊涂地过关。因此我一直提倡的是“学生讲题”——一定要讲给同学听，讲给老师听。试想一下，如果让学生站在讲台上面对全班同学讲题，意味着他要达到什么层次？要表达清晰、思维规范、逻辑严密，当然还需要有强大的心理素质，这个活动的成长是指数级的。当然，讲题时要找准时机尽量讲给老师听，因为老师在听这个题的时候会察觉学生其他方面的问题，会更有利于排查学生存在的问题，促进知识和能力增长。因此，以后到办公室的时候学生不要再说“老师，这个题我不会，麻烦您再讲一遍可以吗？”，而要说成“老师，我想讲一讲这个题，麻烦您听听到底哪里出了问题”。

如此这样，学习进步就由动车换成了高铁。

第8节　做题之中现格局

我经常开玩笑地说，当了这么多年教师，只要将一名学生叫到我眼前，不用说话，我一看就能大体判断出一名学生的学习成绩大体如何，当然你可以怀疑这种能力，但这种能力是老班主任基本都能做到的。不过，这只是学习能力的判断，有一点是做不到的，只能通过静下心来去观察和判断，那就是学生的人生格局。作为教师，自然希望自己的学生有大思想、大格局、大战略。

老教师可以通过"相面"的方法大体判断一个学生的学习情况，在此我还要补充上一点儿，其实教师还可以通过学生的做题方式看出其人生格局。

我举一个例子：在化学高考题中，有一种有机题型属于必考题，那就是有机物同分异构体种数的判断。这种题型对学生的要求比较高，区分度比较高，基本属于死题。学生做这种题目的方式总结起来主要有如下三种类型：

第一种类型：先随便写出一个，然后验证，如果不对，就调整一下，改两下如果还不对，就那样吧。这种学生在学习上不严谨、太随意，缺少科学探究精神。此外，他执行力不够（因为教师肯定会三番五次地强调这种题目的做题思路，而他总是置若罔闻），很难有大的发展空间。

第二种类型：按照教师讲的，写同分异构体一定要体现出"有序性"，这类学生会安安静静地逐一展开，一一验证，虽然会比较繁琐，有时甚至会是无用功。当然，更致命地是中间会出现好几次接近正确答案的错误答案，他要忍耐得住一次又一次的惊喜（以为找出了答案）和挫败（验证自己的答案是错误的），坚持走下去，直至最终得出全部的正确答案。这种学生有耐心、有恒心，可能有些教师会说这种方法属于笨办法，不够聪明。其实这种咬定青山不放松的精神、这种经受得住三番五次错误的诱惑、这种不急功近利的精神才是最可贵的，我认为，这样的孩子最有可能成为将来的“大国工匠”。

第三种类型：他很聪明，知道无论高考题怎么考查，怎么问大多都是从最对称的结构开始书写的，所以他会先写出最对称的结构，如果不符合题意，就略微调整一下，答案基本就搞定了。毫无疑问，符合“短平快”，但“稳准狠”中差了一个“准”字，他只有在极少数的时候才有可能出现漏掉一种物质的情况，大多数时候他都是正确的。这种孩子很聪明，喜欢动脑子思考，是考试中得高分的学生，也可以有很好的成就，但是我认为，他们很难成为“大国工匠”，很难成为“宗师”级别。

大多数时候，聪明之人在求学的时候知识检索有优势，学习力比较强，所以学生时代会是“风云人物”；有的学生比较愚直（可能用词不当），求学时代可能不显山露水，但他能耐得下性子进行刻苦练习，参加工作后能够耐得住性子不愠不火地成长，但是你说这两种人谁更有可能取得大成功呢？

在《格局》这本书里的一段话很好地诠释了什么是“大格局”——不管是侮辱、批评、攻击，或是得失、成败，对一个心胸“开阔”、有“大器量”的人来说，他的内心就像一个大湖，你丢进去一根火把，它很快就会熄灭；你丢进去一包盐，它很快就会被稀释。反过来，如果你把一大把盐倒入一杯水中，这杯水还能下咽吗？为什么有些人遇到一点小问题、小困难就那么容易生气、挫败、难以消受？没错，是因为格局太小。所谓的大格局，就是得之不喜，失之不忧。

格局小的人，会无限地放大委屈，自怨自艾；格局大的人，会把委屈当作人生的必修课，负重前行。如此，我们现在正承受的，痛苦也好，贫穷也罢，都不是什么大事。

有人说，“人要认命”，当然这个认命不是信命，而是指尽人事听天命。总结下来就是，我们要勇于承认自己的无知，勇于承认自己在很多事情上的无能。稍微复杂的事情都有很多维度，以我们大多数人的能力和精力而言，有时候只能搞明白其中的几个维度而已。因此在做事时只要“尽人事，听天命”就好了，问心无愧才是我们稳得的报酬。因为不确定性是我们这个世界固有的特征，世上有很多我们自己甚至整个人类都无法控制的力量，承认自己的无知，知道自己能力的边界在哪里，才知道应该如何去拓展自己的边界。

为什么最后一节突然从谈学习转到谈格局呢？我们应该对成绩比较好的学生说：“要注意你的格局发展，它会约束你未来的空间！”我们更应该对成绩不理想的学生说：“人生是一场马拉松，你不要因为眼前的落后而妄自菲薄，只要你有格局、有视野、有方向、有努力，迟早会成功，而且早成功和晚成功都是成功！”

人活着，要看得长远一点，一定要从当下的生活中抽离出来，以更大的格局俯视生活。

曾经看过这么几句话：开路虎的人都在努力换宾利，开QQ的总在拼命想省油；有信用卡的人想多办理几张，没有信用卡的人总以为还不起；买了房子的人总想再买几套，没买房子的人总想房价会降；业绩好的员工总想再突破，没业绩的员工总想怎么混。

我们可以说上面的四句话是想法不同，高度不同，境界不同，但说到底，其实就是格局不同。

第 3 篇

从一线教师到学校管理者

第1章　年级主任成长记

很长一段时间，我都没有想明白为什么会走到今天的管理岗位，感觉自己是稀里糊涂走过来的。时至今日，才或多或少为自己走上管理岗位找到了一些理由，之所以走上管理岗位，并不是因为收入高、待遇好，或者只是想“当官”，或许是因为个人的成长将自己带到了管理者的位置。

一路走来，遇到的所有的事，碰到的所有的人，似乎都是在帮助自己查找问题、反省自身，从而得到更多的成长。在管理岗位上也是如此，感觉最大的收获也是个人的成长。

在管理中，会遇到很多的人和事，遇到形形色色的“好人”和“坏人”，遇到各种各样的突发事件和难题，需要去面对和解决，这些都会帮助自身成长，因此参与管理可以让人得到更好的成长。

当然，关于个人的成长，有的人成长得快，有的人成长得慢，这里面有资质的原因，更多的则是源于经历和体验的差异。从班主任到年级主任，我经历了9年，原来感觉年级主任只是将自己的班级管理理念放大到18个班就可以了，后来发现自己错得离谱，根本不懂什么是系统管理；从年级主任到副校长，我经历了7年，原来感觉作为分管校长只要将自己的招式教给中层干部就可以了，后来才发现自己错得更离谱，根本不懂什么是团队建设。

关于年级管理的这些内容，可以用“年级主任成长记”来概括，因为里面记录了担任年级主任的酸甜苦辣，也可以用“管理进阶”来概括，因为里面总结了年级管理者的进阶之路。

第1节　临危受命

在复习学校开开心心教了3年复习班，担任了2年所谓的级部主任（一年有5个复习班，一年只有3个复习班），除了写出一本关于化学课堂教学的《九阴真经》，感觉其他方面收获并不大。2012年暑假，校长喊我回去面谈，心中不免有些忐忑，因为感觉不像是什么好消息。最终的谈话印证了我的预感是正确的——让我回本校接力2011级高二级部主任。说实话，我犹豫了，原因有二：一是我的身体不是那种“超级赛亚人”的类型，而谁都知道级部主任的工作强度，我担心自己挺不下来；二是在复习学校干得比较洒脱，没有那么多的限制，比较随我的性格。

我小心翼翼地尝试着沟通（这位新校长脾气很厉害，前面有一次交流已经挨了一顿了），刚说了一句：“校长，我不大想回来。”“你想去哪儿就去哪儿？这个你说了算？……”“中，我回来，我回来！”路上想了一肚子的理由连同酝酿了一个星期的勇气全都在那一瞬间消失得干干净净！

为什么说是“临危受命”？原因也有两个：一是一位老领导因工作调动要离开了，二是这个级部的成绩确实不够好——一本基数86，高一整整一年四次考试勉强考出基数，而工作调动的那位老领导把我推荐给了当时并不太了解我的校长。

这当然不会是一件好差事，而且中途接力本来就是一个挑战，既然接了，那就上吧！

“知己知彼，百战不殆”，我分析了一下现状。

（1）面临形势评价

这级学生不能输，这是校长来二中后的第一批学生，我压力大，他压力更大。既然学校信任我，让我中途接班，无论如何我就不能辜负这份信任。

（2）个人方面

劣势：太年轻，资力不够，中途接班不熟悉师生，人际沟通能力欠缺，个人管理能力不足，3 年没回老校很多方面是两眼一抹黑。

优势：年轻，哈哈，没了！

（3）级部层面

劣势：学生管理太差，尤其是午晚休纪律和自习纪律怎一个乱字了得，个别班主任管理短板非常明显，学生学习规范不够，士气不高。

优势：基数小，船小好调头；基础差，但是已经差到不能再差了。

分析完了还叨叨些什么呢，下手吧！

第 2 节　先将管理踩在脚下

新的工作怎么干？心里确实没有底，因为级部主任确实不好干。

越来越感觉到级部主任要有思想、有方向，跟在分管校长后面的落实并不是工作的全部。当好级部主任，最重要的是要有一种融入感和带入感，不仅仅是看到和听到，无论好的还是不好的，要能够随时随地感知一切，能及时将级部、班级、教研组、教师、学生现在最需要、最应该做的是什么反映在脑海中。只有把自己完全融入和带入，才能将节点把握准确，然后立即给予反馈或者实施！

上面这段是我关于级部管理的一个反思，有些人看了可能会深有体会，但是以我当年的水平是绝对不可能达到这个层次的，我当时采用的是复制粘贴模式。——怎么着咱也是校级优秀班主任，也曾经多次取得过自我感觉良好的高考成绩。既然如此，只要把我自己的带班理念、模式、标准放大18倍不就可以了吗？

因此当年我的工作模式简单而又粗暴：

第一步：根据我的经验和观察制订下周工作。（这点我觉得自己还算有点心得。）

第二步：召开班主任会进行布置和落实。（哎哎哎，各位，我要干什么了。）

第三步：给我落实！我要查！我要标准！我要反馈！我要成绩！

因为标准太高，所以觉得可能没有几个班级达到我的标准，达不到标准就要培训班主任和班干部，要培训最好的方式就是现场办公，因此要多转多看！要多转多看就要走动式管理，所以就有了我的日行三万步。早晚自习我基本不会在办公室，就是不停地转，转，转！可是让我难过的是我刚刚维持下来的一个班级还没等我走出去5米就又开始闹腾了……（现在想来，当时是真的不会干级部主任，无形中将自己当成18个班的班主任了，不累死才怪。）

我的脚不到一周就磨出了血泡。没办法，用针挑破了然后用卫生纸缠起来再套上袜子和鞋子，龇牙咧嘴，一瘸一拐地继续走，再起血泡再挑破。七八年后的今天我才注意到当年常常出血泡的地方已经有了一层厚厚的老茧。但就是这样没有任何技巧的走动式管理硬生生地把自习纪律提高了上去，还顺便培养了一批得力的班长。（后来我才体会到其实最好的管理就是培养人，自己当时只不过稀里糊涂地就走对了路而已，不仅自己经常去走动，更在走动的同时培养了班长。）

除了自习纪律还有午晚休纪律，班主任午晚休检查打卡离开之后，宿舍就成了学生欢乐的海洋，表面上风平浪静，背后暗流涌动。我继续祭出了杀手锏——走！每天晚上 11 点左右我会风雨无阻地检查晚休，主要目标直指那几个管理薄弱班级的宿舍，现在想来自己当时确实对学生有点过分了，那个时候经常会有如下的画面：

时间：晚上 11:30 左右。

地点：高三楼后东侧胡同口。

地点特点：空旷（小风刮得比较潇洒）。

气温：零下好几度，风还是比较厉害的，具体现在我也说不清楚到底冷不冷（至今还暗自得意中）。

人物：全副武装的我，还有五六个偷着玩手机、抽烟、大声喧哗的男生。（嗯，应该都穿着衣服，但可能穿的都不太多，心眼多的同学穿得还可以，但是共同之处就是因为刚从被窝里出来所以都赤脚穿着凉拖鞋。）

情景：我坐在台阶上，一群瑟瑟发抖的学生东摇西晃（让风吹得）、咬牙切齿（冻得）地听着我给他们谈人生、谈理想、谈未来，谈我的教育梦。呃，一般半个小时以上才有可能考虑是否谈论下一个话题（具体话题是否需要转换主要看小风的力度）。

收效：学生们的态度非常谦卑，意志非常坚定，保证非常到位，“老师，只要是你干级部主任，毕业前我再也不会给你添乱了！我说到做到，不然你把我开回家或者别让我住宿了，再违纪我坚决申请回家住！”

最终效果：很难找到能够陪着我一起吹吹风，一起谈人生、谈理想、谈未来的人了。

最最终效果：往年带毕业班到城区参加高考的时候，学校每晚都会安排带队老师午晚休值班，比如晚上从9点入寝一直到第二天6点起床都要值班，每两个小时安排一批值班老师，又闷又热的天气值班到那么晚，怎一个辛苦了得！而这一级在城区住宿的那几天，我悄悄授意值班老师，学生躺下了老师就撤，不必值班，放心休息！结果如何呢？外校的一位领导给予了评价——你们学生的午晚休纪律真好！我途经了几次，竟然一点声音都没有！

就这样，我将自己担任班主任感觉比较有用的招式一一推了出来——课间静班、班级日志、等待背诵、每日一问、教师抽测……

现在想来，其实那个阶段就是在练本事、长本领。因为在推动每一件事的时候我发现自己每天都会做一些思考、收获、成长。比如对晨读（早上7:05–7:50）的管理效率提升的改进。刚开始采用走动管理，我走动的频率是这样的：正课每节都要走一次，看一看课前准备和师生投入；晚自习每节走两次，因为刚开始入静和临下课时容易出问题；早读是从头走到底，因为早读和晚自习不同——早读任务不够具体化、可视化，背诵任务老师检查会有难度。后来我也有了自己的一些思考：自习任务如何具体化？教师应该什么时间到位辅导？距离下课还有 10 分钟时是否可以安排站立背诵来克服打盹和走神？下课前 5 分钟是否可以安排学生自查和组长检查背诵情况？是否可以安排教师到教室抽查背诵情况……

就这样，在一周里我只思考如何提升晨读效率，尽量在不增加老师工作量的前提下挖掘学生的无限潜能，每天都思考一点儿，每天都进步一点儿。到了下一周我可能就只研究课前准备，然后再一周就只研究学生周末讲义整理，就这样一个阶段提升一个环节，慢慢地提高了自己的管理能力，最终实现年级管理的全过程最优化。其实，基础年级的重心就是管理，管理的目的是服务教学，没有管理什么都不必谈！因此一种观点很重要，无论是教师管理还是学生管理都是先管住再教育！

第 3 节　三次流泪

好男儿流血流汗不流泪，但是接力年级管理不到半年，我就流了三次泪，现在想来确实很丢人，而这三次流泪也真得能够体现出来当级部主任的不易。

第一次流泪：拼命。

终生难忘的一夜，2013 年 7 月 10 日晚。

天气：38 摄氏度的高温加桑拿天。

地点：平房宿舍。

明天就要放暑假了，晚自习召开了班主任会，逐一落实了学生的安全、家访、学习等问题后，强调了晚休纪律的严峻性，要求不能出任何问题。末了来了一句，“今天班主任都很辛苦，今晚我一人值班！”后来证明这确实是个又一次没经过大脑的承诺。

上一次没经过大脑的承诺让我差点自废武功。那次还是2008年秋天，我担任2006级6班实验班班主任。学生中午1:50教室到位迟到现象严重，思想引导工作做了，批评教育也实施了，舍长提醒制也落实了，但用考核评价来对付高三的老油条们基本不管用了，几番折腾下来星星还是那颗星星，月亮还是那个月亮——不管用！于是一冲动，说了一句事后证明当时的我脑子确实进了水的话——“同学们，从今天开始，到来年高考，每天中午1:45，我准时到教室门口等着你们，风雨无阻！”迟到问题确实解决了，但是带来的后果可想而知。在经过神兽们初期的幸灾乐祸之后，有的同学看到我每天哈欠连天的惨样，一脸坏笑可能也怀点好意地劝说我放弃吧，他们确定不会计较并取笑我。但是我每次都会心里默念一万遍“我是傻帽”后大义凛然地说：“这有什么，我是金刚葫芦娃！”自那年经历九九八十一难完成了自己的承诺之后，我很少再承诺什么，因为确实不敢了！“话没说出去，它是你的奴隶，一旦说出去，你就是它的奴隶”这句话说的确实太有道理了。

时间已经凌晨一点了，天气是那种我最讨厌的潮湿闷热，昏暗的路灯照出了我孤独的身影，衣服被汗水浸湿了，紧紧地贴在了身上，双腿如同灌了铅一样失去了知觉。我拖着腿走过一个又一个门口，感受着每个房间里蠢蠢欲动、精力充沛的精灵们。不怪他们，20世纪50年代的平房，38摄氏度的高温早已经把他们烤得外焦里嫩，宿舍里没空调、没风扇，被子估计都会是一种烧烤味。明天又是暑假的开始，高三前最后一个暑假是那么让人期待、让人兴奋，他们怎么能睡得着呢？（正想说话，级部主任的身影如幽灵般在窗口出现，刚升起的出去洗刷冲凉的冲动，在级部主任那种标志性的轻声咳嗽声中又给活生生地吓了回去，唉，我们也是一夜难眠啊！——毕业时学生们说）

凌晨两点、三点，我感觉自己确实已经不行了——喘不动气，迈不动腿，心脏隐隐作痛。心里莫名的委屈想大声喊出来却被硬生生地闷住，眼泪突然就失控般地涌了出来。

天微微亮了，已经是早上四点半了，我拖着沉重的身体回到级部办公室，一头就扎进了沙发里。心里在喊，现在你们可劲儿地闹吧，爱怎么折腾我都不管了！

一句话概括：级部主任真的不容易！

第二次流泪，是亲情。

为了能够将级部带入正轨，基本全天候无休息。爱人和儿子在城区，我在农村学校，每隔两周大休时回一次城区看看孩子。现在想来，我在家庭中的付出确实太少了，有时孩子太想爸爸了，电话解决不了相思之苦，就利用不大休的周末来学校“探探监”。

有一年寒冬腊月的一个周六，寒风刺骨，那天中午天气稍暖的时候，我的爱人和孩子花了一个多小时乘公交车来看望我。在级部办公室里，孩子就坐在我办公桌的对面，可是没等说几句话，我就拉开办公室门冲了出去，因为听说一个班级的纪律乱了套。维持下来之后，刚想和孩子下一盘棋，又一个电话打进来，说德育办公室的领导抓住了我们级部两个抽烟的学生。处理完那两个小子之后，我问了问孩子最近学习如何，孩子意兴阑珊地回答了一句：“还行吧，老爸……”。马上，我要去上课了，上完课之后再回到办公室，孩子已经不在办公室了。走了？我赶紧向学校大门口跑，想追上孩子，哪怕再看一眼，再抱一下，再用脸贴一贴他的小脸蛋也好。而我却远远地望见了他们娘俩已经登上了返程的公交车，看看在车上冻得瑟瑟发抖的两个人，我的眼睛游离到不到 10 米处我的小轿车上，心里猛地有了想把他们娘俩送回市区的冲动。你们就乱吧，我要送孩子回家，不能冻着孩子！可是刚迈出去脚步，我又停下了，没有其他原因，就是觉得好像这个级部现在哪怕我离开一小会儿都会分崩离析。公交车启动了，我就定住了，直至再也看不到汽车的尾灯后许久，我依然伫立在那里发呆。

我猛地“咯噔，咯噔”向办公室走去，但是走到办公室门口后又突然扭头离开，没目的地走到了高三楼后的小操场。那里的风最大，那里的天最冷，那里也没有人，所以我可以在那里尽情地流泪，也可以大声地呐喊。眼泪唰唰地流，这次我没有去控制，因为没人会看得到，我想让它尽情流下。“啊！”我声嘶力竭地喊了出来，风把我的声音卷得干干净净。

一句话概括，对家庭，我亏欠得太多太多！

第三次流泪，是误解。

每两周一次的大休，对我来说就是补觉回魂的时间。一般是上午 10 点多回家，然后一个通透的热水澡，跑到书房，关门，关手机，睡大觉至自然醒，真是美啊！

然而，那次大休，我刚洗完头，手机响了，校办打来的。干过级部主任的人都知道最害怕的就是假期中接到校办的电话，因为这个时候打来电话一般没有什么好消息。果不其然，被学生举报了：级部的分管校长在管理学生时上了情绪，因为学生不服从管理而且骂人，他担心会影响老师们的正常办公，就轻轻地把他推到了办公室门口。结果这个学生举报这位分管校长的同时顺便将我举报了，原因是级部安排课程时没有严格按照省规要求。唉……我抹了抹身上的水，头也没擦就开车去了学校。我忘不了的是，那应该是一个很冷的冬天，因为我的头发还滴着水，准确来说，还结着冰！

送走了来调研的上级领导，时间已经是下午了。心里已经不再是委屈而是难过！我为这个级部付出了那么多，把所有的精力都放在了工作上，只是为了你们能够迎头赶上，有一个好前程，你们竟然还恶意举报我，这个活儿干得还有什么劲儿，不伺候你们了，我不干了！

我快步跑到洗手间，用冰冷的水洗了洗脸，其实不是洗脸而是偷偷洗掉委屈的泪水！

“校长，我不干了！”

“为什么？”

“我觉得为了这样的学生付出不值得！”

“等明天全体学生返校你看看他们之后再做决定，别因为一个学生而去抹杀了全体学生！”

结果可想而知，第二天当看到一张张像花儿一样冲着我的笑脸时，我瞬间投降了，嗯，可能我上辈子欠你们的吧！

一句话概括，作为一名教师，我想自己会接受所有的你们和你们的所有吧！

第 4 节　找到方向

班级管理拿下了，下一步就是教研组管理。事实上，做级部主任的前两个月对于教研组的建设几乎是空白的。个人的能力和精力毕竟是有限的，而我几乎把所有的力量都用在了班级管理上。有一天在餐厅打饭时听到了一组对话，让我感受到了级部教研组建设工作确实亟须开展了。

“听说你们的级部主任挺能干？”校长问一位青年教师。

“我们主任忙啊，从来不管我们的，他当着两个班的班主任，教着三个班的化学课，还担任着级部主任，哪儿有空啊！”一位青年政治教师这样说。

“呃！”校长说。

我很尴尬，简直无地自容。

怎么进行教研组建设呢？当时的我只能算是一个合格的班主任，对于教研组建设我确实有些束手无策，教研组缺少有效和可持续的抓手。可后来转念一想，只要搞清楚教师最痛苦的是什么，学生最难过的是什么不就行了嘛！

想到了后就马上行动，调研干部，调研老师，调研学生，最终得出了结论，老师说得最多也是最痛苦的一句话是：“这个题我昨天才讲的你今天又错了！”

怎么才能将这个问题解决掉呢？

为什么老师不会错？仅仅是因为老师太熟练了吗？为什么老师做题基本都可以做到举一反三？为什么对老师来说改变条件、改变情景都影响不大？——是因为老师会讲这个题！

于是我就把老师的那句口头语进行了简化。“这个题我昨天才讲的你今天又错了”中我依次摘取字眼变成了“这个题我讲的你错了！”也就是说，老师讲学生错很应该啊，老师讲所以老师不错，如果学生讲就学生不会错啊！道理是不是这样呢？

会讲题意味着学生需要达到什么层次？学生需要表达清晰、

思维规范、逻辑严密！另外，在讲台上讲还需要强大的心理素质，这个讲题活动对学生们的成长而言实在是太棒啦！

每当老师下课前都要说一句："同学们，本节课我重点讲了*个题目，下节课我将让几位同学到讲台上来讲这几道题！"

学生下课后是这样转变的：

原来对同学说："你快给我讲讲，我不明白。"（他听了后其实还是不明白，似懂非懂而已。）

现在对同学说："你听听我讲讲这个题对不对，估计下节课老师会让我讲，天哪，我看到她今天上课瞅了我好几眼，关键是下课临走的时候又看了我一眼。"

原来对老师说："老师，您刚才讲的题目我没听明白！"（我最讨厌的就是刚下课，一会儿就有一个学生说，老师您再给我从头讲一遍吧……）

现在学生则会对老师说："老师，您听听我对这个题的看法对不对。"

其实，这样的落实才是最好的落实，老师们可能还会有意外收获。因为你会发现学生讲A知识的时候会用到B、C、D……知识，这些知识竟然也有错误，老师自然不会放过这些纠正学生的机会。

那么，怎么落实下去这条措施，让老师欣然接受呢？

要想让别人弯下腰，脚底下就要有足够多的诱惑。因此我要做的就是要让老师感到足够多的诱惑。

基本思路是这样的：我先带头，用我的成绩证明实效，然后带领化学组进行转变，再用化学组的成绩来证明，然后推广到各个教研组，同时提出要求，凡是不落实课前讲题的教师除了进行通报之外，还要量化到每月的教师常规考核，这会影响教师的年度岗位目标成绩和评优晋级。当然每个教研组也推介了几个典型，就这样，用这种前拉后推的方式落实了课前讲题这项工作。

课前讲题还有一些收效是隐性的，也是我最开始没思考到的。

第一：学生愿意给他人讲题了，不再认为给其他人解决问题是耽误自己的时间了。

第二：全体学生的学习积极性也因为这部分同学的课前讲题被引爆了。

第三：学生的讲解会让老师反思自己课堂教学的薄弱点，备课更有针对性，而且将学生讲题融入课堂始终。

第四：老师的工作节奏被无形中带动起来了，这个带动是不得了的。一位老师曾笑着跟我抱怨："主任，我们下课连上厕所的时间都没有了，都要跑着去！"

第五：真正做到班主任和任课老师共同聚焦边缘生了……

10年后的今天，我回过头去看当初，真的不知不觉地就抓住了教学的"牛鼻子"。现在很多先进的教学策略都在说学生讲课的重要性，包括最近频繁出现的"费曼学习法"，10年前我并不知道什么是"费曼学习法"，但其实都是同一个方向和思路。教育规律并不仅仅专属于那些高大上的人，只要我们用心，我们都会在相同的节点捕捉到相同的规律，我们做的可能并不比他们差！

当然，我当时并没有什么成熟的管理模式来管理教研组，但是无意中将教育教学中最核心的"落实"抓在了手中，也为后面的成功做了很好的铺垫。

第5节 勇于改变

前面说过有一个学生举报过我，说级部课程安排不符合省规要求。这个我很自信，因为我们当时的课程是真真正正按要求开设的，不过在课程安排上确实很大胆。

为什么会大胆？因为这个级部当时的成绩太惨了，领导交给我们的基本任务都完不成。我当时觉得完成任务实在太简单了，因为成绩已经是不能再差了，怎么折腾也只能进步不能后退，所以当时的我有点有恃无恐。

排课，一天只排7节课，文科班每周的理化生各2节课一直正常开课，理科班的政史地各2节课一直正常开课，当然体育、美术、音乐、通用技术、信息技术、安全教育……我们一节不少都开。相比而言，很多学校几乎将能砍掉的“无用”课统统都砍掉，一天8节开课，比如化学我们一周4节课，别人一周6节课。

还有更大胆的自习安排，现在打死我也不敢这样做了：每天晚上从8点半到10点一个半小时的完善时间！谁敢？咱就敢！因为这个级部语文、英语成绩都非常不错，所以我才如此有恃无恐。

随着时间推移，数学和物理的优势越来越明显，因为每天一个半小时的完善理科生一般是冲着这两科去的。物理好理科综合就好，数学好一本就有保证，我越来越有自信！

在管理中，无论什么举措都会带来双面性的作用，有利必然有弊。这样的课时安排带来的副作用是文科成绩滑坡了，因为文科学生整体成绩比较薄弱，学习规范性差，学习习惯不好，给他们那么多完善时间是浪费了。一看风头不对，我立即对文科进行了调整，减少了完善时间，增加了数学自习时间。文科得数学者得天下！一段时候后，文科成绩也“噌，噌，噌”上去了！

现在回想起来，也就因为有了高二的合理课程，才建立了高三的学科优势；有了高二的轻松课程，学生才顶得住高三的疯狂冲刺；有了高二自我支配时间的大幅增多，学生才拥有了自我管理时间和学习的能力。其实，这才是高二应该有的样子。

做事和做人，很多的时候我们都是怕输了现在从而输了明天。其实，做人和做事都不能短视，格局很重要，策略也很重要，关键是要顶得住外界的质疑和压力，忍受现在的平淡，熬得当下的苦难，才会成功。

第 6 节　十八金刚——最好的班主任

2011 级高三年级一共有 18 个班，1 ~ 6 班为文科班，7 ~ 18 班为理科班。18 个班，每个班都是响当当的，每个班主任也都是响当当的。那一届的成功就在于拥有一个优秀的班主任团队，我称之为“十八金刚”。现在来看，再也难找出那样一批优秀的班主任了。本来想一一介绍这 18 位班主任，但是发现一写就可能刹不住车，因此就挑选了几位班主任作为代表，同时希望能够给出一些思考，与不同性格、不同类别的班主任相处，怎么协调搭配班级和班主任方面能有所感悟。

一班刚哥：这是一位融入式的班主任。他的特点是心细如发，能够察觉到班级的任何风吹草动，能够及时给予级部恰当的建议。

我办公室经常有如下场景：这位班主任坐在我的办公室，一边敲重点一边“数落”我近期的工作。

一个级部要想健康发展，就要想法设法培养几位这样的班主任：他们对工作具有深度的融入性，具有灵敏的感受力，同时还能知无不言地和你交流和沟通，不要惧怕这些人的无情批判，因为他们会让你和级部成长很多，会提醒你在恰当的时间干恰当的事。

二班亮哥：亮哥一看就是位数学老师。我发现了一个有趣的现象，就是很多学科的老师都会因为学科教学而有他们的学科特质，我觉得学科素养多年前其实就已经在老师身上落地了。语文老师的海纳百川和中庸之道，数学老师的严肃和严谨，英语老师的个性和潮流（英语老师几乎是每个学校美和时髦的形象代言人），物理老师的大气和不拘小节，化学老师的规范呆板和追求细节，生物老师的认真规范和进取上进……

这位亮哥姓范不姓凡，总是善于培养高水平选手，因为他总有足够的耐心。级部在分配班主任的时候要考虑哪个班级有年级特别拔尖的学生，要结合这个学生的性格和学习特点分配班主任，以免出现相爱相杀的现象。二班的种子选手杜婷是级部最高分，属于有个性、有张力、数学相对薄弱的一名学生，这个需要一位包容性好、会慢慢磨而且数学学科班主任，范老师自然胜出。当时也想到高考时杜婷能够考好，但是没想到考得那么好——全市文科状元！

三班“小菜菜”：学生嘴里的“小菜菜”——喜怒无常又“细”字当头的一位班主任。自然而然，男生纪律一团糟、女生内讧事事多的班就只能他上了！要的就是用这种“喜怒无常”来震慑这个班的男生，用“细”字当头和耐心来处理一起又一起的女生乱象。

让我最震撼的是备战一模前20天左右的一个晚上，我发现“小菜菜”将班里所有的女生（40多名，文科班啊！）都带到了四楼的实验室，然后就炸开了锅，里面的热闹程度可想而知，嗯，那个情形让我突然就想起了“华山论剑”时各大门派之间的厮杀，真的杀红了眼啊！而咱这位班主任就坐在中间的位置，喝着茶水，那场面，就差摇一个芭蕉扇了！

屋内杀气太盛，我都没敢进去，悄悄地发了一个信息过去：“怎么了？这是干什么呢？”那位“诸葛亮”秒回了一个信息——“今晚我要破毒，不破不立的一个晚上，准备一次性彻底解决战斗！”——嗯，看来人家受够了小打小闹了，准备来个猛的，搞个会战什么的。的确挺猛，这场会战从晚上6点一直持续到深夜11点半，据说结束的时候这帮子大灰狼女生们合唱了一首《同桌》（将后面宿舍楼的几个房间给半夜唱亮了灯），然后“美羊羊”们小手拉着小手回了宿舍，从此过上了幸福的生活。——不服不行！他用耐心征服了这个班级。

后来，这个班高考成绩从文科班最后一名考到了第二名，仅次于一班。

七班（理科班）“教授”：外号“教授”的七班班主任是真真正正搞教学的，非常有个性。不善言谈，一谈必雷人。他的数学教学确实有一套，不然哪里能对得起师生共同赞誉的“张教授”称号？并不是那种班级管理特别出彩的班主任，但为人正气，工作勤奋，因此刚上高三时这位班主任我是肯定要留下的。没有让他担任原来班级的班主任，因为那个班里淘气的孩子太多了，发挥不出“教授”特色。给他哪个班级合适呢？高二时我担任了两个班级的班主任，一个是九班（亲生的，原来我自己的班，一多半的孩子是分班时调进来的，属于比较淘气不放心的类型，因此想找一位严格的班主任）。一个是十班（临时领养的，原计划要来的班主任因工作调动未到我校，我临时受命担任该班的班主任，孩子们比较规范），给他九班还是十班好呢？经过高二一年的发展来看：九班成绩相对薄弱一点儿，但是有尖子生，一本上线基本在 15 人左右，无明显弱科，能闹腾的孩子基本上都已经被拿下了；十班的成绩非常突出，但是没有尖子生，一本边缘生梯度很好，但是数学为明显薄弱学科，班级管理绝对五星级，班干部队伍培养得很强悍。反复思量，我把十班送了出去。

我要赌一把，赌大的，这个班级不需要优秀的班级管理者，却需要一位很优秀且很勤奋的数学教师。交接时，我是这样说的："这个班，你只要把数学教好了，就成了！"当时的我是顶着压力的。因为有的领导和老师对此提出了质疑，但是难能可贵的是学校领导并没有介入高三班主任的聘任，这就是对我最大的信任。当然，"张教授"也真对得起这份信任和称呼，这个班的数学成绩和班级成绩一直处于上升态势。

每个班级都要配备适合的班主任，那么，"适合的班主任"和"好的班主任"之间划等号吗？到底什么才是"好的班主任"呢？好和不好的标准又是什么？在我看来，适合的才是最好的，对吗？

高考赴考出发的时候，我把七班安排在第一辆大巴车上，No.1，这个是必须的，而且明确要求其他车辆的司机，任何车辆途中都不得超越七班的大巴车！（这不是什么封建迷信，而是在我心里七班就是第一名），高考成绩出来了，七班大获全胜，绝对的年级第一名！意料之中，这点自始至终我就没担心过！

八班分管副校长：这是一个让我欢喜让我忧的班级，这是一个让我想管又没法管的班级，因为这个班级的班主任是分管校长。可能担任年级主任最头痛的事就是管理分管校长的班级。管轻了不管用，如同有的老师的评价，校长班里的学生个个像校长；管重了你要考虑一下分管校长的面子，开会的时候表扬还行，批评怎么说？工作落实带头还行，不带头怎么处理？是通报还是……你懂的！

在这个班级，高二的时候我经历了很多：问题学生训斥——班级整体训斥——找班主任不在的时间开个临时班会（“动之以情，晓之以理”类型的）——召开班干部会（培训班干部）——（有一次我气急败坏地把该班班长的凳子给踢倒了，后来这位班长偷偷地告诉我，凳子腿断了……）——最终的解决办法可能是任何人都想不到的！这也是我由衷地钦佩这位老领导的原因。作为副校长，整个高三一年都没有独立的办公室（人家不要），需要集体备课的时候就在数学办公室，不需要集体备课的时候就在这个班级的教室后面安心地备课、批改作业或试卷、读书，就这样陪伴着学生的转变和最终的成功。

高三，有的时候并不需要你有那么多的好点子和妙方法，无论是哪个层面，需要的都是沉稳和付出。高三最需要的是那种润物细无声的陪伴，少一点口号和呐喊，多一点沉淀和积累，陪伴和关心才是高三的主旋律。

这位老领导有很多的优点值得我学习，后面我还会再说，但是在班级管理方面我最钦佩的就是这种无声的陪伴和永不言败的态度。

这是我见过的最经典的永不言败最终逆袭的班级。由于高二时班级管理确实不好，基础年级管理上不去成绩肯定没法保证，所以成绩很惨！到了高三时，每次开班主任会，分管校长都会提出我们八班要永争前八（12 个理科班），当然一次次的都是惨败，还是倒数第一。但是一个拥有强大内心的班主任自然会有一个内心强大的班级，刚开始看到的只是班主任的陪伴，后来发现这个班级所有的教师课上课下都待在这个班级里不出来了，然后很明显的三操质量和课堂自习纪律也都提上来了，后来发现这个班学生的脸上开始洋溢着自信的笑容，这个班开始给人一种阳光的感觉了——越来越正气！感觉出来了！这个班级整个高三就考好了一次，而且是最重要的高考，成功杀入前六名，这种逆袭与奇迹的创造到底来自哪里呢？

第 7 节　奇迹还可以从哪里来呢？

这一节的故事我想先从两个例子开始讲起，一个与学生有关，一个与班级有关。或许我们就会找到那些逆袭的班级和个人成功的原因，了解一下除了陪伴和坚持，成功的背后到底还有什么。

先讲一个学生的故事。2014 级高一学生报到，编班的时候，有一个朋友找我，让我安排一个学生（初中时常年身体不好，需要特别关注）进我的班级——十四班，名字是杜晓瑜。我一看成绩很不错，在七班是第八名，于是我就用十四班的第八名换来了这位七班的杜晓瑜同学。但是级部干事在最后编辑班级学生库的时候不小心将这个班一个重名的 33 号杜晓瑜给编到我的班里了，也就是说我用了一个 8 号选手换来了一个 33 号选手，而我竟然还不知道。

其实早有预兆的，只是我当时没有在意。第一个预兆是这个学生报到的那一天，她很吃惊地问我：“老师，你确定我是班级第八名？”我用坚定的目光望着她，并坚定地点了点头。第二个预兆是开学第一周我让她到黑板默写化学方程式，我被气得“七窍生烟”，因为默写了10个方程式，竟然错了5对！我当时第一直觉是完了，这个8号肯定是个水货——自认倒霉了！后来上学期期中考试之后我才发现原来自己调错了人，但是我没敢和这个孩子说。当然，我觉得说不说主要取决于这个孩子的抗压能力如何。这个女孩属于要强、坚毅的那种类型，应该能够挺得住，所以这件事情我就没有和任何人说，包括这个班级的所有任课老师。

这个女孩也的确不简单，自始至终都认为自己就是班级前八名的学生，成绩差只不过是不适应高中的快节奏（我给的解释），咬着牙，从33号开始拼搏和逆袭，从来没有看到过气馁，有的只是坚持到底的信念，低头就是拼！拼！拼！让人惊讶的是，一年下来，她的成绩就是稳稳当当的前十名。

为什么会这样？其实这就是信念的力量。当然我承认自己是在冒险，如果这个孩子的性格和品质承担不了这份压力和磨炼的话，这个孩子就可能被压垮，但是最后我赢了。

接下来说班级。2017级6班，班级40人，级部给的高考一本上线目标是12人，但是我当时定的是一本上线20人，而且从高二一分班就毫不犹豫地喊出了这个目标。这个口号喊了一年，这个班级和其他班级相比出现了什么现象呢？这个班级有30个人在一年当中的4次考试中曾进过一本线，而其他班级学生早已经定型了，只有比较固定的那10几个人，很多学生早已远远落后于一本线了。写这本书的时候这个班级一本上线已经达到18人了。为什么会这样呢？道理很简单，你喊10个，可能只能带动15个一本（1.5倍非常合适），而你喊20个，班级前30名的学生都还是会梦想着能够考到一本的，因为你的目标踮起脚就够得着。因为心中一直有梦想，一直会有动力，所以才会有最终的奇迹。

从学生和班级的事例中我们可以印证一个结论：无论是个体还是集体，成功的背后除了陪伴和坚持，还有信念和梦想！

第 8 节　再烧一把恰到好处的火

好的级部管理是什么样子的？可能每个人的标准都不同。个人觉得好的级部管理并不是所谓的大框架式的制度管理、文化管理、分布式管理等，最重要的是级部工作的融入感和代入感。有了融入感和代入感，还要讲一个“度”，我们的生活和工作其实也都是在追寻一个“度”，世界上最难的事情不是寻找方向，而是把握“度”。

我至今还记得 2011 级的高三，感觉整个高三把握好了“度”，恰到好处地烧好了每一把火，才有了最后的成功。那么，我们做了什么呢？

第一，倡导跑起来、动起来，要节奏，要感觉，要状态。

我们在操场西侧划了一条高三成功起跑线，过了此线就进入高三区域，要跑起来，学生无论干什么都是跑着的。教师也在高负荷运转，下课连上厕所都是小跑的。整个高三一年，每天下午 1:45，我都风雨无阻地在楼门前迎接跑步而来的学生。

我们做了两个巨型条幅。一个悬挂在高三教学楼，上面写着“再也没有如此值得拼搏的岁月！”一个悬挂在操场东侧，上面写着“今年高三，让我们一起快乐奔跑，快乐学习！”

对每个环节逐一做了精细化要求，如课前准备。课前站立背诵：课前学生站立背诵，他们精神抖擞、斗志昂扬，用站立背诵来迎接上课的老师；课前等待检查：学科边缘生课前要在教室门口等待老师的专项检查，要么背诵，要么给老师讲题，检查合格后再进教室……

高考之前，时间越来越紧，节奏越来越快，直至最后都有点绷不住了，感觉到了极限。幸好，高二时他们积蓄了足够的力量可以应对高三的极限；幸好，高考是在 6 月，而不是在 7 月，在那个强度下很难再坚持一个月。

第二，重点关注了两个团队的建设。

第一个重点关注的是特优生团队。高三建立了文科 6 人、理科 12 人的特优生团队，开辟专用教室，配备名师上课，提供各种学习资源，做好特需服务，明确责任担当。第二个重点关注的是特困生团队，每周一次座谈会，地点在级部办公室，谈方向，谈困惑，谈就业，谈未来，谈需要，我经常跑到图书馆借阅他们需要的图书，他们有想当调酒师的，有想开饮品店的，有想开汽车保养店的……我就和他们一起聊这份工作可能会面对什么问题，现在需要做哪些铺垫性工作。这些孩子，只要真诚对待他们，他们的回报会让你感到惊讶。比如一个男孩说："老师，你放心，只要有我在，我保证这个级部不会有任何恶性打架现象存在！"一个女生说："老师，女生那边只要有不和谐的现象即将发生，我都会第一时间提前告诉你！"……仔细想来，毕业后这些孩子更能记住老师，更会主动地和你交流，而第一个团队的学霸们却慢慢远离了我们。这可能是因为学霸们从来不缺关爱，而学困生最缺少关爱，我们只要用心用爱对待他们，他们会永远记得这份关注和爱护。

第三，各种主题活动给学生注入精神食粮。

我觉得自己在演讲方面有一定的特长，所以特意放大了我身上少有的优点，高三一年基本能够保证每月召开一次学生大会，每月一个主题，通过这种措施不断地给学生注入精神营养。

从进入高三的9月到来年高考的6月，总结了如下主题：

9月主题：出发和目标（定好目标，开好头，起好步）

10月主题：态度和规范（对各个方面进行高标准的提升）

11月主题：动力和策略（期中考试结束，学生第一个懈怠期）

12月主题：激情和融入（大干冬三月，沉淀和积累的阶段）

1月主题：责任和担当（借助18岁成人礼）

2月主题：回归与冲刺（假期返校收心，迎接“小高考”——高三一模考试）

3月主题：总结和展望（总结一轮复习得与失，展望二轮）

4月主题：积累和爆发（量变到质变最佳期，黑马频出，进行方法、信心指导）

5月主题：心态和状态（三轮复习，学会调整心态和状态）

6月主题：静待花开（备考状态：也无风雨也无晴，平平淡淡才是真）

就这样，我们一边“点火放火”，一边迎来了我们的高考。

第9节 信任铸就自信

整个备考过程中全体高三师生是自信满满的，这种自信来自什么？自信来自多个方面，来自高品质的管理，来自优秀班主任团队，来自优秀的教研组团队，但在这里我还要提一个，来自校领导的完全信任！

校长说：“放手去干就是！”这是让我记忆最深的一句话。当然，这句话中不仅有鼓励，还有信任和授权。这不仅体现在话语中，更体现在具体行动中。

2011级学生，我担任了高二、高三两年级部主任，整整两年校长没有一次主动和我谈级部管理和教学，这是不是信任？

两年中到我的级部办公室总共不超过4次，基本一学期1次，这是不是信任？

高三的时候，一模、二模大获成功后，三模、三轮拉练总共7次考试，我没有给校长送过一次成绩分析表。让我感到无比自豪和自信的是，你不给，人家也不要！现在想来，我们两个人真是好大的胆气！

你一个高三级部主任竟然不给校长送成绩分析表？

你一个校长竟然连高三考试成绩怎么样都不管？

对我而言，越是这样授权，越要用高质量的管理和一次比一次进步的成绩来回应，我只能用越来越好来回报这份信任。

我现在记着更多的是其他一些事。

有一年中秋节，很多人都放假了，而那一天恰好是我值班。拼搏、忙碌了差不多两个月，没有一次回老家看看父母亲，也有两个星期没有见到孩子了，结果又碰上这个事儿，心里确实感到委屈。但是没办法，你总不能让别人不回家吃团圆饭吧。心里有一万个不愿意，犹豫纠结了一天，但最终也没有去找校长请假。学生放假走了，我在门口送走学生后怏怏地向办公室走去，碰到校长打了个招呼就低头走了。刚到办公室，校办主任打过来电话了："校长让你马上回家过节，你的值班已经安排给了在家属院过节的领导替代……"后面的话我已经听不到了，眼泪刷刷地流了下来，我没告诉校长这个事啊，说这个校长什么都不管，其实比谁心都细啊，这样的小事他都能察觉到啊。

还有一次是我的孩子发高烧了。那是我第一次在学生没有休息的晚上离开他们。晚上 6 点多回市区看孩子，晚上 9 点多孩子睡了之后我又连夜赶回学校。第二天早上 6 点半在餐厅吃饭的时候碰到了校长，他很诧异，你昨晚不是请假回家了吗？连夜赶回来的？孩子感冒好了？以后每周找个晚上回家陪陪孩子！

其实这已经不仅仅是信任了！（后来读书多了我才理解这里面还带有授权的艺术，授权的要诀在于"信任"，不要过多干预，除非有严重的错误需要及时纠正。授权的时候不需要想方设法地弄明白每个人的工作，只要为他们提供所需的条件，让他们觉得自己是真正的主人，这样就够了。——将能而君不预者胜！）

士为知己者死！除了拼命工作我还能怎么做呢？

第 10 节　也无风雨也无晴，平平淡淡才是真

与过去班主任的身份不同，我第一次以年级主任的身份带队参加高考，1 000 名学生，60 名教师。第一次感受到了"韩信带兵，多多益善"这句话的分量有多重！

我们学校地处农村，不是高考考点，只能到城区的学校住宿备考

和参加考试。

“吃喝拉撒睡学行考”，每一条都需要反复揣摩、模拟流程，只举一个“吃”的例子吧，要做哪些准备呢？

（1）和住宿所在学校沟通好餐桌的分配和就餐时间的错时安排。

（2）早餐、午餐、晚餐的菜谱，每个班级的餐桌分配。

（3）每个餐桌的男女生搭配，桌长的责任，就餐纪律要求。

（4）早餐是跑操后进行的，怎么站队才能保证进入餐厅不拥挤？午餐和晚餐是上自习后进行的，各个班级分别在哪里站队并清点人数后进入餐厅？哪个班级先进、哪个班级后进才不会导致拥堵？（如果让进餐时靠近餐厅门口的班级先进就会造成拥堵。）

（5）不同班级不同时间几点吹哨集合站队就餐？如果下雨，在哪里站队集合就餐？天太热又在哪里站队集合？

（6）就餐时学生的水杯需不需要带？到哪里装热水？如何防止烫伤事件发生？

（7）学生对饭菜的认可程度如何？了解学生的饮食习惯，有没有需要特殊考虑的考生（少数民族的忌口）？了解学生的剩菜情况，需不需要更换菜谱？

（8）就餐后学生有没有发生腹泻现象？什么原因导致的？怎么有效并及时地处理？

（9）就餐后学生如何安排，是否需要安排散步的时间？如果需要，在哪里散步？时间如何控制？

（10）学生宿舍有没有不合时宜的零食、水果？

……

2014年6月8日，高考第二天，也是高考最后一天，这一天也是我的生日。从城区返回学校时很多大巴车上唱起了《生日快乐》

的歌，我表面上装作很平淡，内心的满足和骄傲其实早已经泛滥了。

6月24日出成绩的那一天，我已经忘记了当时自己到底有没有激动万分，我只是记得那一天查询的成绩让我终生难忘。最终一本上线翻了一番，是那一届学生高中三年的历史最高峰。文科拿了全市第1名，理科拿了全市13名（中考的前600名我们没有一名优生），我们的学生成功逆袭！

第11节　哭笑不得再出发

暑假之后，我迎来了2014级新生，一个新的3年又开始了。录取当天，我的QQ空间签名改成了："刚送走2011级，又迎来2014级，你好！你们好！"

2014级注定是要载入学校史册的一级。学生还有几天就到校军训了，我看了看自己的人马，只能用惨不忍睹来形容。18个班级，语文、数学、英语教师岗数应为9人以上，物理、化学应为6人以上，生物5人以上，政治、历史、地理应为4人以上。我手头上的人是这样的：语文6人差3人，数学6人差3人，英语5人差4人，物理2人差4人，化学3人差3人，生物2人差2人，政治1人差3人，历史有4人，地理1.5人差3人（计算为0.5是因为有一位体弱多病且马上要退休的老地理教师，只能教1个班），哦，忘了说了，班主任还差10人！

为什么会出现这种情况呢？原因有二：一是因为我们学校地处农村，不仅愿意来的人少，而且人员流动也很大，每年都会有教师参加城区教师招考，这一年流失了16位教师，有能力考走的大多都是优秀教师，仅语文教研组长就走了三个；二是当年休产假、退休的教师多，总共有10位教师，而当年只分配了7名新入职教师。（看看如今兵强马壮的学校师资队伍，真是羡慕不已。）

怎么办？

教育局临时从附近几个初中、小学紧急借调6名新分配教师到了我们学校。但还差20多位呢，实在没有办法，于是只能向上级申请找代课老师。

可是已经太晚了！我至今还记得自己打电话时的绝望。从教育局那边要来了所有参加教师编制考试的教师信息，对落榜的人逐一电话咨询。我打了整整两天电话，100多位教师，竟然一个同意的也没有。因为时间太晚了，这些人要么找到了合适的代课地点，要么参加了考研大队……

校长已经开始起草《** 市第 * 中学关于推迟2014级高一开学的申请》。

我的嘴角上方急起来一个大包，最后化脓了，后来越来越大，每天抹药疼得龇牙咧嘴，但是它在那里稳稳当当地待了两个多月，以至于后来学生都觉得我是“天生丽质”，长得就是那个样子。

当时那个情形换成谁估计也会感到崩溃。全国各人才交流市场网站上都有我的电话号码，我的电话随时都会响起，一见陌生电话我就会特别开心，担心别人联系不到我，就随身带着充电宝，我感觉自己已经成为全国名人了。我甚至将目光投向了在校的大四学生（一般会有半年的实习期）和部分大三学生（可以申请外出调研报告），不管能来多久，哪怕是来一两个月让我先开张也好。地理教师实在太缺了，明天就开学了，还差2位！最后拿出了两套方案：方案一，一周奇数班开地理课，然后下周偶数班开地理课；方案二，找其他学科的教师代课，最后找了一位政治老师（毕竟高中时代学过地理）和一位计算机老师（高中、大学都没学过地理）当一个临时复读机（听课后再转述给学生，毕竟教师的素质摆在那里，“复制、粘贴”的工作能做好）。

不管怎么样，总算正常开学了，尽管有人很痛苦。（比如我就是其中一员，当着年级主任，两个班的班主任，还教了 3 ～ 5 个班的化学课，代课老师在的时候上课就 3 个班，代课老师不在的时候上课就 5 个班。）

不管了，有人就有一切！

不过，尽管有了人，但是因为经验的原因，很多事情仍然需要亲力亲为：

首先，班主任要手把手地指导，从早上 6:00 到晚上 10:00，工作细化到每分钟、每个环节，一点点儿地进行梳理、指导，然后紧跟而上的是后续的检查，再指导，直至教会！

其次，青年教师要手把手地辅导，细化到怎么听课、怎么提问、不同课型流程指导、怎么批改作业、怎么统计错率、怎么抓牢边缘生……一个专项一个专项地来。能考上大学，素质就不会很差，要相信他们。比如，课堂提问方法从下面几点进行培训：

（1）明确课堂提问的目的。（班级集体的错误、个别现象的疑问、方法规律的提升、能力与素养的提升等。）

（2）提问什么？为什么这样问？

（3）提问谁？为什么提问的是他 / 她？

（4）提问的形式是怎样的？（集体回答、个体站立、黑板演示、学生讲题等。）

（5）提问的准备有哪些？（停顿多久再确定名单，学生思考时间多久，是否需要讨论后再提问，等等。）

（6）提问反馈性跟踪工作。（答对了——学生解析——追问——延伸——提升；答错了——学生解析——展示错误——学生点评——教师点评——追问——延伸——提升。）

（7）经常犯的提问的技巧性错误有哪些？

第三，刚进入高中的学生要手把手地教导，怎么上自习、怎么听课、怎么记笔记、怎么整理错题、如何内务整理、如何卫生到位等。

有时候感觉自己承受不住这种工作强度了，我曾经展示过自己的一天：听课两节后加评课（2 节 +0.5 节），处理一个学生私自外出校门并半夜开车找回（1.5 节课），召开青年教师常规培训课（1 节课），上课 4 节（备课 1 节、上课 4 节），青年班主任谈话（1 节课）……

那个时候，一天 3 万步！早上查完宿舍查餐厅，查完餐厅到卫生区，查完卫生区到教室，查完教室看教师到位……中午吃饭后挨个学生宿舍进去看看，晚上吃饭时挨个教室走走看看……

即使用这样的师资我们也不能耽误了孩子们的前程。第一次期中考试，年级的提高比值（期中考试成绩相对于中考入学成绩的完成率）夺得第一名（相对于中考的提高比值）。我记得在去参加市期中成绩分析会的路上还信誓旦旦地和当时的业务校长吹嘘，再给我两个月，到期末考试，我一本、二本都要拿第一！

哼哼，我命由我不由天！

我一边豪情万丈，一边心中也隐隐约约地有点儿不好的感觉，而这种感觉很快就被现实认证了。

第12节 何去何从

当我雄心壮志地带领全体师生冲刺高一上学期期末考试的时候，问题开始出现了。天南地北好不容易聘请到，一把汗水、一把泪水辛辛苦苦培养出来的刚找到教学感觉的大学生教师要走了，他们要么实习期结束需要返校学习，要么要回校准备12月底的研究生考试。辛辛苦苦大半年，一下子回到解放前，我突然发现其实最困难的日子才刚刚开始。

走吧，我们继续重复最初的日子吧。但是这一次才是真正的乱、乱、乱！今天陕西来的刚教了两个周地理的代课教师有事情要走了；刚来的一个南京师范大学的高材生，上午才安排了住宿，下午突然就告辞了；过几天来了一个南开大学的研究生，一看条件立即就想走，好说歹说留下教了一个月，然后我很感激地亲自开车将她送到了火车站……

有的班级物理老师半年内换了7次以上，孩子们刚刚送别教了才两个周的新老师，离别时脸上的泪水还没有干，紧接着要马上鼓掌迎接新的老师……最后孩子们都麻木了，头都不抬了，眼也不睁了，爱谁来上课就来上吧，鼓掌鼓够了，眼泪也流干了，无所谓了！

第一批代课老师我像带学生一样手把手地传授各种教学技能，第二批也多少搞了一阵儿，再后来“今天来明天走”的模式让我彻底失去了培训这些教师的勇气和激情，只是对他们尽量一对一听课、评课、指导、提升。到学年后期，我依旧红着眼睛全世界找代课老师，嘴里还念念有词：“是个人就行，是个人就行……”

我们给自己挖了一个坑，一个大坑。这样频繁地更换老师，我们应该考虑到如下问题：第一，每个学科的学习习惯谁来培养？（连基本的课堂记笔记的习惯都没养成）第二，特别关注学生谁来关注？上课都费劲儿，哪儿来的精力抓学习？第三，学科素养如何养成？“复读机”式的课堂何谈学科素养？第四，更换教师造成的知识断点谁来弥补？下一位教师知道上一位教师讲到什么程度吗？……这一切，早早晚晚都是要还债的。

班主任们的工作也到了极限，我开始了斤斤计较、锱铢必较的日子。

新班主任们和我“斗法”。期末冲刺前最后两个周要求所有班主任早上6点到教室和学生一起晨读。我们一共有9位女班主任，都是第一年参加工作，都是娇滴滴的大姑娘，大冬天的6点到教室，我确实有点儿心狠。没办法，每天早上必须到级部来签到。这几位女班主任起床脸不洗、妆不化（对年轻女孩们来说确实够狠），摸着黑三五成群骑车到学校签到，晨读完毕，吃早饭，上晨读，趁天没亮（别人还看不清自己的脸），再偷偷跑回宿舍洗脸、照镜子、化妆……这样挺了几天后，这几位女班主任就集体到我的办公室抹眼泪，“我的身体这样了”“她的身体那样了”“这样下去不行了，您别让我们干班主任了”“我爸爸已经严肃给我提出要求不准干了……”。一顿针锋相对谈判之后，她们心满意足地走出了办公室——每周给她们半天休息，这半天不纳入常规请假，可以睡到自然醒。

我主动和老班主任“斗法”。无论在学生管理还是教师管理方面我一直按照“先管住再教育，先制度后人情”的模式进行，因此学期之初总是表现得冷冰冰不近人情。中午查宿舍，学校要求

12:20 开始午休，我要求值班班主任 12:05 之前到，我思考的是如何将违纪扼杀在萌芽中。学生 11:45 放学，20 分钟的午饭时间，吃完饭到 12:20 午休这段时间太长，男生容易出现抽烟、玩手机、打架等事件，所以早到位、早警戒，保证不出重大违纪事件。而我则风雨无阻地肯定每天 12:00 到男生宿舍，一查学生违纪，二查班主任到岗。对青年班主任我会在微信群里通报，对老班主任则会短信提醒："* 老师，别忘了 12:05 到位查舍，辛苦了！"如果不回信息，我会打电话过去询问，现在想来，我确实挺过分的，但是没办法，这就是管理，这就是制度，没有弹性。

有一次我和一位老班主任红了脸。

我问："* 老师，今天中午怎么没到位呢，发信息没回，打电话还关了机！"

这位老教师连头都没抬，来了一句："我有事！"

"有事不能提前打个招呼？"

"主任，我正在和我媳妇吵架，你让我怎么有心情发信息！难道你让我跟我媳妇说一声咱先暂停，我先给领导发完信息，咱再继续吵？……"

我……

"先管住再教育，先制度后人情"是我对管理框架的思考，但是"度"的把握、时机的把握又有谁能够做到那么清楚呢？一班的班主任是青岛胶州人，家在外地，个性比较突出，班级管理一团糟。说句实在话，我不是很欣赏他，他应该也不欣赏我。一次我转办公室，发现他趴在办公桌上竟然睡着了，还打着呼噜，办公时间这样也太过分了吧！但我忍住了，没去喊他，也没让组长喊他起来，打盹儿说明缺觉，缺觉必有原因，等他醒来我再问他吧！还好当时没喊醒他，后来我了解的情况是这样的：他的孩子刚刚半岁，他每天晚上查完晚休10:30，然后会开车一个小时跑高速到青岛胶州去看孩子。到家时孩子肯定睡着了，然后就摇醒孩子，在一起说说话、玩一玩，尽一尽当父亲的责任。睡几个小时后，5点就会爬起来，开车上高速到学校，6点再到校盯早读。

我羞愧万分，觉得自己是在作孽！我安排他每周两次晚上不用盯纪律了，下午5点就可以回家看孩子，第二天早上不要天寒地冻地急匆匆往学校赶了，8点上班前到就可以，我也只能做到如此了！

就这样折腾了一年，高一的成绩总算是守住了，基本保证了全市第二名的位置。但是我知道这份成绩的背后是什么，是透支，是极限！所有教师的透支，学生的极限！这一级的高一学年和高二学年为了能够保住这个成绩已经将时间和精力用到了极致，课从早排到晚，时间从头安排到底，我也完全没有了2011级时的那种魄力。在那年的全校干部论坛上我用课件展示过这些问题，提出了我的担心和忧虑。说实话，当时我对未来的高三已经没有底气了。前几天整理电脑资料时，我又看到了那次论坛的课件，当我看到最后一张中的“高二的师资如果再不过硬，这一届学生可能就真得挽救不回来了……”这句话时，仍有一丝的委屈、一丝的不甘，还有一声喟叹！

第13节　最好的“二人转”

终于到高三了！我比谁都清楚这一届高三面临的压力和挑战，

毕竟高一的坑是我领着挖的，高三自然就需要我领着填起来。

高中三年，在管理上，高一要注意习惯养成和基础落实，重心在学生；高二要重信心教育和理想教育，重心仍在学生；高三要重视教师的教研水平和备考研究，重心逐渐要向教研组倾斜。所以无论哪个学年，方向性问题是管理的第一要素，而决定学年、学期、月甚至周教育教学方向的任务就放在了级部管理层身上，对高三而言显得尤为重要。

其实，级部管理层并不是一家言，而是分管校长和级部主任的“二人转”。

我曾和两位分管校长合作，这两位领导风格迥异：第一位扎实肯干，为人谦虚，素养极高；第二位处人有方，处事灵活，绝对放权。

第一位分管校长，我们的协同作战经历了三个阶段：第一个阶段是我的“独舞”，第二个阶段是“二人转”，第三个阶段是“合二为一”。

第一阶段：“独舞”。“独舞”的缘由主要在我，我过于独断，另外素养也不高，从来没有主动去沟通、交流、汇报、协商任何工作。当时数学组有一位是代课老师，没敢让她教两个班，所以只能让这位分管校长担任两个班级的数学老师，兼任一个班级的班主任，这个工作量估计也没有太多时间和我交流。而我当时想，这个级部就交给我吧，你就安心教好数学和当好班主任就行了，一个人的素养高下一目了然。如果换成现在，级部主任这样安排我的工作，我肯定会拒绝，但是这位副校长平心静气地就这样教了半年两个班的数学课，还时常把下阶段需要注意的工作打印成一张纸悄悄地放在我办公桌上。如果有事情需要和我交流，从来都是他到我的级部办公室座谈，从来没有一次打电话喊我过去。这半年来没有一句怨言，没有一声牢骚，令人肃然起敬！正如古语所言："江海所以能为百谷王者，以其善下之。"

第二个阶段："二人转"。高二下学期，应该是吸引力法则起了作用吧，我很欣赏领导为人处事稳如泰山的风格，他很欣赏我做事雷厉风行的作风，工作慢慢地就走到了同一频道，而且开始互相配合、相互补充。我刚他柔，我劈他磨，我冲前他殿后。例如：午休，我查到 12:25 离开学生宿舍去吃饭，而此时他已经吃完饭到了学生宿舍；听课、评课，我找问题、找不足、提要求，他给信心、给指导、给希望；与师生交流，我批评、我数落、提标准、提落实，他梳理、他善后、找方向、找方法；我想做自己觉得应该做的事，他会帮我分析、梳理哪些事是当下不得不做的事，从而让我能够做到要事优先。

第三个阶段："合二为一"。当过学部领导的人都知道，两个人一定要多在一起进行准备性交流和即时性交流。准备性交流一般在周末，总结上周工作，展望下周安排。即时性交流更加实用，可以在一起观看备课、一起查纪律、一起查宿舍的时间里将所见、所闻、所思及时说出来。各种方式的交流可以碰撞出很多火花，从而在工作上形成准确、及时的方案，达到满意的效果。我们每天交流的次数一般不少于 3 次，都发展到了晚上查宿舍时先查完离开的一定会在校门口等着另一位，然后两个人再边聊边走，回到家属院。每天都会把每个班级都数一遍，交流需要关注哪个班级，应该采取什么措施；教研组情况数一遍，需要盯一盯哪个教研组了，问题出在哪里；薄弱教师个人数一遍，最近发展如何，是不是需要听听课再调研一下……只有这种融入式的精细管理方式才会将级部引导趋向于完美。

最后校长给了我们这样的评价："真没想到你们会相处得这么默契，你们俩真是绝配！"

之后与第二位领导协同工作了3年，感觉做得并不太完美。现在想来，主要问题还在我。后来我分析了一下原因，我们之间之所以没有踩到点上合作的原因主要有如下几个：

（1）这位领导来自城区学校，两个学校的管理风格不同、理念不同，很多方面与我的认知和管理模式存在矛盾。这个问题的解决需要时间，一点一点去适应，一点一点去磨和，而我没有这份耐心。

（2）我的年轻气盛和刚愎自用并不是每一位分管领导都能接受的了，人家压根就插不了手。

（3）我没有利用好这位领导的长处，总是用原来的标准或者我理想中的标准来要求，自然处处纠结、寸步难行。

如此这样，工作就难干了，尤其是在高三这一年，老班主任比较多，"1 + 1 < 2"的现象就更明显了。工作推不动，落实不到位，很多努力最终软绵绵如同打太极，挫败感日益明显，心中愈发迷茫，到底该怎么办呢？

仔细地琢磨了一下《孙子兵法》中的胜败之说，确实感觉有危机了：

（1）"知可以战与不可以战者胜"，我真正地了解学生吗？

（2）"识众寡之用者胜"，我了解自己，了解他人，知人善用吗？

（3）"上下同欲者胜"，级部上下团结一心了吗？

（4）"以虞待不虞者胜"，级部计划、策略完美到位、落实有效吗？

需要洗牌，需要改革，“高三”就是“高三”，无论如何，都需要最后奋力一搏了。

第 14 节　新的“十八小金刚”

2011 级我有“十八金刚”,2014 级我培养了“十八小金刚”。因为资格越老的班主任在要求整齐划一的年级管理中管理难度越大。我兵分两路：第一路，重点带动青年班主任的发展，后期发展得的确不错；第二路，建立一支高品质的班长队伍，也就是我的“十八小金刚”。为了便于班级管理，高二分班的时候，我选出了 18 名得力干将，保证每个班级都有一个给力的班长。之后对班长们进行了系统培训，保证每周召开一次班长会，手把手地教他们如何管理班级、如何开班会、如何带动同学、如何做学生个体工作……下面为“十八小金刚”的一次培训记录和交流记录：

9 月份班长培训记录

1. 高中三年的成长你想收获什么？（用文化引领班长，建立学习 + 做事的成长理念。）

2. 管理能力的成长应该是什么样子的？（实践—理论—再实践）

3. 班长的执行力是第一位的。（以落实本周走廊文化，安排、收缴、张贴为事件进行体验，检验班长的执行力，当作第一周的班长作业。）

4. 如何管理班级“入静”。（第一步，整体上说；第二步，不记名批评；第三步，喊出来，单独交流。）

5. 如何借助班主任、级部主任的力量来维护、提升班长威信。

6. 注意说话的分寸，不要随意说超出自己能力之外的话。（比如同学们，必须写完，写不完都不准吃饭……）

7. 统一规范背后对老师的称呼，怎么具体称呼。（咱英语，咱老班……）

8. 如何规范其他人的行为，以自己为准，用自己的高标准来提升班级和个人的标准。

9. 如何落实早上 6:50 的学习状态？

10. 晚自习课间维护班级纪律的具体操作办法。（第二周班长作业）

11. 班长第一阶段的管理模式——倡导、关心、服务，第二阶段的方式——领导、安排、落实！由柔到刚，后刚柔并济！

12. 为什么早上 6:50 到 7:00 不是看，不是写，而必须是站立背诵？站立背诵能够带动和渲染班级学习气氛，如同演讲一般。学习也是需要气场和带动的。

13. 周三早上状态：比较好的班级：*****，其他班级不行。

状态一：坐着说笑。

状态二：站着不出声。

状态三：班长未见人，学习委员无体现。

状态四：班干部维持纪律的地点不够规范，不需要问班长在哪里，班长永远在门口。

状态五：班长处于自学状态中，无管理班级意识。

14. 周四早上学习状态，四楼有改进。***** 几个班级仍然不够！用照片给各班长展示。正确的姿态：班长＋学习委员＋课代表，各自的位置和职责应该如何？

15. 反思如何提升早读状态，前30分钟坐着背诵，后10分钟站立背诵。学习委员和课代表负责。

16. 晚自习课间纪律太差，学生串楼层、串班级现象严重。

17. 下周落实内容，自习投入、零抬头，拍照级部PPT展示。（第三周班长作业）

18. 关于英语学习的思考，哑巴英语能走多久？

19. 晚自习背书应该注意什么问题？

20. 相互之间应该如何维持形象？以3班班长今晚处理的方式为例。

21. 每周一次召开班干部会议，怎么开？内容有哪些？（第四周班长作业）

班长们的成长之快我并不感到惊讶，因为这些学生都是班级成绩前三名，本身的学习力都很强，集体培训之后我会再跟踪进行个体交流指导，所以效果是立竿见影的。

和5班班长的一次交流记录

问：为什么你会如此？为什么对自己要求不高？为什么班级暴露的问题总是解决不了？

答：老师，我管了不听。

问：管了不听就没有然后了？你为什么不内省自己的问题？

答：我意识到了自己的问题，正在慢慢改善，但是现在我需要威信。

问：既然觉得自己的力量不够，需要威信，你为什么不借助班主任的力量？

答：我的班主任不管，无论什么问题总是“嗯，嗯，嗯”，然后就没有了。

问：你看过《西游记》吗？

答：看过。

问：《西游记》的孙悟空有本事吧？

答：的确很厉害。

问：你没发现每个妖怪出现的时候，孙悟空自己解决不了的时候总是去请救兵，针对妖怪的特点和出处寻找不同的帮手。你应该根据事情的不同特点，采取不同的方式来请其他班干部、任课老师、班主任、级部主任等来参与，这个可是费脑子啊，但是会让你成长。

答：老师，我还真没意识到这一点，总是自己着急。

问：你当班长的初心是什么？

……

问：很多时候，很多事情，我们走着走着就忘了初心。不仅是你，也包括我们成年人，都会在沿途的风景里迷失了方向。其实我们当班长不是为了获得什么特权，即使临时获得了，也不可能伴随你一生，无论担任什么职务，包括当班长，都是为了我们更好地成长，在管理中你获得的成长才是伴随终生的，对吗？

答：老师我明白了，您看我的表现吧！

班长们可以做很多事情：他们可以很从容地开周末班会（只开常规工作班会，其他类型班会还是需要班主任，算是解放了班主任吧），可以很自信地落实大休安排，可以将班级纪律、卫生、“三操”管理得井井有条。他们还可以将高三开学典礼、百日誓师大会、高三毕业典礼这种大型集会组织得精彩无比，让人叹为观止，我这个年级主任只需要准备10分钟的演讲稿就行了。他们工作起来从不拖沓（说几点完成就是几点完成，换成班主任会拖很久），他们落实工作也不打折扣（级部怎么要求就怎么宣传和落实，而班主任则会打折，因为他们觉得没用），他们从来也没有怨言（当然也有可能是不敢吧）。

现在回想起来，那个时候其实我应该珍惜和老教师相处的机会，认真学会和老教师沟通，而我却把精力放在了班长的培训上，最终有得，也必有所失。

不要担心事务繁多会影响班长们的学习成绩，他们没有一人因担任班长而成绩退步，相反的是，他们因为心理素质的提升，在高考中都能正常发挥自己的实际水平，进入大学后的发展也都相当不错。2014级的18位班长在大学中担任主要班干部的（班长、团支书等）达到11位。

第15节　教研组的建设

班级管理基本拿下了，就要开始研究教研组的建设，慢慢地由以前的“无为而治”逐步走向规范化和制度化。有的时候可能我也会说：“让专业的人干专业的事情，我们搞管理的就少插手教研组建设。”但现在看来，大多数学校的学科教研组建设明显不够，尤其是缺失教研组的系统化建设。所谓的管来管去，要么是没有招式乱打一气，要么是一次次无力地吆喝和可有可无的检查。说到底，很多人意识不到教研组建设的重要性，如果将稻盛和夫的“阿米巴经营管理模式”在学校管理中落地，教研组其实就是最好的组织单位，但是可惜，在学校管理中很多人没有意识到这一点。

教研组的建设主要面临三个问题：

第一，尚未形成系统地培训教研组长的课程。

第二，尚未形成“职权责”相匹配的等边三角形管理模式。

第三，尚未形成合理的考评机制。

一、要形成系统地培训教研组长的课程

估计有人会感到诧异，教研组长还需要培训？只要业务过硬，会上课、会命题就行了。其实，教研组长才是真正的中层干部，才是所有教学手段和措施的落实者，教研组管理方面的很多常识和技能都需要学习和历练。

根据教研组长的服务对象和工作特点，我设计了教研组长培训课程：

教研组长培训课程

1. 沟通学——要学会和学校领导、级部领导、分管领导、教研室主任、老教师、中青年教师、工作不满5年教师、刚毕业教师等不同类型教师的沟通方式和工作交流方式。

2. 流程学——活动的流程化设计。例如：集体备课、示范课、大集备、学案命制、组织考试、单元过关、成绩统计、导师制、考前1～2周工作设计、周末安排、早晚自习辅导和安排、卫生清理、团队活动都要形成流程，如何具体推进各项工作的流程要一一讲解和示范。

3. 亮标准——根据学校、年级的要求，结合本教研组的特点形成教研组各项工作的标准。

4. 明底线——最好的教研组教学要达成极致的一致。教学一致，说到底是一个结果而不是一个抓手，这是教研组长整合各种因素形成的理想结果。

5. 定特色——根据学科特点、团队特点、个人特点形成本教研组的特色，尤其是围绕课堂教学、学生落实两个环节，在学校和年级的底线要求基础上，确定各个教研组有效、高效的抓手。

二、形成教研组长的“职权责”匹配机制

在阿米巴经营中，公司组织被划分为称作“阿米巴”的小集体。要想让教研组形成“阿米巴式”的工作组织，需要体现这种模式的三个要素：

第一个要素，“部门的收入和费用必须清晰，必须是一个可以独立核算的单位。”也就是说，这个部门的收入是明确存在的，而且为了获得这种收入，它的费用也是很明确的，这是在明确权力和利益。

第二个要素，具备作为一个独立的公司应具备的功能。“阿米巴”能够独立完成系统工作，“阿米巴”作为经营者可以通过钻研创新切实感觉到工作的价值，否则划分“阿米巴”就没有意义，这是在明确权力和利益。

第三个要素，“能够贯彻公司原本的整体的目的”。如果“阿米巴”细分的结果使本应协调一致的功能变得支离破碎，那就无法达到公司的整体目的。因此，这样的“阿米巴”就不应该让它成立，这是在明确职责。

一个组织的健康成长，是要让“职权责”形成等边三角形，不能失去平衡。为此，我们不妨在学校建立平衡的教研组长“职权责”工作体系。

权利：

（1）参与本教研组的教师聘任。

（2）拥有本教研组的评优推荐候选人权利。

（3）发挥“上情下达，下情上传”的桥梁纽带作用。

（4）一教一辅的征订工作。

职责：

（1）教学常规（既定招式，常规动作——批改、集备、听评课、命题、导师制等）、办公纪律、办公室卫生等。

（2）青年教师的培养、成长。

（3）校本课程建设。

（4）学生学分的认定工作。

（5）学校课堂改革推进工作。

（6）上级工作推进。

利益：

（1）享受评优优先推荐资格。

（2）职称评聘时享受每年 +0.3 分待遇。

（3）学年岗位目标根据教研组发展等级（ABC），享受不同程度的位次提升待遇。

（4）每月平均 300 元补贴（按照月考核等级分别发放 200 元、300 元、400 元）。

如此以来，通过充分赋权、利益保障、树立权威，教研组长就有了当家作主的底气，有了责任担当的意识，有了工作落实、推进的勇气，自然也就有了成绩和效率。

三、形成过程性、即时性评价机制

没有考核的管理不是真正的管理，缺失即时性的反馈和考核的管理永远不会达到精致化管理，强调即时性的反馈。

学校的办学活力和教师的工作活力来自哪里呢？来自文化引领和合理评价。其中，评价更多的应该是即时、有效的过程性评价，年终性评价很多时候只是在给别人一个交代，给自己一个交代而已。现在很多学校的教研组考核只有学期考核，月考核缺失，周考核更不用想了，普遍存在吃平均粮、大锅饭，干多干少一个样，干孬干好一个样的现状，如此这样怎么能够提升教研组的活力？怎么能够提升教师干事创业的精神呢？

当年的我对教研组的建设比较简单、粗暴，我只做了两件事：用制度来规范建设和建立问题查摆意识。

第一件事：用制度来规范教研组建设。

我按照教师工作的特点和要求，形成了闭环的教师行为准则：

（1）办公纪律要规范、标准，按时上下班，有事要请假。（这是一切的保障。）

（2）集体备课的流程要标准，时间要保证，质量要过关。（这是教学的源头。）

（3）每天的示范课要听，评课要参与。（这是减小教师之间差距的最好办法。）

（4）教案要体现个性化设计，有附页或内容添加，青年教师要详案。（提升课堂质量，倡导个性化教学。）

（5）作业批改要有保证，错率统计要规范且有针对性。（保证讲得有针对性、有效性，提升学生研做习题的态度和质量，无批改不上课。）

（6）课前检查时间和内容要有保证，级部标准要落实。（站立背诵，等待背诵，课前讲题，课前板演，抓牢目标生，实现班级任课教师聚焦目标生。）

（7）课堂教学要规范，必要环节要齐全，最后 5 分钟留给学生。（保证落实）

（8）“导师制”，每周至少一次交流，每周一次上交交流卡。（加大师生交流力度）

（9）错题集或集锦本每周保证一次批改。（引导师生向落实要成绩）

（10）单元过关、二次过关、程序要标准，成绩要汇总给级部。（加大过程中监控，将问题消除在过程和萌芽中。）

上面的十条准则是按照教师的工作顺序从早到晚、从前往后梳理出的流程，对其中所有环节也都做了具体的要求和量化。比如办公纪律，办公纪律是最难规范和量化的，但却是教育教学的重要保障，不能放任不管，因此就分成了三个层面来落实：

第一个层面，引导教师进行自我评价，每月一次。自我评价结果并不纳入考核，让教师排查自己的不足，同时也起引领作用。哪怕有些教师闭着眼全部都自评为优秀，心中也会起小小的波澜，而这个无论是大还是小的波澜正是管理中想要的。

高二级部教师办公效率的自评表

学高为师、身正为范　　　　今年高二，让我们一起用效率来弥补经验的不足。

时间：________年________月________日　　　　　　　　星期________

教师		教研组长签字：	分管领导签字：	自评
今天办公效率	项目	A. 今天在办公室有过闲聊吗？大约多久？		
		B. 今天有泡在电脑、网络上吗？时间多久？		
		C. 今天有没有不小心打扰其他教师办公的行为？		
		D. 今天第几节听的课？		
		E. 今天学生活页批改做得如何？		
		F. 今天是否按照学校的时间上下班？		
		G. 今天为教研组做了哪些工作？		
		H. 今天和几名边缘生交流了？交流哪些方面？		
		I. 在工作方面，今天主动做了哪些思考？		
		J. 今天花在备课上的时间有几节课？		
		K. 今天花在批改上的时间有几节课？		
		L. 你觉得在哪些方面还可以继续提升工作效率？		
今天自习辅导	项目	A. 及时到位，且一直在教室里进行辅导了吗？		
		B. 在辅导过程中观察过边缘生的答题情况了吗？		
		C. 今天布置的作业能不能做到定时训练？		
		D. 你认为学生的自习效率高吗？如何进一步提升？		
今天上课	项目	A. 提前候课了吗？开展课前学生讲题环节了吗？		
		B. 有没有拖堂？完成预定目标了吗？		
		C. 学生能利用课堂时间落实授课内容吗？		
		D. 你觉得今天的上课效率高吗？如何进一步提升？		

第二个层面，教研组的承包干部和教研组长评价办公纪律，每周一次。这样的作用有三：第一个作用是能够树立年轻教研组长的威信，做到令行禁止；第二个作用就是对教师的办公纪律进行阶段性监督和量化，便于级部开展针对性工作；第三个作用是提高办公纪律和效率。

高二教师办公效率评价量表

第______周______组

教师姓名	办公纪律方面			主动奉献方面			教研组工作配合			集体备课投入		
	A	B	C	A	B	C	A	B	C	A	B	C

评分说明

1. 保证 A、B、C 每个层次都有教师，如果教研组全体教师都是同一个档次，则级部给相关教研组整体下调一个档次使用，级部将打分表进行存档保存。

2. 实事求是，保证打分公平，不要有感情分数，老好人思想引领不好教研组工作。

3. 每周五上午课间操级部办公室碰头打分，请组长用好这项评比并起到督促教师的作用，有利于教研组工作的开展。

第三个层面，由级部建立观摩团，定期和不定期进行办公纪律和卫生评比，并将评比数据作为评价优秀教研组的重要依据，每月一次。作用有三：第一个作用是能够提升教研组的集体荣誉感，形成团队作战的意识；第二个作用是对教研组长的周打分是否准确进行监督；第三个作用是用级部的检查结果来对教研组长进行评价，减少教研组长和教师之间的矛盾。（让教师感觉级部找自己谈话并不是教研组长打分的原因，而是级部观摩团发现的状况。）

比如集体备课，集体备课是教学把关定向的大事，直接决定教研组学案、试题的命制质量和课堂教学的标准，不能模糊处理，要评选出标准，量化出效率。

下面为集体备课的流程：

集体备课流程

1. 提前将学案进行研做，并把集体备课材料上交级部，级部检查量化。

2. 集备时间（晚 7:10 ～ 8:30）。

3. 先说课，后评课，再研究课堂教学，最后筛选题目。

4. 级部从集体备课材料、集体备课时间、集体备课形式、集体备课流程、集体备课投入各个方面进行量化反馈。

5. 级部验收集体备课后的学案，再开条印刷。

6. 承包学科干部每周一次对承包教研组的集体备课进行跟踪反馈。

虽然学校层面和年级层面应该尽量少去指导教研组教学，但是管理者至少要有个基层建筑或者明确框架，这也是学校和级部文化的一部分。

很多时候我们失去了对教研组的管控。高三从一轮到二轮、三轮，我们的各轮次复习指导意见真正落实到教研组了吗？再细化一点，二轮复习是按照先考后教的模式进行的吗？每个二轮复习专题的题组和题型训练是按照统一模式执行的吗？……

在我们学校，无论哪个年级，生物组都是拳头学科，为什么呢？是老师优秀还是老师勤奋？直到我一口气听了三个年级的几节生物课，才得出最终答案：三个年级的课堂教学出奇得一致，高度得一致——进度一致、学案一致、课件一致、教学流程一致——竟然课前提问内容都一模一样。或许有人说，这有什么难的，我只能告诉你，只有当过教研组长的人才知道，这真的是一件很难的事情。你的要求人家就一定能听？你的安排人家就信？会不会有人说出"你搞你的我弄我的，我的成绩肯定比你强！"这样的话？统一使用的这个课件是集体备课的成果，你能保证集备时所有人都把自己的看家本领毫无保留地拿出来？你能保证不同性格、不同风格的教师用一个相同的课件能把相同的招式打出去？你能保证每位教师每节课的课容量都基本相当，从而保证下节课的内容也完全一样？……谁能做到，谁的成绩就能保障，而年级管理就是要做到让教研组真正实现"协同一致"。

当然，管控也不应该是机械、冷冰冰的。对教研组在亮出底牌、底线，明确管理框架时，我们也要尊重学科差异和教研组教师组成结构差异等问题。比如，有的教研组是以年轻教师为主，那么集体备课时就要引导教师在课堂教学设计上多下功夫；有的教研组个个是骨干，那么集体备课时就要引导他们多在选题、组题上多下功夫……

第二件事：用问题查摆来提升教研组建设。

一句话概括：就是要适度地找事。

担任年级主任要始终有问题意识，千万不能有级部什么问题都没有的感觉，学生很安稳，教师很安稳，这个感觉真好啊，这样是会出问题的。如同温水煮青蛙，级部永远不可能没有问题，如果你看不到问题，要学会没事找事，当然一定要把握好“度”，不然就会造成动荡，也就是说，我们不要让级部形成湖水般的平静，如果你感觉真的平静了，就扔一块石头，让级部出现点问题，才会有改进，有活力，但是千万别扔大石头，那就是穷折腾，就会影响正常的教育教学。

比如可以检查一下学生的错题积累本，找学生的问题，找教师的问题；

比如可以抽查一下学生的讲义整理情况，找学生的问题，找老师的问题；

比如可以抽测各个班级边缘生的上周错题，找学生和老师的问题。

如果实在没有办法了，还可以去听听课，因为任何人的课都会有问题的……

假若想下一个阶段重点在哪个方面开展工作，就重点在哪个方面“找找碴”，找出问题也就找出了方向，找出了策略，也就有了方法，当然也就把级部搞活了。

第 16 节　拯救自己

高三一模考试到了，这是最困难的时刻，因为这是第一次综合考练，是第一次全面、系统地考查学生的基本功。

不出意料，高一挖的坑具有不可逆性，考得确实不理想。学校对成绩也非常不满意，安排了一场长达两个多小时的高三干部教学调研会进行问题查摆。在那个会议上，校长安排每名干部给高三找三个问题，我确实很难熬，心里也很痛苦。为什么？凭什么？来得最早、走得最晚、付出最多，却收获了这种结果？

之后，我开始失眠。为了睡眠，从维生素 B1 吃到褪黑素，最后吃到安定片。

每次躺下的第一件事情就是要把 1 ~ 18 班逐一梳理一遍，想想有没有问题；9 个教研组从头到尾思考一下，想想需要开展哪些工作。有时候想到棘手的问题，会因为苦于想不到解决方案而彻夜难眠。我的手机不再放下，因为要每时每刻都把发现的问题、需要解决的问题随时记录在手机中，防止遗忘，最后发展到在睡梦中都要攥着手机。半夜会有无数次醒来，那是因为在半睡半醒之中我突然想起来一项工作，明天就要落实，然后就那样半睁着眼睛，无比痛苦地一个字一个字地输入手机中，然后喟叹一声躺下，然后再起来，再输入……（不过，这样一番折腾，后来我发现自己竟然不知不觉中养成了一个积累问题、记录想法的好习惯。）

之后，我开始焦虑。

一次外出就餐，我的一个朋友问我，为什么你的左手一直紧紧地攥着拳头呢？不能自然地放松、伸开吗？我尝试过，的确不能，哪怕是在家里吃饭也是如此。有时候我用眼睛盯着自己的左手逼迫自己放松张开，但是每次将视线转移到饭菜上时，手又不由自主地攥紧了。

再之后，我的情绪开始失控。

叔本华说，一个人内心太脆弱，情绪就会变得异常敏感，一些不值一提的小事、话语，甚至别人的表情、眼神，都会让人内心不安、受伤和痛苦。当时的我，只要一有点风吹草动就会有过度的反应，再加之常年独自一个办公室，沟通少，交流少，自然是变本加厉，变得异常脆弱、敏感、易怒。

我已经不愿意和任何人进行沟通了。

我内心是冷冰冰的状态，感觉多说一句话都要耗费我全身的精神和气力。都不要来理我，都不要来烦我！一段时间后，学生开始害怕我，教师开始躲着我，家人不愿意理我，而我则无比讨厌自己！

人长期在高压下的第一层警告是睡眠问题，第二层警告是精神问题，第三层警告就是身体问题。

我的身体又开始出现问题了。

怎么说又出问题呢？这是因为以前出现过一次问题。上一次出问题是在 2007 年——带 2004 级高三 6 班那一年，那一年的压力让我差点提前缴械。带那届之前，我已经连续三年担任高三班主任。在那个年代能够连续拼上三年高三，身体基本已经透支，但是我还是咬牙接过了这个班，因为那是我从来没有挑战过的实验班。级部一共两个实验班，高二升高三的期末考试，一个实验班一本上线36人（共42人），而我接手的这个实验班一本上线只有22人（42人），班级平均分差30分以上，这个压力自然就不同于往年了。

那一年我用尽了自己所有的武器和手段，什么课前站立背诵啊，等待背诵啊，个性化抽测啊，日日清、周周清啊，反正能用的不能用的都用上了。

那一年我除了教化学课还担任了基本能力教学。那时基本能力高考占60分，是个新生事物，几乎要求学生上知天文，下知地理，还要了解音乐、体育、美术学科的知识以及信息技术、通用技术……我要教学生识别上弦月和下弦月，识别这幅油画、那幅国画是哪个派别，识别五线谱子是哪一首歌曲的，要教足球上的越位和反越位，还要教WIN系统和闭环系统……真的是听一节上一节，然后疯狂地补充知识，每天都特别焦虑。

成绩不是一天拉开的，自然也不可能一天追上，但是我太着急了，所以最后身体出问题了，先后经历了失眠——严重失眠——掉头发——头晕几个阶段。我先是站着讲课，后来坐着讲课都难以坚持。回家爬四层楼，会累倒在沙发上，明明看到母亲站在眼前，感觉她的声音却远在天边，再后来爬到二楼就满脸惆怅地瘫坐在别人家门前喘粗气。

到潍坊，跑青岛，赴济南，奔北京，结果都是一个答案，你什么毛病都没有，就是严重的亚健康；看医生，煮中药，喝了一箱又一箱口服液，吃了一桶又一桶蛋白粉，最后还是没有任何起色。

最后怎么好起来的呢？学生高考完后我回到了老家休养，心像海洋一样宽阔的父亲（自从我“生病”，父亲电话都没给我打一个）问了问：“哦，失眠？明天跟着我去干点活吧。”于是第二天就跟着老爹下了地，给庄稼浇水，而我只是跟在屁股后面卷了卷用完的水带，结果晚饭都没吃，衣服都没脱，6 点就趴到床上睡了，直到第二天 8 点才醒。父亲说：“你这叫失眠的话，不失眠打算睡多少……”

问题之所以解决，原因其实有两个：一是高考完后的解脱；二是亚健康最好的治疗方式是适度运动。于是那个暑假我玩了一个夏天的篮球，当然不是打比赛，只是一个人投篮，但是一切就慢慢好了起来。

这一次身体给我的警告，其严重程度不亚于上一次，在同一块石头上绊倒两次是一种耻辱，但我就是跌倒了。最开始时上楼梯总是跌倒，感觉抬不起腿来，核磁共振检查是右膝半月板破损，建议进行微创手术摘除（幸亏没听，后来好了）。后来一名学生考试期间在考场上晕倒了，我来了一个全校闻名的“公主抱”，把这个小胖墩从四楼抱到了二楼，结果用力太猛造成了腰椎间盘突出，当时人直接就废了，后来治疗了半个月才敢坐。再后来是血压不稳定，忽高忽低，脸一会儿红一会儿白，搞得我晕头转向。最后是在市医院检查出冠心病，被要求马上住院。

没有人知道我当时一个人在医院检查时的感受。那位女专家言辞凿凿地告诉我，你就是冠心病，马上联系家人办理住院手续。记得那天是星期四，下午召开学校办公会，我电话请假之后，一个人坐在走廊冰冷的椅子上（一直不明白医院的座椅冬天为什么不弄个坐垫，太凉了），眼泪一直唰唰地流。我想了很多很多：到底是不是冠心病？到底住院不住院？到底辞职不辞职？我会不会突然挂了？我挂了家里人怎么办？……

最后的结果是：思来想去，我觉得自己的身体不至于如此。

于是做了一个决定，当天下午把检查结果快递给北京的一位亲戚，让他找解放军总医院的专家给看一看，然后过段时间再看看症状会不会加重。

谢天谢地，感谢医院一如既往地误诊，北京专家反馈的结果是没有问题，身体杠杠的，但是建议调整心理状态。

但是，辞掉年级主任的想法已经在心里萌生。

第 17 节　让人坚持的力量

辞掉年级主任的想法在我心中没有存多久就被打消了，每个人都会有自己的工作理念，我可以辞掉年级主任，但是需要将年级打造成精品方可送出，一个烂摊子怎么好意思送出去呢！于是，我选择了坚持。

坚持下去，缘于学生对我的关心。有一次检查，我需要佩戴 24 小时动态心电图检查装置和 24 小时动态血压检查装置，身上装了两个机器，特别不自在。在我的化学课上，心电图检查还不会让我尴尬，因为毕竟是静音的，但是动态血压检查每隔一段时间就打气、放气，这声音让听课的学生到处寻找声音的出处。我在讲台上满脸通红，反复给学生解释那并不是我身体释放甲烷的声音，而是在进行血压检查。学生先是哄堂大笑，然后突然就鸦雀无声，到后来有了抽泣的声音……到晚自习的时候全级部都已经知道了。每个课间我的办公室门口都会探进来一张张笑脸："老师，你没事吧？"我出去开了一个会的时间，回来时办公桌上已经堆满了零食和一张张小纸条：“老钟，你可要坚强，有我们呢……”“老师，感谢你的陪伴，你一定要注意休息……”“伟哥，别来无恙啊……”晚上去查晚休的时候，执勤的学生用力地推我走，“马上回家歇着，有我们呢，你担心什么！”走时我突然瞥见那个纪律总是出问题的宿舍门上贴着一张便签：“钟大大，你快回去休息吧，从今天开始，我们保证不会再违纪了。”我反复地问过自己，我真心爱着我的学生们，谢谢你们！让我坚持下来的最主要的力量源自我对学生的爱和学生对我的爱。

坚持下去，缘于家长们的关心。来我们学校求学的孩子大多来自农村家庭，但是农村家庭表达感情的那种淳朴的方式更让人感动。周末放假的时候估计很多学生跟家长说了我生病的消息，所以一个个电话、一条条短信带来了冬天温暖的问候。更令我感动的是一个个偏方（先不说偏方是否有效）也通过各种途径送了过来：有的家长送来了自己保存的蛇皮让我泡酒喝，有的家长托人从南方带来了一种树上摘下的不知名的果子让我每天吃一个，有的家长开了中药药方让孩子带过来……而这些孩子的家长大多数我都是不认识的。我何德何能享有这份关怀、这种待遇啊！

坚持下去，缘于学校领导的关爱。校长多次询问了我的情况，并安排工会送上了慰问品，我很尊敬这位校长。这也是他担任主持工作的第一年，于公于私我都不能放弃。

坚持下去，缘于我自己内心的成长。2007 年的实验班教学已经让我在压力面前倒过一次，而那一次的恢复是在毕业后，这一次压力也可以暴击我，但是我不会让它一直虐我到学生毕业，毕竟我不是 10 年前的我了。花开即是不败，作为班主任我经常会将《花开不败》这篇文章推送给学生，后来发现自己更需要认真阅读这篇文章。我太功利了，太在乎结果了，成功和失败到底应该是人的成败还是事情的成败？人的成败是看结果的成败还是过程的成败？过程的成败又该怎么看呢？为什么我们那么在乎结果的成败呢？“成败”的结果之后又是什么呢？拥抱一切吧，无论苦难还是幸福。

有一个傍晚，晚霞特别好看，我一个人在操场上散步，耳机里突然传来《Aloha Heja He》这首歌。那个声音和韵律让我入境了，过往的一幕幕全部不受控制地涌现出来。我突然席地而坐，看着晚霞，循环播放着这首歌，眼泪再也控制不住。

曾国藩说：“天下事有所激有所逼而成者居其半。”现在的我再回想那段过程，我才知道，这是命运给我最好的安排，这是我必须要经历的阶段，这种成长是无法取代的。那个时候我的成长应该是最快的，我的内心变得更加强大，那段经历让我更加理解陀思妥耶夫斯基所说的，“我怕我配不上我所受的苦难”。

第 18 节　生死看淡，不服就干

既然选择了坚持和留下，那就“生死看淡，不服就干！”

我仔细分析了一下现状，关键是自身问题。因为学生成绩不理想，所以学校才会过问和插手。因为学校的过问和插手，所以才开展了很多不是源自内心和初衷的工作，然后用这些暂时的表面工作和虚假繁荣来获得领导的临时认可，从而在失去自我意识的陷阱里越陷越深，不能自拔，最终迷失了自我。

接下来，我需要分清趋势，“势”是已经发生的内容，“趋”是即将要发生的事件，而我必须要从已经发生的内容去用心思考即将要发生的事情，把握好趋势才能乘势而下，才能取得成功。

要想成功就要真正做到“知己知彼，百战不殆”。我不能再拿着高一的“大坑”到处找借口了，事实已经如此，那么，该怎么办呢？我需要解决下面这些问题。

问题一：理顺关系。

管理，就是既要“管”更要“理”。因此从某种意义上讲，搞管理也是要理顺关系。中国人讲究“天时地利人和”，理顺关系就是“人和”，人不和，做事就不顺。能将自己喜欢的人引导走向你的身边需要本事，能将不喜欢的人变成自己喜欢的人，那是更大的本事。

要解决这个问题，我借用了一位教育专家的四句建议：“对上多争取，对外多联系，对下多支持，中间多默契。”“对上多争取”，就是多争取上级领导的扶持。“对外多联系”，就是广泛联系各种力量支持管理工作。“对下多支持”，就是保护好、发挥好级部所有人员的积极性和创造性，全力支持部下的工作。“中间多默契”就是级部管理人员要团结，要加强协作。我做得最不到位的就是“中间多默契”这个问题，为解决好这个问题，每周日晚上召开一次干部会，第一阶段是由各位教学干部（骨干）汇报上周所承包的工作，第二阶段是我汇报上周工作总结和下周工作计划，第三阶段是由各位教学干部（骨干）对级部下周的工作提出意见，第四阶段是将工作分工并落实。

下面为每周教研组承包干部工作：

每周教研组承包干部工作

1. 每周至少听 1 ~ 2 节所承包教研组的课，必须跟上评课，要将级部的精神和对教研组的指导融入评课之中，每周日晚上的干部会进行汇报，并上交评课表。

2. 每月进行一次承包教研组的同课异构活动（同一节课不同的呈现方式），组织好统一听课、评课活动，拍照片，做记录，准备过程材料。

3. 每周要抽查一次所承包教研组学案的命制、批改、集体备课情况并反馈和汇报。

4. 每周都要督促落实承包教研组的办公纪律和青年教师成长，要汇报做了哪些具体工作。

问题二：大胆地去掉级部的无效工作，努力将保留的工作做到极致。

对一个成功的管理者来说最困难的事情不是决定要做什么，而是决定什么事情不要做。大部分优秀管理者的成功是因为他们能持续地做那些被我们视作常规的小事，并努力做到极致。

我们中国人发明了火药，最多用来制作了鞭炮，没有将这件事情做到极致，欧洲人却将火药一步步发展到了炮弹、子弹、火箭、导弹，努力将它做到极致；古埃及人发明了玻璃，也没有将它做到极致，欧洲人将它一步步发展到了放大镜、显微镜、望远镜……努力将它做到了极致。一个优秀的人之所以优秀，不是因为他什么都会，而是因为他有最擅长、最精通的方面。对于级部的工作也是这样，不是开展的工作越多越好，而是要找准适合级部发展的，最迫切、最需要的，然后一步步将这件工作做到极致，成功自然而来。

不知不觉中，我脱离了过去的一切，逐渐明确了一个方向：我只需要用尽全力付出，然后静待花开就好。无论成绩如何，焦虑、失眠、血压不稳……都一一离我而去，我喜欢的自己终于回来了。

如约而来的依旧是二轮、三轮模拟，然后是高考，高考成绩查询，一切我都是笑着面对的，因为所有好的、不好的都是我的。当然高考就是高考，是实力的试金石，来不得半点虚假。最终的高考成绩算是不愠不火，总算是对得起高密北乡的父老乡亲吧。不理想的学科是语文和理综，理综成败主要看物理，而这两个学科也是高一挖坑挖得最狠的两个教研组。

一位领导得知我们办学的困难和取得的成绩后，发出这样的感慨——“不屈的二中！”每次听到“不屈的二中”这句话我都会感动，都会自豪，都会骄傲，都会热泪盈眶，这说的不正是校门口东侧那一整排挺拔向上的白杨吗。“永不放弃”，这就是二中精神，这就是二中底蕴。

第2章　与干部谈管理，从制度走向文化

我经常和学校干部们交流一个问题，如果到某个年级，只需要一个细节我就能知道这个年级年级主任的执行力和领导力。看什么呢？就是教室的玻璃。为什么透过玻璃能够看出一个年级领导者的领导力和公信力呢？因为擦玻璃这项工作很多时候是随机安排的，没有固定到具体学生，所以安排这项工作时会难以落实，学生们都不太愿意做一个难度高、检查标准也高的工作，即使被选去擦玻璃，也可能会带着情绪极不情愿地去做，自然也不会呈现出最好的效果，所以从这种角度而言，学生对困难任务（擦玻璃）的担责能力确实会体现年级的执行力和领导力。

有位年级干部和我说："为什么我每次说打扫教室卫生、清理门窗玻璃，学生都无动于衷，而你只是说一声，所有的孩子都动起来了，爬上爬下，擦得干干净净，到底哪里不一样？是因为学生害怕你吗？"其实，他只看到了我发布"打扫卫生"的任务，并不知道我在公布任务内容之前做了哪些铺垫和与任务有关的工作支撑。清理门窗玻璃，看似是一件不起眼的任务，但是作为管理者，要预先思考很多，安排谁去擦教室玻璃，怎么擦，擦到什么标准，谁检查验收，包括任务完成中可能发生的随机情况，学生不服从安

排、擦不干净等，作为管理者都要考虑到并且预先想出各种情况的应对方法。

第一次擦玻璃我会这样安排：召开班长会，明确任务，提出要求。擦玻璃的具体要求：一是每块玻璃责任到人，用小纸条把名字贴在玻璃上；二是没有参加擦玻璃的同学保证有其他任务，比如擦风扇、电视、书橱等，保证人人有事干，事事有人管；三是明确检查的时间和标准，我会亲自查，要求所有班长晚自习6点到各自教室的门口等待检查。我会按照约定准时到达，监督是为了更好地实施，也让学生感受到对这件事的重视，他们从心里也会更重视这项任务。任务执行得好的班级我会表扬，不合格的班级会批评班长并且监督整改。

第二次擦玻璃，我会继续召开班长会，这次只问一个问题：你们要求我什么时候去检查完成情况？我仍然会逐个班级进行达标验收，对首次不合格的班级我的标准会更为严苛，第二次还不合格的班级我会对班长进行严厉的批评，还要通知到班主任。

第三次擦玻璃，我继续召开班长会，我只到场，由学生会的干部进行工作部署。我只是看，不点评、不参与，但是我会和学生会卫生部长一同参加达标验收。

第四次擦玻璃，我只需要和学生会卫生部长说一声就可以了，虽然同样是一声令下，却没看到我前三次对人和事的管理过程。

我时常思考一个问题：最好的学习管理的顺序应该是什么样的呢？我觉得“实践—理论—再实践”是最好的顺序。干过管理的人读管理的书，会将自己的管理经历与书中的观点进行碰撞、交流，这样会对书中的观点体会深切、理解透彻。

我曾做过尝试，试图走完这种学习管理学的历程。第一步是“实践”：担任“班主任”这个最小的管理单位20年，担任中层干部到如今也已经十多年，算是差强人意。第二步是“理论学习”：2018年，我鼓足万分勇气报考了华东师范大学教育管理专业的硕士，繁杂的教学管理工作让我在学习期间力不从心，最后只考了290分，远远没有达到初试线，但是我管理学的分数为117分（满分150），这充分显示了实践对于理论的支撑作用，理论的生命来源于实践。考研夭折，于是我只能找一些管理方面的图书来补充管理学理论学习。第三步是理论和实践结合：读书和学习，然后在工作实践中将理论与实践慢慢结合起来，这种提升让我受益匪浅。因为收获的不仅仅是管理理念、方式的转变，更重要的是思维方式的改变，我认为这比什么都重要。

第1节　级部管理的第一阶段——走动式管理

什么样的人适合担任年级主任？我的看法有两个：一是擅长班级管理的优秀班主任，因为管理是一种能力，一个连班主任都当不好的人是不可能当好年级主任的；二是“勤”字当头的班主任，年级主任最重要的是稳稳当当地抓好落实。

我刚开始担任年级主任的时候没什么经验和技巧，方法就是将我原先当班主任时的班级管理理念、管理意志放大了18倍，班主任如果有好的招式就拿出来大家共享，要是没有就先用我的。我时常会说学生是班主任的影子，但也一定带着年级主任的味道。

我的第一阶段的招式，可以用刚毕业时学校老领导的话来概括："拼上，豁上，靠上！"如果用一个管理名词来描述就是"走动式管理"，这个是我认为的管理的初级阶段。

下面是我整理的年级主任的工作：

每天工作梳理

1. 每节课保证走一趟。（可根据情况选择课前、课中、课后，每次都要有一个重要观察点。）

2. 每节自习保证走一趟。（至少每晚进入各班级一次。）

3. 每个办公室每天走一趟。（说说话，表扬为主，也要提出问题让教师思考和落实。）

4. 每天（分管校长＋级部主任合计）至少听一节课（评课和交流活动更重要）。

5. 早上 6:00 到，检查各班级背诵情况和班主任到位情况，通报到班主任群，并累计。

6. 早上 6:50，与级部副主任兵分两路，看教室晨读情况（要跟上对班主任、班长的培训和指导），看宿舍卫生、卫生区卫生（跟上对卫生委员的培训）。

7. 7:40 教室走一圈儿。（临近下自习，要查看教师自习辅导情况，同时培训班干部，要跟上指导和要求。）

8. 8:00 查示范课，顺便提醒关灯。（各个班级要有专人负责，力争每个班级做到人人有事干，事事有人管。）

9. 11:45–12:00 教室走一趟，看看学生逗留和学习情况。（注意玩手机、谈恋爱等现象。）

10. 12:05 进入男生宿舍。（提前到宿舍，对于违纪现象，如打架、玩手机、吸烟做到防患于未然，每天到一个宿舍看一看，聊聊天，说说话，开开玩笑。）

11. 1: 50 查迟到和教室宣誓。（跟上班干部培训工作。）

12. 三操。（每次都要找出点毛病来，没有最好，只有更好。）

13. 晚上 6: 00 宣誓、入静检查。（要查看班主任到位情况和学生状态。）

14. 晚上 6: 30–7: 00 是管理相对薄弱点，级部要勤查勤转。

15. 晚上 7: 10 和 7: 40 各查一次教师集备情况，把青年教师主动坐班、集体备课的问题和分数进行反馈。

16. 晚上 9: 30 查合作学习，提醒“每日一查”，批准团队检查当天教师批改情况（提醒、检查、反馈班主任到岗情况）。

17. 晚上 9: 50 打开电脑，累计当天的教师请假情况、示范课听课情况、教师批改检查情况、班主任到位情况等数据。

18. 晚上 10: 05 到男生宿舍（提前到宿舍，对于违纪现象如打架、玩手机、吸烟做到防患于未然），级部副主任负责查教室逗留现象。

每周工作梳理，办公会反馈

1. 每周召开一次干部会。（本周总结，下周计划，承包情况反馈。）

2. 每周召开一次班长会。（检查各个班级日反思、每日一问情况，总结本周各个班级发展情况，提出下周任务，问题意见征求。）

3. 每周 2 ~ 3 节公开课必须要听，必须要评。（灌输理念和思想）

4. 每周一次汇总量化成绩。（班级、教师两个方面，班级要让班主任签字，教师进行个别沟通，不必签字。）

5. 每周一次虚拟班活动 + 抽测。（抓目标，生落实）

6. 每周检查一次教师、学生常规，青年教师必查。

7. 每周抽查中午 13:00、晚上 11:00 左右学生违纪情况一次以上。

8. 每周抽查特殊时间、特殊地点的违纪现象一次以上。（卫生室、超市）

9. 每周至少两次检查教师坐班并反馈。

10. 每周至少有一次青年教师谈话，有时可以主动到教师的办公室进行座谈交流。

走动式管理除了要勤走勤转，还要有问题查摆意识。在管理中我一般会将发现的问题横向扩大，重要的问题纵向查找原因，并寻找解决措施，始终带着精益求精的意识慢慢提升管理质量。

示例 1：看见楼梯有一堆垃圾未清理。横向：班级值日生——该班级管理——其他班级有无类似现象——宿舍的卫生状况——卫生区状况，这是上午的情况，下午呢？纵向：查找原因并寻找解决措施：为什么不打扫？如何规范打扫？怎么常态化、高标准去落实和检查反馈？如何按照时间、人物、标准、反馈、整改来推进该项工作？

示例 2：下午听到一个班级宣誓的声音太小。横向：这个班级——其他班级——晚上宣誓——三操口号。纵向：为何声音太小，或者干脆不宣誓？学生的士气如何提升？怎么规范要求？如何检查反馈？

示例 3：看见一名学生不穿校服。横向：个体现象——班级现象——级部现象——学生穿着——教师穿着。纵向：为何不穿？怎么规范？怎么检查反馈？

示例 4：看见一名学生活页整理不规范。横向：个体现象——班级现象——年级现象——学生常规——教师常规。纵向：为何不整理？怎么规范整理？什么标准？如何检查反馈？

示例 5：教学楼一楼西门口处宣传版面破了。横向：东门口处的版面——教学楼其他易破版面——年级张贴的宣传版面——办公室内版面。纵向：为什么会被学生打破？如何减少这种有意破坏？

在走动中思考，在走动中建立问题查摆意识，不是看见哪里整改到哪里，而是由点到面，横向解决一个方面。这样，每天无形中规范和提升了管理上的某一个方面，一段时间后，会全面提升管理标准。同时，要有纵向查找问题内因的管理思维，将更多的问题解决于萌芽之中，而不是只忙于当救火队长，要形成有条不紊的管理节奏，形成系统的管理体系，减少无效劳动，提高管理效率。

作为年级主任，无论业务多精炼，管理理论多高超，都需要“张开嘴，迈开腿”，因为“现场有灵魂”，将这个“走动式管理”作为一个重要的抓手和模式落实下去，执行过程可能又苦又累，但只有这种模式的管理才能让级部主任真正走到师生的心中，第一时间了解师生的需求，才能及时、有效地开展服务师生的工作。

第2节　级部管理的第二阶段——分部式管理和分布式管理

刚上任的年级主任看到上面梳理的琐碎工作可能感觉头大，这么多工作怎么能干得完？其实这类工作的强度可以根据个人的情况进行调整。我属于精力比较充沛、坐不住的人，有的年级主任可能更喜欢那种处于中心枢纽的协调调度，也就是我接下来要谈的级部管理的第二个阶段——分部式管理和分布式管理。

“分部式管理”和“分布式管理”有何不同？在我看来是侧重点不同。

“分部式管理”注重的是将一个大单位分成几个平行的小单位，通过几个分部之间的竞争，让级部富有生气和活力。例如：有800名学生的级部可以分成平行的两个级部，这样学生分开、教师分开、管理分开，从而形成学、教、管等多个角度的竞争，让学生、老师和干部都参与其中，整个年级才会更有活力和前进的动力。

新高考实行的选科走班制，很多学校灵活处理成了“套餐”制度，让有些管理者认为这种“分部式管理”因学生选择的“套餐”不同，在学生之间没有可比性。其实不然，我认为在这种状态下“分部式管理”反而在新高考改革下能发挥更大的价值。我们可以在分班时尽量将同一个“套餐”组建出偶数班级，比如物理、生物、政治的组合，如果有140人，那么是分成三个班还是四个班呢？建议分成四个班，每个班35人左右。两个分部每个部两个班级，同一个分部竞争，不同分部也竞争，整个级部都沉浸在这种争先恐后的氛围里。如果能够顶得住压力，更好的办法是将这140人分成A、B两层，A层两个班，B层两个班，然后分到两个分部里，相互有对标对象，这样会更有意思。

“分布式管理”注重的是按照工作性质阶梯式地将工作进行拆分，分成几个小单位，努力做到“人人有事干，事事有人管”的管理模式。不管什么类型的实体，它的规模越大，就越需要分散成小的更加高效的部门，这样才能保证它能够有效地运行。在年级工作中，“分布式管理”属于常规管理，可以围绕级部基本运转和特色工作来组建管理团队，这样就可以腾出手来做更有价值感和更具思维性的工作。

这里有个问题需要注意，“分布式管理”的前提是管理者首先要非常擅长各个层面的基础工作，因为我们必须要清楚“分布式管理”的目的是什么。“分布式管理”的目的是培养人，发挥教师管理的主体感和团队精神。既然是培养人，只是搭建平台是不够的，还需要在管理过程中加以指导。要指导他们，级部主任就需要熟悉和擅长各个层面的工作，只有如此才能真正地发现问题、给以指导，并帮助其成长。

因此，“分布式管理”真的就像一位企业管理者说过的话：“我如果不说出个一二三，就指挥不动他们。哪一行都是一样的，你要做管理工作，首先生产业务就要熟悉，不然话说出来都不对路！”这位管理者在80多岁时还自己研究怎么剪枝——什么温度、湿度剪枝，怎么打药——自己亲自动手配制农药，怎么打，什么时间打，不同时节打哪个部位，自己总结经验，还编辑了一个小册子，一点一点儿地培训果农，这更是让我钦佩不已。

第 3 节　级部管理的第三阶段——“真正的闭环系统”

学校里有的级部没有活力和生气，给人一种暮气沉沉的感觉，学生拖不动、老师带不动、工作落实不动，让管理者苦恼不已却又不知从何处下手。其实，问题就出现在级部主任的工作落实做不到闭环系统上。

如果按照级部工作的流程来分，大致可以分成以下四种状态：

第一种状态：有布置，无检查。

如果安排工作只是停留在表面，没有任何后续的检查反馈，杀伤力 10 级，管理者对这件工作不重视，团队的其他成员也会认为这件工作随意做做就可以了，这样会毁了整个团队的积极性和战斗力。年级主任今天一个奇招，明天一个妙想，有的招式可能的确不错，但若只是安排了，连检查、反馈都跟不上，一段时间后会发生什么，我们完全可以想象。

检查的目的不仅仅是为了量化和监督，还是对教师工作的一种认可和肯定。例如：早读辅导这件事情，今天张三老师来辅导了，但是年级主任没来检查，李四老师没来辅导，年级主任也没发现，一周下来张三老师会想“来了白来，李四不来也没什么事，反正你也不查，以后我也不来了”，李四会想“你看看我一周没来也没什么事，看来你不查啊，以后就更不用来了”。

长此以往，安排的所有工作都会虎头蛇尾，最终造成的后果是可怕的。无论安排多么有意义的事情，教师和学生都不会为之所动，从心理上对年级主任布置的工作不重视，甚至年级主任个人的威信和形象都会被削弱。因此安排工作如果只布置、无检查，级部管理就像一盘散沙，很难再凝聚起来。与其这样，还不如“无为而治”。

第二种状态：有布置，有检查，无反馈。

检查的目的是为了什么，为了检查而检查吗？只检查而无反馈，等同于不检查。还是举教师早读辅导的例子：张三老师在教室辅导学生，你查班时看到他了（管理者要尽量采用一些方法让到位的教师看到检查人已经看到他就位了），他也看到你了，这是一种无形的认可，但最终你却没有反馈，老师感觉将工作干到黑影里去了，来了白来，那来的还有什么劲儿？我们经常被教育要含蓄、内敛，但人是需要被肯定的，只有得到正向的鼓励，才会产生继续做好的动力。因此需要让教师感受到做与不做这项任务是有区别的，做完与做好也是不一样的，努力付出是有价值的。

反馈时要注意以下几个问题：

第一，要让教师明白辅导早读是一件有价值的事情。只有充分意识到所从事工作的价值，人们才会不知疲倦地努力工作。价值，是一个组织里最核心的内驱力。举个最简单的例子，你要让一个人弯腰，脚下必须有足够的价值（脚下有一毛钱和一百元钱哪个更会让人弯腰）。

第二，要让教师知道检查、反馈的结果是要量化考核的。学校不是企业，业绩为王，学样有着特殊的职业特点，但是我们也不能成为大锅饭，干多干少一个样，干孬干好一个样。教书育人这个职业，有的教师工作勤勤恳恳、兢兢业业，但是教学成绩确实有时不理想，一票否决吗？所以我们既要看业绩，也要看奉献，多维度评价教师的绩效，我经常挂在嘴上的评优原则就是“奖优酬劳”。

第三，反馈要讲究及时性。

在《共好》一书中谈到了及时反馈的重要性。要做好工作就需要依靠团队、信赖团队、互相鼓励、彼此协作，这就是“大雁的天赋”。大雁靠同伴之间的肯定和鼓励飞过漫长的迁徙旅程，作为社会性的人，同样更是需要这样的肯定和鼓励。美国有一句残酷的俗语：帽子上的一条金色带子，满胸的徽章，能让年轻人英勇奔赴战场。对于人类来说，做事前怀着有意义的目标，做事的过程中有正确的方法，能确保高效地完成目标，而达成目标的驱动力来自两个方面——物质上的奖赏和精神上的肯定，而后者更有力量和生命力。

这里重点强调反馈的及时性。我们继续以教师辅导早读为例：早读时间是从 7 点开始的，那么几点开始检查，几点反馈呢？这件事情我和一位年级干部交流了很久。他刚开始的做法是不反馈，提醒改进后是晚上和其他项目合并一起反馈，再提醒后是 7:30 反馈。我问：“如果你是 7:00 到，另一位教师总是 7:10 到，还有一位教师是 7:29 到，在你这里反馈是不是就看不出区别，都一样，一段时间后会如何呢？估计都 7:29 到等你 7:30 反馈了。”因此反馈要及时，7:05 查完立即反馈，这样其实在暗示教师到教室辅导最晚时间是 7:05。

作为年级管理者，要思考每项工作如何能够做到最及时、最有效的反馈，这是无止境的。参观衡水中学的时候，那里“三操”的及时性反馈就给了我很大的触动：衡水中学的“三操”结束后，会立即将各班的“三操”情况进行汇总，并当场进行通报。对不理想的要点到班、点到具体问题，班主任要立即到班级队伍中训话进行纠正，训话完后立即进行整顿。长此以往，怎么可能不进步，怎么可能不完美。完美就来自及时的反馈和整改，反思自己的管理，所谓的及时反馈最多就是在当天的班级“三操”扣分上进行公示而已，对比一下，差距实在是太大了。

第四，反馈要有不同的节点，而不同的节点有不同的作用。我提倡的是日反馈、周公示、月总结。日反馈是为了调动教师的积极性，改进工作标准；周公示是让教师了解自己，了解他人，明确这周的个人投入情况；月总结是用来考核、量化本月教师绩效的，也能帮助集体和个人进行阶段性总结和改进。当然，在这里不提倡进行月公示，因为教师都明白每月的积累其实就是本月的常规名次，如果直接公示可能会激发矛盾，因此一般只需要周公示。月总结，让教师本人知道自己的情况即可。

总之，工作要有布置，有检查，有反馈，来促进教师工作的积极性，让教师看到自己工作的价值，不要因为不反馈而挫伤了优秀教师的积极性。

第三种状态：有布置，有检查，有反馈，无整改。

一项工作有了布置、检查、反馈，就是完美的闭环系统吗？有的时候我们需要问一问自己，安排工作的目的仅仅是为了把事情做完吗？其实，更多的时候，将一项项工作做好，能够让人掌握更好的做事能力，让个人更好地成长，能面对未来出现的各种不确定性。当然，反馈只是一种方向上的指引，还要注意反馈之后跟上整改，只有进行了整改，才能真正实现进步，才算是得到了更好的成长。

再以教师辅导早读为例，反馈应该是具有针对性的反馈，想达到什么标准或者想改善什么就可以反馈什么。比如“今天英语早读，7:05全体英语老师到位，点赞！”和“今天英语早读，7:05全体英语老师到位，其中张三老师早读时间在教室里对边缘生进行针对性检查，李四老师布置的作业听、说、读、写都有明确的任务和时间安排。”第一种笼统性的反馈只停留在表面，给教师一种人到即可的感觉。第二种细节性的反馈能够让教师感受到年级主任是在用心观察，不止关注人员到位情况，还关注教师的辅导内容和态度，进而会更用心地去辅导。再假设早读最后10分钟纪律总是比较差，就可以早读后半段再跟上一个反馈：“今天英语早读最后10分钟，仍然坚持在教室辅导自习的老师有张三、李四……老师们，最后这几分钟更需要您的关注！”想达到什么样的标准就表扬什么，想改善什么就反馈什么。就这样，持续反馈一段时间之后，再慢慢督促教师进行整改，从而达到预期的要求，这就是有布置，有检查，有反馈，有改进——最好的闭环系统。

第4节　级部管理的第四阶段——制度化管理

级部管理的第四阶段是制度化管理。制度化管理是指以制度规范为基本手段协调企业组织集体协作行为的管理方式。制度化管理是由德国管理学家马科斯·韦伯提出的，其实质在于以科学确定的制度规范为组织协作行为的基本机制，主要依靠外在于个人的、科学合理的理性权威实行管理。

在进一步认识制度化管理之前，先谈一谈“制约机制”和“激励机制”。制约机制是告诉大家不能做什么，激励机制是告诉大家应该做什么。针对学校的管理工作：一方面，制约机制要“密不透风”，规章制度要健全；另一方面，激励机制要“疏可走马”，为大家发挥主观能动性和创造性提供广阔的空间。

建设学校制度的目的是什么？学校制度的来源是哪里？我们先搞清楚这两个问题，才能真正地用好制度。

大多数单位的制度是底线管理，学校的规章制度是保证正常教学的底线，对于年级来说底线就是要不顾一切去维护、去落实的红线。但是满足最低标准的底线达不到年级高效管理的要求，所以我们不仅要底线，还要根据自己年级的实际情况和最终目标确定自己的上限，甚至上不封顶。

年级实行的制度主要来自两个方面：一方面是来自学校的制度，这个是冷冰冰的，不能有任何弹性，要落实到位；另一方面是年级的制度，来自本年级文化价值观或者教师达成的共识，以保证在坚守学校底线的前提下奋力提升，进一步提高教育教学质量。

接下来谈一谈学校制度和年级制度。学校制度是建立在学校办学愿景和学校文化上的，年级只能服从和落实，所以这里只讲关于学校制度的落实。

怎样落实学校制度？我的看法是不打任何折扣地落实。但是在某些情况下，有些级部主任会认为自己学校的学校制度不合理，不愿意去落实，想按照自己的方法来进行管理，这样做是不恰当的。如果认为学校制度不合理，可以向学校提出意见，经过学校教职工代表大会通过后，再按照新的制度落实，而不能自作主张，让自己的方案与学校制度相冲突。新的制度没出来旧的制度就是目前最好的，学校制度有其权威性，年级的管理者应该维护它的威严，不然人人都可以凌驾在制度之上，即使有一个更合理的方案，如果不是“合法”的，也不能采用。

举个案例：我校教师流失严重，因此青年教师较多，为了更好地帮助青年教师发展，学校采取了一系列措施和方案，其中一条就是集体备课制度。集体备课被安排在周一到周四的晚上 7:00–9:00。每个教研组只需要周一、周三或者周二、周四两晚进行集体备课，包括的环节有青年教师说课、骨干教师评课、教研组长梳理课，然后统一组织命题等活动。2014 级高一的时候，生物组成绩非常突出，在即使有一半教师是代课教师的前提下也取得了遥遥领先的成绩。领导团队在思索奖励办法的时候，有人提出一种方案：“生物组可以不参加集体备课，其他教研组若有意见，级部可以提出，谁能考级部第一名，谁就可以不参加集体备课。”这个方案好不好，能不能提升教研组的积极性，能不能提高教学效益？当然能！那么年级可不可以落实？不可以！

明明是一个能够提升教师工作积极性和工作效益的建议，为何不能落实呢？这其中有两个原因：第一，因为这是制度，至少是目前学校的规章制度，年级是没有权力违背的，这是“红线”不能碰；第二，学校是一盘棋，三个年级，这样做会绑架兄弟年级，是在硬生生逼着其他年级也要这样做，这样做缺失大局观。

“先管住再教育”，这句话确实有学问，对于学生管理和教师管理都是适应的。对于教师的管理要在保证制度落实的前提下再考虑人情味，要把握好“度”。比如张三老师这个学期因为母亲生病、孩子感冒发烧等累计请假一个月，请假时我们要表现得很支持，当然还要带上关心和问候，先照顾家庭是应当的。但是我们要严格按照制度进行考核，请假超过一个月严重影响到了师德考核分数和岗位目标分数，这些也要明确表示出来，教学成绩即使不错也没办法。请假的时候要痛快，考核的时候要干脆，不能混为一谈处理。一句话概括，我能理解并支持你，但是我仍然要正常反馈和正常考核。

年级制度从何而来呢？作为级部的管理者，要注意年级制度要自下而上地形成，再自上而下地落实。

年级制度的源头来自年级问题的暴露和管理者敏锐的发现。比如学生学习落实较差怎么办？这个不能是管理者拍脑袋决定，即使管理者有非常好的措施和办法，也要想方设法让别人说出来，要自下而上地将这个措施呈现。管理者可以提出问题："怎么提升学生的落实？"展现给教师，目前我们的落实现状有多差，如落实到位又会发生什么样的美好愿景，然后将问题抛给青年教师，抛给骨干教师，抛给教研组长，抛给班主任。让他们去思考、去研究，在思考和研究的过程中他们就融入了年级管理，形成了团队观念，提出了接地气的具体措施。之后，级部可以召开部分代表座谈会，谈问题，谈方案，在汇总、组织教师方案的过程中可以将管理者原来设想的方案融在其中，最终形成共识，从而形成年级制度，然后级部从上到下推行年级制度，干部带头，组长带头，一级一级推下去，从而形成全员共识，并且做到全员落实，只有这样的年级制度才有价值和生命力。

下面是我对学校整体考评制度的一个思考：

学校考评制度的思考

一个学校应形成系统化的考评方案：学部（月、学期）、职员（月、学期）、干部（月、学期）、班级（周、月、学期），教研组（周、月、学期）、教师个体（月、学期）、学生个体（周、学期）。

其中，即时性评价要带着永无止境的心态去思考和改进。

举个例子：学校关于导师制如何具体推进和实施。

全员承包、全员导师制现在已经是学校的标准化动作了，但是具体落地的效果如何，导师真的能够自主开展有效工作吗？真的能够做到每天都会关注，每周都会交流，每个特殊节点都能跟上吗？现在更多的是年级搞运动式地推进全员导师制工作：定期来一次集体谈话，不定期查一次师生交流本，这样有效吗？达到我们的初心和预期了吗？

那么，怎么办？有的领导说，我们可以通过考核提升该项工作的落实。我想问，怎么考核？什么时候考核？一学年一次的考核能起什么作用？一学期一次的考核又能起什么作用？木已成舟，大局已定，只不过把老师们培养成赌徒一般——看个人的手气如何，能抓到什么样的学生，考试能发挥成什么样子。

我们应该加大过程性反馈，提升即时性反馈。

我们可不可以在教学楼最显眼处做一个全员导师分配的宣传版面，让老师们每天经过时看一看自己，看一看他人？

我们可不可以每一次考试都在宣传版面上进行承包学生进步的星级展示？让老师们每天经过的时候都看一看自己，看一看他人？

教师忙，容易忘记该项工作，我们可不可以设计让学生主动与教师交流的环节和流程？

我们可不可以在讲桌上张贴班级全员承包版面，让教师每节课都能关注到自己承包的学生？

我们可不可以将每月的学生综合素质评价结果以及学生进步情况纳入教师的月考核？每月一次，缩短评价周期，及时对标学标，改进工作效果？

……

其实，每项工作我们都可以在即时性评价上下功夫，也就是在规范、精致上下功夫，最终一定会有大收获。

总之，现代社会是一个以人为本的社会，学校制度可能是冷冰冰的，年级制度就一定要暖烘烘的。如果说学校制度是教育教学的基本保障，那么年级制度就是发展的文化引领。

第 5 节　级部管理的第五阶段——文化管理

制度管理固然重要，但是就跟大企业需要企业文化一样，年级管理也需要年级文化，年级文化是降低制度实施成本最有效的因素。

社会在发展，时代在进步，管理在规范。过去那些年“重奖之下必有勇夫”的策略几乎已经没有可能了，而且我观察到自己周围很多刚刚参加工作的大学生基本上都是有房有车无贷的情形，对“金钱”的认识也非常理想（很多家里有“矿”，不差钱），因此物质奖励机制逐渐地失去了土壤。有的教师参加工作没几年就显得老气横秋，没有了活力，于是管理上新的层次就走向了年级文化的引领和管理。

有人会说，用“文化”来引领和管理是虚的。说这样的话的人一定没有认真读过历史，我们可以看一看世界史和中国史，所有大革命成功的前提是什么？无一不是有一个美好的愿景，有一个理想的未来，这就是我辈中人共同的目标，所以才会“揭竿而起”，才会“天下一呼百应”。我感觉中国近代最失败的一次起义是太平天国起义，但也搞得惊天动地，就那么几个人创了个“拜上帝会”，提出了一个“理想国”，一年多就带出来一支人数庞大的军队，要不是自己不争气闹了内讧自相残杀，清朝也许灭亡更早些。

在《共好》一书中提到管理者要培养出“松鼠的精神”——我们从事的是有价值的工作：首先，这份工作会让这个世界变得更加美好；其次，所有的人朝着一个共同的目标努力；第三，确保所有的计划、决定和行动都必须以价值观为指导，其实这就是文化引领。团队中的每一位成员能掌控达成目标的过程，彼此尊重，不扯后腿，每个人都能发挥自己的最佳判断力，共同完成集体的任务，这便是“海狸的方式”。

“海狸的方式”包含了以下三个方面：

一是目标。

很多时候，我们仅有目标是不够的。目标怎么来的？目标达到什么层次？若只是上层管理者强制性下达目标而不与下属沟通，这样的团队很难达到“共好”的状态。比如现在上级教育部门给学校每年分配高考名额，然后校长会分配到级部，大多数时候级部会分配到教研组和班级，可是分到这个层次有何用？谁负责教学和管理？教研组长和班主任是落实单位吗？他们只不过是压力的承担者而已。我们应该将目标分到最前线、最小的单位，让每个班级的每位老师都明白自己的具体目标是多少，要完成目标，在班级中要把重心放在哪里，不同的学生采取什么样的教育方式，这才是目标的意义所在。这里的分配方式也体现了“阿米巴经营管理模式”。说句过分的话，如果年级主任只是将目标分解到班级和教研组，那么这个目标只是给学校领导看而已，没有任何价值。

二是方法。

因为管理层的方法与一线工作者的方法不会完全一样，一线工作者因为一直在工作前沿所以总结出了更好的方法，所以在前面提到年级制度的形成要自下而上地进行，绝对不能出自管理者随心随性的火花闪现。

三是放权。

任正非提出“让听得见炮火的人指挥炮火”，控制目标达成的效率，放手让执行者践行最佳的判断，是管理者最佳的选择。目光短浅、心胸狭窄的管理者是管理的最大敌人。对于中高层管理者来说，尤其应该知道何时该优雅地退场，这是一种技巧，就像一个足球队的教练，找到了场地，宣布了比赛规则，引领球员上场，这个时候他就不需要站在球场上了。只有教练离开了场地，比赛才能开始，他们要做的就是在现场及时给予反馈和赞赏。

说到底，“海狸的方式”实质上是利用文化引领来实现从“要我做”到“我要做”的转变。

在年级中向全体师生提出年级文化不只是一个口号、一个目标，更是一种做人、做事、做学问的模式——树立一种做人、做事思想，明确两条做事准则，强化三个工作意识。

第一，树立一种做人、做事思想——敬天爱人。

个人反思——敬天爱人

敬天爱人被稻盛和夫奉为至理名言。敬天爱人是什么？敬天是尊重天道，尊重自然，尊重法则，尊重规律，是做事的方向；爱人是策略，是方式，是做事的原则，是选择的依据。为何如此选择，为何是这个选择，不是为我，而是爱人，帮助别人的小成功，成就自己的大成功，帮助别人现在的成功，成就自己未来的成功。

工作中，我们做一个选择、说一句话、做一件事应该从什么角度来考虑？不要将问题往外推，而是想想如何解决这个问题，要思考怎样才能解决问题，怎样才能帮对方达成目标、实现愿望。举个例子，前几天带着几位老师到青岛学习，刚到一楼大厅就发现一位带队老师在生气地打着电话。仔细一听，原来是会务组安排的入住酒店每人每天超标了 5 元钱，这位带队老师打电话咨询学校财务人员如何报销，财务人员很坚持原则，不能报销。

“这是会务组统一安排的宾馆，其实只超标了 5 元钱。”

“超了一分钱也不能报销！”

“这个地方是个郊区，方圆 10 公里内就这一家酒店啊！”

“这个你们自己想办法！”

“为什么全国那么多学校，上千人都能入住，我们就不能入住？”

“这个我也不知道！”

这位财务人员绝对是一个称职甚至优秀的财务管理人员，但是我们工作的出发点绝对不能只是思考自己怎么才能做完一项工作，考虑越省时越好，越省力越好，这样的工作方式是错误的。我们肯定要严格遵守国家财务报销制度，这个不能有任何弹性，但是我们是否可以咨询其他学校的财务人员是如何合理、妥善处理的，先安排老师们入住。工作的出发点应该是如何在保证原则和纪律的前提下最大程度地帮助别人去做成事情，而不能因为原则和纪律只是简单而粗暴地拒绝。

在读了稻盛和夫的《敬天爱人》一书之后，我一度曾想放弃阅读任何管理类书籍，因为自己觉得所有的工作开展只要围绕“敬天爱人”这四个字就不会出大问题，其他管理类书籍只是在教我们一些技能和方法而已。同时我还将《秘密》这本书中提出的“吸引力法则”同《敬天爱人》进行了反思融合，明确了做事、做人的准则。我们需要什么就要先付出什么，我们缺少什么就要给出什么。如果想得到别人的关心，就要先学会关心别人，给 10 个人每人一份关心，就会收获 10 份关心；如果想得到成功，就要先学会帮助别人成功，帮助 10 个人成功，就有 10 个人的助力。成就别人现在的成功，收获的将是未来的大成功。“敬天爱人”不是牺牲，不是傻，而是“共赢”模式。因此当自己想“多、快、好、省”地完成份内工作时，需要问一问自己，这样做人、做事是不是有助于别人的成功，自己想收获的到底是现在的“小成”还是未来的“大就”。用一句话来概括就是：做事一定要思考“我怎么样才能帮到你”。

第二，明确两条做事准则。

第一个准则，凡事用心去做，凡事要做最好。

在2015年度全球百大影响力人物评选中，有一个名为近藤麻理惠的日本女孩和奥巴马、普京、库克、村上春树等人一齐入选，她干了什么惊天动地的事呢？她就是做做收纳，整理家务。在自己擅长的领域拿到一个全世界第一，这就是成功。

无独有偶，日本“寿司之神”小野二郎曾经说：“一旦你选定职业，你必须全心投入工作之中。你必须爱自己的工作，千万不要有怨言。你必须穷尽一生磨炼技能，这就是成功的秘诀，也是让别人敬重的关键。”我们可以通过下面几点来看看他是如何凡事用心去做，凡事要做最好的。

座次的准备：每天，小野二郎的寿司店会提前安排客人的座次，将食客按照年龄、男女、状态调整好位置。这样在上寿司的时候后厨就能记得男女的顺序，从而捏出食量不同的寿司，同时也不会打乱吃寿司的节奏。

食材的准备：从专业的米贩那里购入特殊米，用高压锅压制，要放入醋保持爽滑，最后放在保温的罐子里，饭粒温度要与人的正常体温保持一致。他每天早上都去海货市场购买最新鲜的食材。与他合作的海鲜商人都是只卖单一食材的专家——卖虾的只卖虾，卖章鱼的只卖章鱼，卖海鳗的只卖海鳗。小野二郎会凭借多年的经验和直觉，用手电筒照鱼肉的纹理，用手摸鱼肉的质感，买回来最好的鲔鱼。

卖虾的老板说：“整个市场每天只有大概3千克的野生虾，我会全部留给他。”

卖鲔鱼的老板说："我们这里最好的鲔鱼只有一条，我只卖给他。"

食材的加工：海苔片需要慢慢地在火上烘烤，去除湿气；章鱼需要放在盆子里按摩 50 分钟，让肉质鲜嫩；鱼要腌制 5 小时，用文火烤，用筷子挑去杂质……

一件事，一辈子，极致的专注，注定伟大。很多时候，让我们攀上高峰的不是奇招，而是熟能生巧的基本功。

对于学校管理、年级管理和班级管理，在保证基本管理到位的前提下，将其中最有效的一件或者两件工作想方设法做到极致，用心去系统化、规范化、标准化、有效化，一定会成功。

例如，为了提升学生的落实，年级组织了"学生讲题"，效果较好，但是还不够，我们需要按照"凡事用心去做，凡事要做最好"的理念去做到极致。因此随着时间的推进，级部每阶段都在提出新的问题，然后按照前面提到的"工作闭环系统"一一解决问题，逐步走向最好和极致。

1. 课前 5 分钟如何引导教师来落实？

引领号召——级部检查反馈——听课调研——每节课 5 分钟时统一铃声提醒（老师们，现在可以开始讲题）——再检查反馈……

2. 怎样才能让所有教师同时聚焦边缘学生？

提倡——下发学生面批面讲登记表——登记表改进（带边缘生具体名单）——每周收缴检查反馈——评价优秀教研组——评价优秀个人……

3. 怎样才能让边缘生主动找教师讲题？

要求——班主任督促——学习委员登记——班级张贴登记——班主任拍照登记表每天推送——学生取得效果展示——纳入

学生综合素质评价……

4. 怎样才能让教师主动去找边缘生讲题？

5. 怎样才能让学生讲题融入课堂之初，更融入整个课堂始终？

……

“最好”就是我们每天努力的方向，极致就是成功的保障。

再比如考试期间自习辅导：

第一阶段：笼统地分，晚自习第一节都是语文，第二节都是数学……

第二阶段：不要统一上自习，只需要保证每个班级每节课都有负责的老师，晚自习第一节有的上语文，有的上物理，保证每节课每个班级都有老师辅导，老师在与不在学生的做题速度和质量是不一样的，而且老师可以直观、现场观测到学生的做题习惯和节奏等。

第三阶段：再具体一点儿，思考一下家在市区居住且不在学校住宿的老师晚自习第四节（20:35–21:20）很难在教室辅导到底，是否可以让其第三节辅导纪律相对较差的班级，第四节安排其辅导纪律较好的班级，即使老师提前离开也不会有问题。

第四阶段：……一定有第四阶段的，我们的工作就是想方设法去寻找问题，用心解决问题，用心去做，做到最好，最终就是最好的我们。

如果有了这种做事的意识，下一个问题就是思维方式的改变，下面是一件事引起了我的思考，反思后对以后工作的开展也理顺了脉络。

一次考试书籍摆放引起的反思

周日下午会议归来，发现学生已经为明天的模拟考练开始整理考场了。但是走廊的书籍摆放得乱七八糟，这明明不是第一次考试，也不是第一次整理书籍，我带着情绪直奔级部办公室。推门，看到正在召开班长会，心不由得一缓，可能忘记安排了吧。于是顺便提醒了一句：别忘了提醒同学们按照原来的要求摆放走廊的书籍。

过一会儿之后，出门看了看，基本还是乱七八糟的。我又提醒了一句，“忘安排了，怎么这么乱？”，“安排了啊，忘记强调整理标准了”。教室音响开了“请同学们按照 17 班的标准统一摆放书籍”。我心头一紧，天啊，17 班的标准是什么样子。我赶紧跑过去将 17 班整理出一个标准，将书籍先外齐，再内齐，并将学生的箱子进行了统一。可是有的班级的走廊比较窄，这个没法统一，级部紧跟着又下了一个要求——“两端走廊比较窄的班级北侧靠墙放一行”。哦，这句话安排比较到位。陆续地，所有班级按照 17 班的标准进行了摆放。晚自习第一节，我去转班级，发现并非所有班级都进行了落实，有的班级不是先放外层后放内层，而是先放内层，导致班级与班级之间参差不齐，于是我安排了两个干事去落实这件事情，先放外层再放内层。晚7:00，开完会回来一看，终于解决了，但是班级和班级之间的书籍没有连接起来，而是一段一段的，很不雅观。于是我又安排两位干事将最外层书籍进行了班级之间的连接，最终的结果总算还不错。

整个过程：

（1）我的问题：没有指明具体标准，只是在翻来覆去地找问题，再改正，反复改正，显得混乱。

（2）级部的问题：安排工作过于简单，落实不够细致、到位，标准太低。没有将级部文化中“凡事用心去做，凡事要做最好”落实到位。

（3）心得体会：要从内外两个角度去进一步规范级部管理。内：要上报学校教室内统一安装储物柜，周末安排学生将无用书籍带回家。外：任何工作都要标准化、流程化。

（4）开展工作如何做到极致？① 动机和目的：不要走着走着就忘了初心。② 标准和时间：谁负责？什么标准？什么时间完成？③ 策略和实施：负责人拿出具体方案。④ 模拟和探错：将实施步骤和时间进行推理和研判，可能出现的问题，以及解决方案，将工作做到极致。⑤ 形成具体实施方案：时间、地点、人物、标准、项目落实人。⑥ 检查、反馈、整改：谁检查？检查标准是不是回扣实施方案？怎么反馈？谁整改？整改后再如何？⑦ 量化和考核：考核谁？怎么量化？量化后如何使用？⑧ 总结会，根据工作效果确定该项工作是否形成课程。

说到底，凡事用心去做是一种做事的态度，体现出主动和悦纳，而不是被动和接受；凡事要做最好是一种做事的方法，怎么做事？那就是每次都要更好，因为“最好”的敌人就是“更好”。我们可以将级部的每一项常规工作尝试用这种思想去做、去打磨，肯定会收获一个“最好”的级部。当然我们还可以将每一分钟都做到自己的极致，水到渠成，形成最好的每一段，我们也可以收获成功。这样随着对事和时间的极致追求，自己的管理能力和标准也会因此飞速成长，从而让你收获一个“最好”的自己。

这种做事原则也是“工匠精神”的一种体现，集体的发展和个人的进步都需要“工匠精神”。工作是一种修行，集体的竞争不单单取决于人、财、物的简单叠加，更需要培育一种精益求精、精雕细琢的干事精神。个人的成长需要对任何一件工作都要高标准、严要求，关注工作中的细节，多总结工作上的心得，多寻求工作上的突破点，这就是“工匠精神”。

这些话引导我的工作理念已经好多年了，我原以为这种理念都可以刻在我的骨头里了，应该会融入我的思维模式，会无处不在地体现在工作之中。可是在 2021 年，在高三复学准备工作中却给了我响亮的一记耳光，让我对自己是否真正做到“凡事用心去做，凡事要做最好”有了更深层次的认识。

比如教室的开学整理竟然先后经历了七个阶段：

第一阶段：打扫卫生。老师们擦墙壁，拖地板，抹玻璃，刮口香糖，清墙角地面污垢……一个个忙得腰酸腿痛，最终大功告成。

第二阶段：最新要求，卫生不仅要收拾教室外面，还要收拾教室里面。于是又在教室里重复了上面那一套，这次直接累瘫。

第三阶段：最新要求，要用隔间教室。将正式使用教室的书籍搬到隔间空教室中，一本不留，干干净净。班主任们怨声载道，搬完累得就剩一口气了。

第四阶段：最新要求，因为每个教室不能超过30人，所以每个教室只能留30张桌子，其余桌子一律清理到隔间空余教室中。到了这个时候，老师们连埋怨的力气都已经没有了。

第五阶段：最新要求，因为有的班级只有24人或者26人，所以要根据人数配备桌子，班级有多少人就留多少张桌子。我记得当时自己感觉已经崩溃了。

第六阶段：要将座次表贴上，要在课桌上贴学生的姓名，减少报到时的交叉。

第七阶段：班内的桌子款式比较多，还有不同的颜色，需要从隔壁隔间教室调桌子，争取将教室内的桌子都换成同一款式。

总之，仅仅教室卫生打扫就折腾了一周，最终开学当天还是不够圆满，发现有的桌子侧面都破损了，有的桌面被学生写成了大花脸……

现在回头想来，说到底，“凡事用心去做，凡事要做最好”还是没有真正地融入自己的全部。在处理被动和主动的工作中，主动的工作或许能去尽量体现这种做事的理念，而被动的工作还停留在别人让做什么才做什么的程度，所以一直随着别人的要求在变化。如果从第一次被动整理教室就思考这句话呢？为了最大限度地减少人员交叉，我们应该怎么办？怎么才能用心去做而且做到最好？我觉得完全可以一次性将最高标准拿出来，也不至于让老师们每天都在换标准，每天都在做重复性劳动……

北京市劳动模范李素丽说，认真做事只是把事情做对，用心做事才能把事情做好。何为用心？就是更好！

第二个准则，每天都要思考一点点儿，每天都尝试做一点点儿。

对于常规工作，我们可以按照准则一（凡事用心去做，凡事要做最好）+准则二（每天都要思考一点点儿，每天都尝试做一点点儿）去做，将一件件工作慢慢推进到极致，从而提高管理和教学质量。

对于有挑战性的工作，我经常问问题，也会得到意料当中的回答：

“难吗？”——“难！”

“不会做吗？”——“不会！”

“不知道如何开展？”——“不知道！”

那么，尝试每天思考一点点儿，每天都尝试做一点点儿，一点点儿就很好。

我是一名化学老师，现在的孩子特别惧怕计算题，大多数孩子基本上是题目还没读完就被吓住了——看不懂，没思路。碰到这种情况，我总是鼓舞学生：“同学们，告诉你们，一个计算题如果你真的没有思路，那就是一种思路，你只需要将这个题目中涉及的最基础的公式摆出来，然后根据题目中的信息逐一将公式中的量求出即可！”在工作中又何尝不是如此呢。

我的母亲经常跟我说一句话：“眼是孬种，手是好汉！”——活不是看出来的，而是干出来的。怎么干？一点点儿干就是。干什么？一点点儿想就是。

在2017年，山东实验新高考，我负责学校新高考的培训和研究，如同蚂蚁搬家一样，每天都会思考一点点儿，每天都尝试做一点点儿，学习、研究、琢磨，从生涯规划到综合素质评价，从选科走班到教师评价，最后的汇报获得了满堂喝彩。但是做的那个PPT并没有被束之高阁，我继续每天都思考一点点儿，每天都做一点点儿，哪怕只是改动了一张 PPT，改动了一句话，我都会很开心，因为我知道自己在进步。后来逐渐接到邀请外出交流，每次我都有一个要求，主办方必须要给我提 3 ~ 5 个最想了解的具体问题。拿到这几个问题，我天天思考、研究，形成可操作的方法和模式，就这样，一步步走到今天，我已经可以去参加省级层面的培训课了。

第三，强化三个工作意识——换位思考意识、角色意识、放大思想意识，这三个方面体现了工作的要求和弹性。

第一个意识，换位思考意识，也就是同理心。人人都有本位意识，换位思考意识不仅仅教师欠缺，学校管理者也欠缺。教师多站在学生的角度去看待问题，学校管理者多站在教师的角度去看问题。在下结论和做事之前先问一问自己："如果你是一名教师或学生，会怎么看这个问题？合适吗，怎么改进会更合适？"

第二个意识，角色意识，这体现了定位观。学校管理者要有管理者的样子，教研组长要有组长的样子，班主任要有班主任的样子，老教师要有老教师的样子，青年教师要有青年教师的样子，高中生要有高中生的样子……这是我在召开各种会议时经常挂在嘴边的一句话。

有些事情别人可以做，因为你是这个角色所以就不能做；

有些话别人可以说，因为你是这个角色所以就不能说；

"你作为一名干部能发这样的牢骚吗？"

"别人坐不住，你教研组长也坐不住吗？"

"这个点儿，这个事儿，就应该是你班主任的责任！"

"老教师不听课就可以上课，你一个刚毕业的青年教师也可以吗？”

…………

每个人都有着不同的身份，不同的身份自然就有着不同的责任和义务、不同的价值和标准，所以都应该给自己定好位，别失位，才能做好分内的工作。

第三个意识，放大思想意识，这体现了教师和学生的全局观。

先说学生，学校的规章制度不是法律法规，面对的又是一群孩子，应以指导、引领为主。比如每当要下自习的时候，总会有几个孩子偷偷提前几分钟去上厕所，他们很聪明，因为下课再去是要排队的。如果你问他们，有时候会反驳：“老师，我上个厕所也有错？”如果你苦口婆心说要遵守学校规章制度，要在规定的时间去上厕所。有一些淘气的孩子会反问：“老师，是哪级部门的规定不允许内急上厕所？”你怎么回答？你回答的规章制度又能让学生在成长过程中学到了什么？我每次的回答总是这个答案：“同学，现在的你在校求学，将来的你在单位上班，总是会有很多问题是规章制度要求不到的。你要想变得优秀你就告诉自己，这个时间、这个事做还是不做的标准就是：如果全学校、全单位的人在这个时间都做这件事，合适不合适？如果合适，那就去做，而且做好，如果不合适，那就不要做，你想想是不是这个道理？”将这种意识传递给他们，将会给未来参加工作的他们带来更好的成长。

对于教师亦是如此，教师的工作性质决定了我们不可能制定严苛的办公纪律来约束教师的一言一行，所以有时部分教师就有了随意性。当然教师的工作确实很辛苦，绝对不是表面看起来每天就上那么两节课，要集体备课、个人备课，还要命题、听课、批改、开会、谈话、外出学习。但是我们还是会有一些不合时宜的行为，比如有时会在办公室长时间打电话，有时会在办公室上淘宝买东西……如果教师随时注意用全局观念来审视自己，也像刚才我给学生讲的那样问自己“如果全办公室的人在办公时间都上淘宝买东西，合适吗？”那么这些现象也就不会再发生了。

我们经常会有这种感觉，觉得启动了一项效果显著的工作，结果一段时间后就逐渐消失了，心里也诧异于其中的原因。其实，启动一项常态化工作需要什么？不是满怀激情地启动，也不是计划周密地实施，更不仅仅是形成一个闭环化的系统，而是通过合理推进将其形成一个系统性工作，形成习惯，内化成一种文化，只有将这项工作形成集体的共识和文化才能使其具有长久的生命力。

年级文化的形成是年级的精神引领，而文化的落实就需要我们耐心地浸润。文化的落实不仅仅是上纸上墙，更是要入脑入心。大会要讲，小会也要讲，逢会必讲；集体讲，个体也讲，逢人便讲；自己说，别人也要说，人人都要说。文化的落实需要时间，需要耐心，需要策略，需要等待，但是这个等待是值得的。

第 6 节　级部管理的第六阶段——融入式管理

吴军在《见识》中说道：“凡事做到 50 分靠常识，从 50 分到 90 分靠技术，从 90 分到 100 分靠艺术。”每个阶段都是不能跳跃的，要做到 90 分，我们通过努力就能达到。

前面讲的四个阶段的管理——走动式管理、分布式管理、闭环管理、制度化管理，就是完成从常识到技术的管理，也就是从50分走到90分，而第五阶段的文化管理就有了艺术的味道，但是更多的艺术味道来自于第六阶段的管理——融入式管理。

融入，是管理者的身心和管理系统的深度融合，同呼吸、共命运。不是扁平化管理，也不是靠经验管理，而是用心去感受最微小单元的变化，把握最微小的反馈，从而做出最及时和最正确的判断。如果没有融入，这些肯定是做不到的。融入并不是勤劳就能带来的，而是一种感觉，甚至是一种直觉，所以可以说成是一种艺术管理。

一个冬天的早上，6:30，学校停电了，整个高三教学楼瞬间漆黑一片。但是我预想的学生夸张的反应声音并没有听到，所有班级竟然是没有丝毫卡顿地继续背诵，有的班级甚至还加大了声音，有的跑到走廊窗边，有的趴在教室窗户上，而且是那种自然而然的举动。这一切确实让人感动。但是学生感受到自己的进步了吗？感受到老师的感动了吗？是不是应该马上进行反馈，告诉孩子们：这就是高三状态——少一分浮夸，多一分厚重；少一分惊讶，多一分淡定。老师们很欣赏、很骄傲，希望在各个方面我们都要体现出这种处变不惊的样子，这样稳重大气的样子，感谢同学们给了我们满足和骄傲，替你们自豪！

我提醒年级主任把这份触动及时传达给所有学生，年级主任备课备得不错，用校园广播充分表达了这份触动，但是后面又跟上了几句话："同学们，这几天三操质量不大好，课前准备有的同学不投入。"我当时就惊呆了，在这个应该鼓励学生的节点接上一段常规管理评价，会将刚刚的那一段抹杀得干干净净，真的太遗憾了。

我和孩子之间的交流也是如此，进入青春期的男孩至今没有和我有一次冲突，因为无论我说什么话、做什么事都始终看着他，观察他的表情和眼神，感受他的状况和情绪，随时做出调整。这种调整可以是某件事做还是不做的调整，某个话题说还是不说的调整，也可以是语气的调整，有时甚至是语调的调整，一切都会恰到好处地开始、继续和停止，而这就是融入式，这就是艺术。

再比如说，管理者应该怎么诊断级部的薄弱班级，进而提出具体的解决方案呢。有的年级主任总是在说哪个班级差，问差在哪里？答曰差在成绩不好，差在管理不严，差在师生交流不够。这些是不是问题？这些是结果和现象。这个答案不需要年级主任说，班主任随口就能说出来。如果真的想找出问题并对症下药，就需要我们融入并感受，才能做出最好的判断和方法。

比如诊断班级的四个维度：

第一个维度是通过学生看班级：依托班干部座谈会看教室纪律和学习投入，透过舍长座谈会看宿舍纪律，召开在控生座谈会来检查常规、看学习常规情况。

第二个维度是通过教师看班级：分别召开部分教师座谈会问询班级学习常态、听课调研。（听课，45 分钟观察一个班级的效果远远超过几秒钟走过，可以看学生上课状态、师生互动、地面卫生、课桌整齐度、学生坐姿、学生桌面、桌洞整理、讲义整理、课堂笔记、集锦本，听课后要进行抽测等，可以出台一个听课观察维度表进行逐一评价。）

第三个维度是通过级部看班级：看看宿舍卫生，这是一个班级管理水准的试金石；看看跑操整齐度和口号，这体现一个班级的荣辱感和士气；看看课前准备，这体现一个班级的学习斗志和战斗力；看看对级部工作的落实标准和及时性，这里能看得出班主任的执行力和班级的运转机制。

第四个维度是通过家长看班级：当然不到万不得已，不要让家长评价班级。

诊断不仅仅是为了诊断，更重要的是诊断后能够提供相应的解决策略。要让一个班级重新走入正轨，不同状况的班级策略不同，建议先将班级诊断结果发送给班主任，让班主任进行自我认证并制定解决方案，级部再协助班主任拿出解决方案的标准推进方案。

实施策略时眼睛不能只盯着薄弱班级，心中要装着所有班级，想着治理这个薄弱班级能不能再进一步带动其他班级的成长。比如，两个同组合班级班，必然会有高低，建议先从好的班级入手。好的管理绝对不是让一个班级幸灾乐祸，一个班级痛苦无比。好的管理应该是没有天花板的继续提升和知耻而后勇的健康追赶。任何一个班级都不是钢板一块。要先对优秀班级进行诊断，提出问题，让其更好发展，让其带头带得更好、更有力量，然后再诊断薄弱班级，对症下药，健康发展和追赶，不短视不功利，这样才是正确的模式。

在最开始那个广播案例中，正确的方法应该是不要在后面说其他常规管理问题，只需要让刚才那一段反馈形成的暖流和感动带着学生飞奔就好，再说其他常规问题就冲淡这种味道了，适得其反。这两分钟反馈所起的作用要比 10 个班主任的班会都要好，因为它是即时性反馈，因为它是正能量的文化。一项工作、一个会议、一个反馈哪怕只能让整个级部几个孩子得到进步，那就值得去尝试，值得去好好做。

当好级部主任不仅仅是要有思想、有方向，也不仅仅是跟在后面落实，更重要的是一种融入感和带入感。无论好的还是不好的，不仅仅是看到和听到，还要能够随时随地感知一切，在脑海中能即时了解级部、班级、教研组、教师、学生现在最需要的是什么？只有将自己完全融入和代入，才能将节点把准，然后立即给出恰到好处的反馈和最适合的措施。

一句话概括，融入式管理就好像是在跳舞，因为踩下的每一步都在鼓点上，那种感觉，干得再多也不嫌累，没准还特别爽。

第 7 节　级部管理的第七阶段——培养人

我现在越来越感受到一个事实，那就是最好的管理不是管人、管事、管自己，而是培养人、成就人。即使在某些阶段，比如“分布式管理”，也是在帮助别人成长，只不过内心思考更多的是事情而不是人，因此常常意识不到这一问题。

这里有两层理解：

第一层理解：走动式管理貌似是在管理事，其实也是在培养人。举个例子，走廊上有一个纸团，以前我肯定会条件反射般地捡起来。现在我就不会，我会思考：这是管理系统的哪个环节出了问题？这是谁的责任？通过这件事我可以培养谁？

走动式管理永远不要去直接管事、管人，而是要思考培养谁，培养他的什么能力。班主任不要直接去管理班级的乱象，再生气也不要将情绪宣泄给学生，否则就会被班级绑架。级部主任在巡查班级时要带着培养班主任、学生会干部、班干部的角度去处理问题，坚决不能出现级部主任到班级大吼大叫的现象，越俎代庖地去管理班级，这样危害实在是太大了。结果只会有两个：要么累死你，要么气死你。

以前看到违纪现象我会即时处理违纪学生，而现在我首先会视情节轻重找班长或班主任，因为我想通过这个学生、这件事情来培养班长和班主任。我思考的是这件事反映了目前管理上的哪块短板，应该怎么跟班长或班主任沟通、交流，让他们认识并接受，以后应该怎么避免类似现象的发生。最终实现“转”是为了以后“不转”，“查”是为了以后“不查”，“管”是为了以后“不管”。

下面是一次卫生大扫除后我的反思。

2019年11月20日与年级主任共勉

要明确管理的主要抓手，你打算主抓班主任培养还是班干部建设。如果你有一个强有力的分管校长，那就主抓班主任，抓的同时班主任也获得了成长；如果没有强有力的分管校长，那就主抓班干部队伍建设，真正成就班干部。

比如今天上午级部安排卫生大扫除，不应该喇叭一响“全体同学到卫生区打扫卫生！”，而应该召开卫生委员会，明确他们各自的职责，而且一定要安排到位：时间、地点、人物、标准、负责人、检查、反馈。每个班级两位卫生委员，一人负责卫生区，一人负责教室走廊楼梯，分别提出卫生标准，提出检查时间，一定要让其在所负责地点（现场办公）等候检查、反馈，然后整改。第二次集合时一定要对上次卫生大扫除进行点评、指导，这样几次下来就可以培养出优秀的卫生委员，后面级部工作开展会越来越轻松。

第二层理解：安排工作的原则是什么？以事为本还是以人为本？是更好地做事还是让人更好地成长？

周日回老家，父亲将院子里的一棵老树砍倒了，他试着让他的宝贝孙子用锯子锯掉部分粗大的树杈。用过锯子的人都知道，这是个需要不断调整方向和力度的技术活，需要手上有感觉，不然锯条就会经常地卡在树干里。看到他满头大汗却慢如蜗牛地运作锯条，一次又一次地卡在树里，有几次我想冲上去帮他一把，但到最后都忍住了。因为我想用这个机会锻炼他，不仅锻炼他用锯的技能，更提高他对自己手上力量的把控，想锻炼他的思维能力和劳动意识。我就笑吟吟地在一边看着，看着他的努力、他的辛苦、他的皱眉、他的体验、他的成长……我的心里突然咯噔一下，我想到自己在学校里对中层干部的培养，为何我就没有这份定力，没有这份耐心呢？是我等不及了，是我觉得自己可以做到更好，是我在感情上更加亲近中层干部，还是我压根就没把握好管理的真谛？

"以事为本"还是"以人为本"，这很矛盾吗？有时候的确矛盾。一件事情如果安排给 A 你会很放心，为什么给 A 呢？因为 A 很擅长做这件事情。如果安排给不擅长做这件事情的 B，又是如何想的呢？为什么安排给 B？是想培养一下 B 的做事能力。如果"以事为本"，那么我们是想方设法将事情做成功。如果"以人为本"，那么可能会允许甚至故意让某些人将事做失败。最终会将这项工作交给谁是我们需要达成的目的决定的。

说到底，很多时候，管理就是授权，这是授权的艺术。一位老领导曾说过一句话："最牛的领导总是将他自己最擅长的事情交给别人去做，而且别人做得不好，过程中他还能忍住一声不吭！"

《哈佛商业评论》曾刊登过一篇管理者培养下属的文章，认为培养方式有四种风格：

第一种：老师型。这类管理者培养下属像老师一样，他们有丰富的经验和知识，在培养下属的时候也是基于他们自己的知识和经验进行指导和反馈，帮助下属成长。

第二种：保姆型。这类管理者培养下属时像保姆一样，把下属的成长当作最重要的事情，不断地给予各种支持，不断地帮助其修订、完善、进步。

第三种：连接型。这类管理者培养下属时花的时间最少——如果是自己专业领域的问题，就会给下属有针对性的反馈，否则，他就会帮下属联系单位内部或外部更擅长的专家，让他们自己解决。

第四种：“啦啦队”队长型。这类管理者培养下属时，认为下属的成长是要自己负责并努力的，他的角色就是在旁边加油、鼓劲，但不会给太多具体的支持。

我们猜一猜，哪种类型的管理者的下属成长得最快？

答案是：连接型。这类管理者下属的进步效率远超其他管理类型。

结论：认为自己最努力、最负责、投入最多精力的保姆型管理者，反而是四个类型中唯一对员工成长弊大于利的类型——还不如在旁边只给员工打气、啥活儿都不干的管理者。也就是说，花了最多时间和精力帮助员工成长的管理者，结果“好心没好报”，不仅自己很累，下属还没什么进步。

知道什么就教什么的管理者，他就是员工成长的天花板，而能够整合最优秀专家的管理者，就能捅破自己的天花板，让员工有更多的机会和更开阔的视野。

如果一个学校、一个年级教学质量下降，不要只停留在研究事、研究制度的层面上，其实管理上所有的现象和问题都是人造成的。我们应该尽量把精力放在对人的问题查找和培养进步上，而不是只盯着事情不撒手。我们要学会站在一个系统的角度寻找问题的实质，先查摆自己的不足，再去审视别人的问题，最终形成更好的策略和方案。

如此，从研究事到培养人，慢慢地，我开始做到：安排工作的时候第一思考是我想通过这件工作锻炼谁，想锻炼他的哪个方面的能力。

以下是一次查节约用电后的反思。

2019年12月12日与级部主任共勉

管理工作的思考应该是通过管理让人成长和进步，那么就要出现一种现象或者说达到一个目的——谁犯错就应该让犯错的人感觉到“疼”。当然找准犯错的人，找到让他如何感受到“疼”的方式是一件要慎重思考的问题。比如，有的班级中午总是不关电脑，有一次让学生成长中心通报了，谁感觉到“疼”了？分管校长，还是年级主任？可是应该让谁“疼”？“疼”了之后又如何呢？

今天中午我去检查教室，发现又有三个班级没有关电脑，问询级部，级部安排了两名学生负责检查中午的开灯、关电脑问题，但是这样的管理让谁感觉到“疼”了？又让谁成长了呢？级部要让班主任“疼”（怎么疼法合适呢），班主任要让电教委员“疼”（怎么疼法合适呢），“疼”过之后就会思考，思考就会有措施、有办法，想措施、想办法就是成长。我们只需要跟上检查、反馈，让不够“疼”的人再“疼”一点儿，让他再成长一点儿（但内心要真的是期盼他们成长，而不是满足自己的私念和情绪），最终培养他们的进步和完美。

当然，在这里最难做到的事情是能沉得住气。看到一个需要整顿的问题，尤其是自己擅长的问题，要克制住自己去做的冲动，要克制住教他怎么去做的冲动，要克制住对他提出的不合理方案提整改意见的念头，要克制住面对连续几个方案都不满意想发脾气的情绪，要克制住本来几分钟就可以做完但是为了使其思考和成长需要付出几小时的郁闷。心中要默默告诉自己，自己应该定位为教练而不是上级，因此在管人上付出的精力和时间应当多于做事，沉得住气才能培养出好的管理者和管理团队。

年级聘任时，作为年级主任或者分管校长是不是可以在聘任结束后和每位老师进行一次面对面的交流，比如可以交流以下内容：

（1）很荣幸今年一起工作，在教学管理和专业发展上今年有什么目标呢？

（2）目前存在哪些困难？分目标达成和家庭两个方面问询。

（3）对年级工作和学校工作有什么意见和建议？

（4）自己有没有想主动承担或者体验的工作？

（5）有没有其他问题？

不难看出，上面所有的问题都是围绕如何达成对方的目标或者能够给予什么平台来施展自己，从而达到人尽其用，各负其责，为分布式管理做好基础工作。

再比如在工作过程中和交流时可以考虑以下内容和模式：

（1）你做的事情很重要，对集体进步和个人成长都很重要，并进行分析。

（2）你很重要，这个事情为什么是你在做。

（3）这个事情做好了会有什么意义。

通过以上三项建立他人的使命感，人，只要有了使命感才会有方向和动力。要把怎么才能做好往后放或者不说，要把他的不足尽量只放在心里就好，如果实在憋不住，可以稍微说一点儿你对这件事的期望值就行了。

虽然管理的最终目的是为了培养人，但是我们仍然需要把握好一个“度”——培养人不等于改变人。在相当长的一段时间里，我在工作中总想去改变一个人，按照自己的意志和标准去把别人改变成自己期望的样子，还满口说是为了对方好，经常会因为培养对象的“不思进取，不求上进”和自己的“无可奈何，不被认可”而情绪失落。后来，我慢慢地认识到一个现实：培养一个人并不一定要完全改变这个人。在管理中，我们要能真正看到人的多面性，能看到并使用想用到的一面，在这个方面提供平台、给予指导、帮助提升，同时还要真正学会包容这个人身上的其他方面，而不是想方设法去改变他。由此可见，下对上要用智慧，上对下要用“仁道”包容。真正厉害的人是几种价值观并存而不妨碍正常做事。

当然，培养人和培养团队的策略应该有所不同，因为团队应该是有灵魂和文化的。比如要打造一个学习型组织，需要什么呢？这样的团队其实是最难建设的，因为一般没有制度保障，没有激励措施，很容易“不欢而散”。2020 年 10 月，我在学校成立了“新高考课堂改革小组”，一共 14 人，九大学科都有人员分配，每周星期一半天聚研（集体研究），研究新高考下的课堂转型问题，竟然一口气聚研到今天——20 余次聚研。回想起来，之所以能够稳步推进，所做的工作与成甲在《好好思考》中所提出的几个方面完全吻合：

第一，建立个人和团队的愿景。个人愿景的关键词是自我超越，团队愿景的关键词是共同愿景。

第二，打造个人和团队的反思能力。个人反思的关键词是心智模式，团队反思的关键词是深度汇谈。

第三，在这个基础上，思考问题必须有全局观，核心是构建“系统思考”的能力。

这样下来，就可以修炼成学习型组织的五项能力：自我超越、心智模式、共同愿景、团队学习和系统思考。

总之，管理很复杂，管理也很简单。以文化引领为前提和动力源，以制度管理为后勤和保障，以敬天爱人为思想，以培养人为初衷和目标，以闭环系统来设计和实施，实行分布式管理，深入一线实行走动式管理，相信现场有灵魂，真正融入团队，那么这样的管理自然就会打造出一个优秀的集体。

第 8 节　关于管理的几点建议

关于管理，有几点建议：

一、认识到“人和”的重要性。

孙子兵法曰：“上下同欲者，胜！”管理是既要“管”，更要“理”。因此，从某种意义上讲，做管理也要理顺关系。中国人讲究“天时地利人和”，理顺关系就是“人和”，人不和，做事就不顺。

我们很多人性格上都争强好胜，爱挑别人的毛病，以自我为中心比较严重，如果将这种性格错误地带入管理工作之中，注定在生活中不会成为一个被“喜欢”的人，当然在管理中“人和”也就做得不够好，或者说很不好。

曾国藩湖南带兵伊始，处处受排挤和打压，一气之下出走安庆，建立了“湘军”，但是仍成为众矢之的。问题其实出在他自己身上。他经历了痛苦的体验，之后深刻反思，年近50，方从“有隅之方，有声之音，有形之象，似巧实拙”的境况走到了“大方无隅，大音希声，大象无形，大巧若拙”的境界，最终才成就自我。

我们都明白“人和”在管理中的地位，所以经常会有“好人”思想，甚至对某事、某人无底线容忍。有一位名校长曾经说过：在人际关系处理上，不是人际关系距离越小，气氛就越健康。丧失原则的哥们义气只会对管理工作造成严重的损害，调动不了教师的积极性，管理者的权威也就因此而丧失。管理者保持清醒头脑，保持与每个人合适的距离，做到“零距离”和“等距离”，这是健康管理的重要条件。

我是一名党员，先“开展批评和自我批评”，然后做到该“红脸”就“红脸”，“该出汗就出汗”，确实很好。

第一，管理要“人和”，但也要保证原则性，有时候该上就上，不能害怕。

记得有一位教研组长性格特别温和，有一位组员特别有个性，不服从管理，集备时玩手机、玩电脑，没有一个级部愿意聘任，但人家仍然我行我素；另一位组员是一位老领导的夫人，年纪偏大，个性也比较强。概括起来，是一个要什么没什么的教研组。想换组长，没人，因此想培养组长，就多交流了几次，最后对方委婉表达出你再找我，我就不干了的想法。我犹豫了，因为我当时太年轻了——害怕当面吵起来会不会颜面尽失。如果夫人挨训，领导找我怎么办，我是不是会受排挤？但是不能继续这样听之任之？所以我硬着头皮上了。你们一边集备，我坐在旁边听，我不说话，就是咬着牙、暗暗和自己较劲，在一边看书（哪里能看进去啊，一直在忐忑），他们坚持集备了十几分钟（已经很给面子了）就各奔东西，看书的看书，玩手机的玩手机（后来得知只是想给我一个下马威）。“你们这样集备不行，我已经提醒多次了，这样吧，我在一楼准备了一个单独办公室，你们去集备吧，但是没有空调，需要多穿点衣服……”之后是沉默，我不再说一句话，我在等待。一会儿，组长下楼去了，然后是另外一个组员，寂静了长达五分钟后，领导夫人也下去了，最后“刺头”也下去了。我没胜利，是管理底线的胜利。当然后来紧跟着我一个个地交流、沟通。

第二，处理好与上级之间的关系。

管理者也是被管理的人。对我而言，过去跟领导交流是一个难题，甚至是恐惧的。现在想来其实大可不必，只要按照自己的职责说话、行事即可。对领导与上级来说，事业就是其根本利益。谁要做不好事情，损害其事业，他们肯定不会满意。一般情况下，领导不会因为小利而不公。当抱怨领导不公时，先要检讨自己的工作是否已经做到位。有一位领导曾言：上级对下级是否信任，主要取决于下级对上级交办的工作任务完成的质量。得不到上级信任的下级，不要抱怨上级不信任自己，而要反思自己的工作态度、工作能力和工作成效是否对得起上级的信任。工作做不好，就会慢慢失去信任；阳奉阴违，肯定要不得；对着干，更是不可取。

我也曾因困惑于“我总是不被领导喜欢”而失去自我，甚至工作上也无形中被绑架，很多工作不是出自内心而是来自个体被领导认可，也就是取悦心态，在这种心态下工作注定必败无疑。当然领导也要把握好对年级的关注度，过度地问询和插手只会适得其反。作为下属只需要做好三件事：一是要努力把事情做好；二是要将自己的想法和做法主动说给领导听，要学会沟通，主动向上沟通；三是要明白和上级汇报工作不是一种形式，因为汇报本身就是工作，汇报工作本身是职责的一部分。

第三，注重个人修养，至少不能“德不配位”。

作为教师，自有一份清高在身，很多时候服从管理并不是因为严苛的规章制度，而是因为钦佩于管理者的品德、学术或者教育水平，因此即便水平不是那么出色，至少也要一身正气，做到以德服众。2014 年，我有幸被评选为“高密市十大杰出青年”，记得有一位教育局领导电话问询校长我的情况，而我当时恰好在场。我原本以为校长会说我工作有多么拼命，业绩有多么突出，但是我只是听到校长在反复说一个问题——放心，人品没有问题，比较正气的一个青年。我在一边很诧异，为什么不强调我的工作态度和业绩，反而强调为人呢。现在回想起来才明白，那才是对一个人的最高评价。技能可以后天学习，是个短线工程，而做人需要日夜反思和沉淀，是个长线工程。一个人的底蕴越高，就越会减少对技术的反省，而要增加对做人的反省。孔子曰：“吾日三省吾身，为人谋而不忠乎？与朋友交而不信乎？传不习乎？”孔子的前两问都是做人的道理，最后一句才是做事、做学问的技能。作为管理者，可能有时会觉得自己曾经做了什么，特别擅长什么，自己是一个牛人，但是在别人眼里，人家茶余饭后的评论中翻来覆去就那么一句话：“嗯，这个人不错，还行！”因此，在管理岗位中，越想进阶，对人品的要求就越高。

第四，平等对待每一个人。

学校的人员组成比较复杂，我们不能眼里只有领导、自己和业绩，我们要平等对待每位教职员工。教师、职员、公寓管理员、餐厅职工、保安、清洁员……我们都是服务于学校的，只不过分工不同而已。每次楼道上遇到清洁员我都会主动问好，把他们当成长辈；每次进出校门都会和保安打个招呼；见到老教师主动问好，而不是在等待别人招呼后的回应；和学生一起走走路拍拍肩膀，开个玩笑该是多好。“把学生当成孩子，把他们当成自己的孩子”，这才是真正的教育情怀。管理者要在心里怀着“敬天爱人”的思想来引导自己的所感所思和言谈举止。有时候，反而是那些最普通、最平凡的人说的话才是对一个人最大的肯定，才能反映这个人到底是一个怎样的人。“太上，下知有之；其次，亲而誉之；其次，畏之；其次，侮之！”

二、要明白领导者和管理者的区别。

二者不是简单地相辅相成，也不是你中有我，用如下几句话来概括更为恰当：

第一，管理是将社会或者组织结合在一起的黏合剂，但是领导者决定他们去向何方以及与谁同行。第二，沃伦·本尼斯说：“领导者是做对的事情，而管理者是把事情做对。”领导者会谈的是愿景、使命和激情，他对人们进行说服、激发和引导。管理者关心的是目标、控制和效率。管理者依赖于被授予的职位权力和行政权威，而领导者需要靠自己的努力去获得那份权威。第三，没有追随者的领导者是没有多大用处的，从另一个角度来说，作为一个用说服、激发和引导为主导作用的领导者，竟然没有一个追随者，那就不能称之为领导。第四，很少有人能够同时做好领导者和管理者的角色。一个成功的管理者晋升为领导者之后发现，尽管他们过去对于系统和细节把握得很好，但这远远无法替代当前他们所需要的在领导力方面的远见以及说服的能力。一个智者首先要明白他自己的特质适合做领导者还是管理者，一个管理者要想进阶为领导者，更要明白自己的取舍和方向——了解你自己，了解你想去的地方，了解你身边的人，保持谦逊并倾听。第五，给管理者一点儿自我纠错的机会和时间——实时和无所不能不一定是好事。如果你关心他们所关心的，他们就会关心你所关心的——最好的领导者应该是多一些兴趣，多一些谦虚，多一些倾听，多一些对他人的期待。

三、一件工作的实施和推进，在设计时要满足“前拉后推中融入”。

“前拉”就是要设计如何进行文化引领；“后推”就是要设计如何进行制度保障；“中融入”就是要把握好“前拉”和“后推”的度，体现融入式管理。例如，想让三个级部落实学生每天进行20分钟新闻浏览的事，却总是落实不好，应该怎么设计呢？

第一，设计“前拉”——文化引领，即让年级管理者和师生意识到这件事的重要性。老师和学生可能在教学过程中已经意识到这件事的重要性，关键是年级管理者的认识程度。我们是否可以安排十几个边缘生、九学科教研组长、三个年级主任进行一次座谈会。让师生都带着刚刚结束的一模考试题，限时20分钟，让教师写出学生需要的体验和见识，学生写出自己缺失的认知，来一次交流、碰撞，年级管理者就知道应该怎么去开展工作。

第二，设计“后推”——制度保障，即如何做好新闻浏览的保障。比如观看硬件设施保障、观看时间保障（安排哪个时间段看）、观看内容保障（谁负责剪辑，主题是什么——每天20分钟，我们不仅要回望过去，更要审视现在，展望未来，这个世界正在发生的和将要发生的才是更重要的）。

第三，体现“中融入”，随时随地和教师、学生沟通，内容怎么样？我们更缺失哪些方面的见识？时间够不够？如何记录会更有效果？……不断地了解和调整，不断地细化和完善。

四、管理中要注重自己的思维模式。

一个人是否幸福，很大程度缘于其思维方式，一个人学习和工作的出发点也主要是由其思维方式决定的。思维方式是从小到大慢慢地内化形成的，最终是融在骨子里难以改变的一种思考问题的方式。当然，难以改变并不是不能改变。

优秀的管理者总是在思考他们的思维过程，他们认为思维并不是自动的，不认为优秀的思维方式是天生的，他们关注自己的思维过程，并不断地对其进行反省和调整。

在管理中，对问题和现象的思考模式很重要，它会影响管理者看到的点的位置，自然也会影响其做出策略。优秀的管理者都有明确的目标，从不盲目，而且会有这些目标的优先顺序，他们不断地检查和调整自己的行动，使其服从于目标。

日常工作中，我常用的解决问题的思维方式是这样的：① 这个问题年级能够提供哪些更高层次的设计或者帮助？（先反省自己）② 年级提供支持和帮助后还会有哪些问题？（考虑管理对象的感受，体现服务和爱人思想）③ 学会分别从引导和督促两个方面来做文章。（前拉后推，共同进步）

下面是解决冬天教室通风后的反思：

冬天教室通风问题

每年冬天来临之际，学校都会来一场大范围的流行性感冒，所以一到冬天老师们都提心吊胆，会采取各种措施来预防学生感冒。其中比较有效的措施就是教室通风，但是这个却一直落实得不好，原因何在？因为一开窗就冷啊，你前脚开了窗，后脚学生就给关上了，然后年级会利用学生不在教室的时间，比如课间操、午休、晚休时间通风，但效果并不理想。同时加上我们楼房建筑的特点，学生对开窗通风相当排斥。

前窗

后窗

级部后来提供的支持如图所示。这样下面不透风，上面通风，学生能承受得住，同时也宣传了级部文化。

在解决问题的过程中有如下思考：

第一，年级能够提供什么？我们先要考虑的不是制度，不是管理，而是提供支持和帮助。

第二，提供支持和帮助后的师生感受。不要以为提供了帮助之后就自鸣得意，以为搞定一切了，还要问问师生的感受，最好切身体验一下。比如可以坐在窗子附近感受一下，还要考虑会不会有的孩子怕冷而有的孩子不怕冷，提醒班主任做好调研并协调窗边学生的座次。

第三，从引导和督促两个维度做工作。引导：让师生明确通风的重要性，明确不通风的危害，让师生悦纳和接受。督促：明确班级要有专人负责该项工作，级部实行不定时抽查反馈，并将结果纳入班级常规考核。

很多时候，无论在生活还是工作中，我们总是在惯性中思考，在教导下学习，在成规中思考，在劝解中决定，并在无助的结果中自责。要想审视和改变自己的思维，建议多读书、多思考，尤其是多读心理学、逻辑学的书，这类书籍能够让我们真正看到自己并改变自己。

我们的一生，每天都在修行，每天都在进步，而从事管理是个人修行中一个很好的平台，因为在管理中会不断地遇人、遇事，而这些人和事都是一面面可以借鉴的镜子，让我们自视、自省和成长。

第 4 篇

新的未来

教育专家梦

很多人现在一眼就能看到20年后的自己，遛鸟、钓鱼、下棋、看孩子……有人说，人生最大的幸福和期待就是未来的不确定性，因此一眼就能看到底的生活很多人不会喜欢。我也想让自己的未来因为今天的体验和努力拥有更多的不确定性。想一想，不知道退休时的自己在干什么，甚至不知道明年的自己在干什么，那该是多么奇妙和令人兴奋的一件事呀！

教师的生活方式比较简单，生活中确定性的东西比较多，而且很多工作也必须保证确定性。那么，作为一名教师应该如何让生活有点不确定性，让未来的可能性更多呢？估计大多数教师不会有“世界这么大，我想去看看”的那种洒脱，但我们可以考虑打个折。我们要在教师这个职业里面多尝试、多体验，然后寻找到教育这个体系内最适合自己的舞台。通过担任教学干部、班主任去尝试管理；通过担任教研组长、教研室工作去研究教学和课堂；通过课程开发、研究课题和论文去体验学术成长。在这里面总会找到最适合我们的位置，然后用心去做，带着匠人精神去用一辈子做好这件事，正如得到APP创始人罗振宇所说的“做事的人”或者“我辈中人”，此生才是无憾的。

说实话，我其实就是一名普通教师，但是心里却怀揣着一个教育专家的梦想，并且一直在为之努力，因为我始终记得一句话“梦想还是要有的，万一实现了呢”。

第 1 节　寻找新的方向

2017 年暑假，7 年的年级主任暂告一段落，我感慨万千。用一句话来表达那个时候的心情——感激所有的你们，感激所有的过去，罗马之所以是罗马，全凭风雨！

我要感谢过去的一切，感谢这 7 年中遇到的“贵人”，感谢你们给我平台，给我支持，让我充满了奋斗的力量；感谢 7 年中遇到的“恶人”，感谢你们让我找到了一面镜子，让我懂得查找自身的问题，让我警醒，让我找到了努力的方向；感谢 7 年中成功的事情，这些事情让我找到了自信，找到了做事的正确方式和节奏；感谢 7 年中失败的事情，这些事情让我觉醒，让我反思，让我成长，才有了与众不同的今天的我。

2017 年对我来说也是一个分水岭，38 岁，晋升为中学副高级职称，同时开始承包级部教学，但我竟然开始迷茫了。为何迷茫？是因为突然迷失了自己的方向。原来担任级部主任，每天都有处理不完的事情、安排不完的工作，早上 5:30 起床就马上出发到学校，晚上 11:00 回来就立即睡觉，基本上是一台工作机器。没有运动，没有娱乐，没有爱好，什么都没有，只有工作，没有时间和精力去思考自己到底需要什么，虽简单但充实快乐。不过现在没有了那么多事务性工作，办公室也冷清了好多，很纠结，很苦恼，很无奈，很彷徨，就这样下去吗？我给当时的自己下了一个定义——那个状态就是硬生生地在熬！

有人说痛苦就是财富，我觉得并不正确，痛苦就是痛苦，只有对痛苦的思考和进步才是财富。我开始思考，柏拉图人生有三问——“我是谁？我从哪里来？要到哪里去？”我达不到柏拉图的思想高度，但也问了自己两个问题——“我是谁？要到哪里去？”

“我是谁”是我真正开始认识自己，开始分析自己性格的特点，剖析自己的思维方式。一个人，要真正认识自己太难了。我的性格太强势了，读完了唐浩明写的《曾国藩》之后，让我知道了自己太多的不足。曾国藩建立湘军中途丁忧4年，在家经历了反复痛苦的思量，理解了“上善若水，水善利万物而不争”(《道德经》)，知道了“人低为王，地低为海，地不畏其低，方能聚水成海，人不畏其低，方能浮众成”(《菜根谭》)。人年轻气盛的时候最容易犯错误，要学会放低姿态，放空自己，别把自己太当回事，也别把自己不当回事。

“要到哪里去”是对个体发展未来的思考。结合个人的性格特点、发展境况确定自己的发展方向。感觉自己作为班主任时常振振有词地给学生进行职业规划和人生规划，现在看来，连自己都认识不透，规划不清，又能有什么说服力呢。每个人都是独一无二的，这个世界上一定有最适合他的工作，但是很多人可能穷其一生都找不到这个世界上独一无二属于他的位置。如果不多去体验，多去尝试，怎么可能找得到呢？

我很羡慕我的妹妹，她的人生体验要比我丰富得多：中专毕业去北京打工两年，然后回到市里的针织厂工作两年，又到潍坊书店上班一年，到百货大楼卖化妆品一年，后来自己开了一家韩服店两年（产品卖不出去还鼓动着全家人去买），再后来尝试摆地摊。最终，她选择做培训师。现在是上海某知名品牌化妆品的培训总监，天天飞来飞去，且不说工资比我多很多，关键是她会很开心地告诉我："哥，这个工作不给钱我都愿意干，因为我太喜欢这种感觉了……"而我，很有可能履历上写着："**，教师，2001 年 8 月参加工作，2038 年 8 月退休。"原来深以为荣的几种看法现在却是落寞和失败的滋味——"为什么当老师，因为老师是铁饭碗。""为什么当老师，因为当老师工作稳定。"可是，教师虽然从早忙到晚，但是产出比太低了，主要原因就是自我成长意识不够。在一部分教师眼里，或许只有一个字，"熬"，每天都从早上不到 6:00 熬到晚上 11:00，硬生生地熬，几十年如一日地熬，其实，可能我们就真的将几十年熬成了一日。

我不想要这种生活。我竟然依稀看到了 60 岁时自己的样子，这是多么可怕的一件事情。我确实需要寻找新的方向了。

寻找个人的发展方向虽是人生难题，但我很清楚，首先要做的是真正认识自己——我是谁？

要想认识自己就要"读万卷书，行万里路，阅人无数"。对于教师而言，最容易做到的应该就是"读万卷书"吧，于是我决定从"读万卷书"开始寻找属于自己的路。

第 2 节　我的读书

过去，我并不是没有读书的时间，只是不喜欢读书，有读书的时间我还不如出去转一转看看学生纪律呢。那个时候，我的心根本静不下来。

回想起来，过去的我浪费了太多的时间，且不说我的学生时代挥霍了多少时间，工作之后的我依旧是时间的杀手，人生中最值钱的时间我不但没加杠杆，而且还给打折贱卖了。

庆幸的是，从现在努力，从自我觉醒的那一天开始，虽然晚点，至少还来得及。于是，38 岁，我正式开启了我“阅读”中的读书岁月。

为什么是“阅读”中的读书？读书不就是阅读吗？我觉得，我们不要那么狭隘地去理解“阅读”，欣赏好的音乐、电影也应该是一种阅读。好的阅读是一种深刻而愉悦的体验，我们从中找到自己，塑造自己，优秀的音乐和电影也能够做到这一点。

读书的方向会随着年龄的增长悄悄地发生变化，读书的过程也是个体内心成长的过程。我们仔细品味一下，从小到大所读的书，大多是遵循了“见天地，见众生，见自己”慢慢转变的。譬如步入中年的我对年轻时喜欢的小说基本失去了兴趣，同样孩童时代的我读不了哲学书，而现在的我可以读得津津有味，如梦方醒。

于娟在《此生未完成》里写道：读书，要读的是别人的思想，花鸟虫鱼固然是天然趣，仁孝廉礼立的是忠义魂，此间要参透的，是高尚悲悯的人性，矜贵持重的品行，洞明豁达的修养，锲而不舍的理想和追求。

王小波在《沉默的大多数》里写道：一种学问和一本书，如果不能对我的价值观发生作用，就不值得一学，不值得一看。

我们看到所有的人，最终的结果都是看到自己；我们读所有的书，最终的目的都是读到自己，每一本在你心目中值得阅读和记住的书，都是因为其中蕴藏着未来的你所期待的那个自己。

关于读书，我有如下几种看法。

第一，别功利性读书。

我开始阅读的书籍大多是管理学方面的，有太多的功利性，先后读了50余本书，有如下感触：很多管理工作上的看法、做法和迷惑都从书中找到了原因和答案，先实践再理论的学习管理是最好的学习模式；管理学书籍不建议看太多，否则收获的只是同一种管理理论的重复或者一项项看似有用、实际无用的管理技能，一位好的管理者更多地要在思考中实践和在实践中思考，一本好的管理学图书的标准是有理论、有落地、有情怀。

我在“实践＋理论”管理模式中的总结：管理是种修行，只要以文化引领为前提和动力源，以制度管理为后勤和保障，以敬天爱人为思想，以培养人做事为初衷和目标，以闭环系统来设计和实施，实行分布式管理，深入到一线实行走动式管理，相信现场有灵魂，真正融入团队，形成融入式管理，这样的管理自然就会打造出一个优秀的集体。

管理学书籍我推荐《敬天爱人》《干法》《卓有成效的管理者》《高效管理的七个习惯》《共好》这几本，这些书的共性是通俗易懂，不深奥，不哗众取宠，不故弄玄虚。

第二，阅读要讲究随缘和惜缘。

读书似读人，有的人你刚开始不喜欢，后来你会慢慢喜欢到不能自拔，也似吃饭，有的菜起初不喜欢吃，后来一时不吃就会特别想，书也是如此。别勉强自己去读一开始根本读不了的书，一本书拿过来翻几页，入境了，认真读就是，那是缘分到了；有的书拿过来，翻几页，意兴阑珊，很是乏味，扔一边去，缘分未到，等缘分到了自然就喜欢读了。

很多人可能很早就读了《文化苦旅》，可是我第一次接触《文化苦旅》是在大学时代，翻了几页，读不下去，没兴趣！可是去年再读的时候躺在床上一口气读完，写得真好！前几年我两次尝试读《瓦尔登湖》，都败下阵来，读不进去，而今年就在书中觅得知己，而且连读两遍，以回报前面两次与之“约会”的失败，毕竟现在缘分到了，要惜缘。

第三，读书，要区分“看”和“读”。

有的书是用来“看”的，有的书是用来“读”的。在读《论语》《道德经》《庄子》之类的书籍时，我一般是分两步走的，第一步在早上大声诵读（注意是大声，胸腔发音），有时在办公室，有时会和学生在教室一起大声晨读；第二步是端坐在办公室里默读，然后反复琢磨、冥想，效果特别好。

在这里要说一下诵读的妙处，感觉自己毕业之后基本就没有诵读了，这是不正确的。诵读其实可以解决两个问题。一是诵读可以读出书中的“气”来。曾国藩曾这样叮嘱儿子曾纪泽：“《四书》《诗》《书》《左传》诸经，《昭明文选》、李杜韩苏之诗，韩欧曾王之文，非高声朗诵则不能得其雄伟之概，非密咏恬吟则不能探其深远之韵。譬如富家居积：看书则好比在外贸易，获利三倍；读书则好比在家慎守，不轻花费。又譬如兵家战争：看书好比攻城略地，开拓土宇，读书好比深沟坚垒，得地能守。”确实，诵读完之后会感觉一股浩然之气存于心中，神清气爽，特别有精气神。二是诵读能够提升阅读力。有的书看起来晦涩难懂，过于理论化或抽象化，有种读不进去或者坚持不下来的感觉，这样的图书就可以尝试小声诵读，效果特别好。

第四，体验沉浸式读书。

读书是一件有趣的事情，如果有人觉得没劲，十有八九是没体验过沉浸式读书。什么是沉浸式读书？打个比方，如果看足球比赛，看什么样的比赛最有感觉？不一定是最顶尖的球队之间的较量，只要里面有一支球队是你所支持、喜欢的，看这样的球赛才会带着感情去观看比赛，会时而疯狂、时而沮丧、时而祈祷、时而流泪，自然也就体会到了看球的快乐。读书也是这样，尤其是读史学书的时候，我会经常将书中的一个角色替换为自己，如果我身临其境，心情会如何？我该怎么面对？我该怎么破解？有时“书中的我”碰到难题了，我会故意停下来去做别的事情，给“现实的我”留一点儿帮助“书中的我”思考、破解的时间。有时走路、吃饭时也在犯愁，这可怎么办啊？那个德音杭布（《曾国藩》中一反派人物）马上要在皇上面前诬告“我”了，“我”该怎么破解啊？第二天再看看书中的结果，对比一下自己想到的破解之计，孰对孰错，自有一番滋味，这就是沉浸式读书的妙处。

第五，有意识地多读心理学、哲学、思维等方面的书籍。

因为我读书的目的是为了寻找“我是谁”，所以更多侧重于心理学、哲学、逻辑学一类的书籍。人人都有心理问题，只不过程度不同而已；人人都有程度不同的心理疾病，只不过得病的时间不同而已。读心理学的书籍可以帮助我们更深刻地认识自己，追求属于自己的幸福。在我看来，如果心理学书籍帮助我们从内到外地审视自己，那么哲学书籍就帮助我们从外到内地认识自己。哲学是最好的学问，每个人都有自己的人生哲学，我们应该多和优秀的老人交流，优秀的老人本身就是一本很好的哲学书，他的人生哲学会让我们终生受益。如果身边缺少这样的老人，那就多看看哲学书，这是优秀的人写的属于自己的哲学，读人如读书，读书如读人。多读逻辑思维类的书籍有助于我们认识世界，认识自己思想的通道，能更加收放自如地思考和进步。

心理学、哲学、逻辑学一类的书籍能让我们更好地认识别人、认识自己，还会改变我们的思维方式。有一天晨读，几名高三学生迟到了，可是班主任对这些问题落实不够好，我带着情绪拿起手机，下意识地用几秒钟发出了下面这条信息："各位班主任，咱的班级日志到底用不用，看不看，管不管？"后来有人提醒，我才发现信息里带着管理中的闭环系统：班主任用不用班级日志来记录迟到现象；用了之后是不是每天都会看，都会签字；看了之后班主任管理了没有，改善了没有。这种自然而然条件反射般的思维方式，就像骑自行车一样左右脚更换着，不用思考，这个该有多奇妙啊。这种闭环系统一方面是来自管理形成的工作惯性，另一方面是来自读书对思维潜移默化的修缮。

第六，书从哪里来？

想读书了，那么，书从哪里来？好书又从哪里来？

回答第一个问题：书从哪里来？从 2017 年到 2020 年，3 年中阅读了大约 400 本书。书的来源，排名第一的是购买纸质书；排名第二的是手机阅读，微信读书或藏书馆（读书 APP）；排名第三的是买了一个 Kindel 阅读器（阅读书籍有些需要购买，不过比纸质书价格低很多，对眼睛危害小）；排名第四的是借阅（图书馆和个人）；排名第五的不算阅读，是加入了“樊登读书会”（建议学生和青年听一听）。读书，首推读纸质书，这是一种最投入、最心静、最有感觉的阅读方式，当然最方便的是用手机随时随地阅读。不过手机阅读的危害我们也要正视：一、手机阅读对眼睛的伤害确实很大，我现在的视力下降很严重，同时有了老花眼的趋势；二是手机阅读时，微信、QQ 等互动软件会时不时地打断阅读，让人心烦意乱，难以实现安静的深度阅读。

回答第二个问题：好书又从哪里来？答案很简单，从书中而来。书如人，你认识了一位很有层次的人，你很欣赏他，他自然会介绍他的朋友给你认识，而他的朋友也应该是水平比较高的人，这和读书是不是一个道理呢。读的书越多，碰到推荐的好书自然也会越多。

第七，读书与摘抄。

读书是要做摘抄的，好东西怎么可能吃一次呢！我们要多吃几次，再品一品，可能还会品出新的味道来。在这里，我想说一下摘抄的内容和形式。刚开始我是以书本为单位摘抄的，也就是在电脑上把每本读过的书建一个 WORD 文档，然后将比较好的文段输入电脑，有时候看到建立了那么多的文档会有点小骄傲，但是后来发现这样做的意义并不大，因为我一般不会再回头看这些摘抄。因此我就开始了另一种形式的摘抄，只建立了“人际交往、人生哲学、管理与教育、儿童教育”这四个层面，无论读什么书，碰到这四个层面的好段落、好事例都会满心欢喜地输入进去，当然这样我就不清楚自己读了多少书了，因为我只有这四个文档。为什么建立这四个方向的摘抄呢？因为“人际交往”是我的短板，“人生哲学”是我的爱好，“管理与教育”是我的工作，“儿童教育”是为了我的“孩子”（家里一个，学校里一群）。这样摘抄的好处是可以经常从这四个文档里寻找内容使用，而不会想用一个很好的事例却记不起在哪本书里，避免了寻找的繁琐，当然还有一个悄无声息的影响就是自己逐渐将阅读的重心投入到了这四个维度。

读书，现在已经不是我的任务，也不是为了某种目的，而是如同吃饭、喝水一样成为生活中的一部分，感谢读书！

第 3 节 “要到哪里去”的继续追寻

读书让我认识了自己的无知和渺小，也让我慢慢地了解自己，尤其是阅读心理学方面的书籍，让我学会了剖析自己的性格特点，开始慢慢地明白了“我是谁”——认知自己，开始走上寻找“我要到哪里去”之路。在前面说到“真正认识自己”部分，介绍了个人认识自己的过程和结果以及在性格方面的特点：有一条谁都不能碰的底线——任何人都不要控制我，我会失控；不自信，需要无处不在的认可；特别擅长挑毛病。

根据自己的性格特点，我分析了自己努力的方向：我有太强的操控感，需要别人的高度认可，而且善于发现问题，因此要匹配这种性格来发展自己，享受听众高度认可和赞扬的课堂教学和演讲自然就成为我最好的舞台。我很幸运，竟然在不知不觉中从事了最适合自己的工作。无独有偶，前几天看到某网络大咖的自我分析，我们竟然有相同的个体剖析步骤。我做的摘抄如下：

对于我而言，目前的思考结果是：我在感受力、前瞻能力和表达能力三个方面有特别之处，三者结合起来在行业至少属于万里挑一的水准，而且还有很大的潜力可以挖掘。

我最喜欢的事情就是思考，并且乐于看到通过思考去帮助、改变这个世界，成就他人，深刻地影响一些关键的重大的决定。

在这个基础之上，我通过写作、演讲来总结我感知和思考的结果，去影响更多的人；把思考的结果运用于股票投资，取得长期稳定的收益。写作与演讲是我目前想到的可以做 30 年甚至更长时间的事情。这两者的共同点是：从思考到结果的路径都很短且直接，没有太多中间环节，正好可以发挥我的长处，同时避开我自己并不擅长的"近身肉搏"。

就这样，我开始了课堂研究和演讲之路。

在课堂教学方面，我主要是借 2017 年——山东新高考元年对课堂教学进行了转型，同时继前几年的《九阴真经》后又写了一本《葵花宝典》（请原谅我对金庸大侠的盲目崇拜）。

金庸笔下的《九阴真经》是武功集大成者，里面的每项武功都是武林绝学。2014 年我完成的化学的《九阴真经》是将高中化学的重要知识、重要题型和解法进行归纳总结，真的可以做到一本在手，天下我有！但是先是课标卷来了，后来新高考来了，我发现《九阴真经》已经不管用了。我原来上课总是会说："同学们，记住，必考！"每次学生出考场时都会超级崇拜地看着我："老师，你太牛了！"但是后来学生出考场用白眼球翻我："老师，你讲的一个都没考到！"看来，我落伍了，《九阴真经》已经跟不上课标卷，跟不上新高考了。

那还等什么，转型吧！新高考下的课堂怎么上，怎么才能将

“一核四层四翼”落地生根呢？后来我才知道，只有明确了新高考的初衷才能真正找到课堂的转型方向。概括来说，一切教育活动，尤其是课堂教学，就是要让学生会学习，提升学习力（也就是学科素养）。于是，我的课堂重心转移到了知识的现场生成和学科思维训练两个方面。下面用一个例子来说明转型前后课堂教学的不同。

高二上学期集体备课，讲到了乙醇的催化氧化。

在备课过程中，教师依旧采用了传统的教法，做好以下步骤即可：

（1）讲解反应的原理，并用实验演示。

（2）强化方程式记忆。

（3）通过改造实验进一步探究反应原理。

其实能够讲到第三条的就是骨干教师的水平了，但是我提出了质疑，这样的教法只是停留在知识本位，很难提升学生的学科素养（学习力），我紧跟着提出了以下几个新问题：

（1）为什么教材中用铜做催化剂？有那么多种金属，其他金属不行吗？

（2）该反应的原理是利用了 +2 价铜的氧化性，那么铜之后的金属是不是都可以，为什么不用？

（3）带领学生逐一分析铜后面金属——Cu、Hg、Ag、Pt、Au 的可能性。

（4）氧化性：Fe^{3+}>Cu^{2+}，那么含有 Fe^{3+} 的氧化铁、四氧化三铁是不是应该也可以？还原产物呢？一定是铁单质吗？还可以有哪些可能？怎么用实验验证？

（5）查询资料、科技前沿、学术期刊有没有这种替代发现？

集体备课时教研组的老师很难接受，纷纷说：“你管课本怎么编干什么，给你什么就用什么，给学生讲明白了就行了，你这个不符合科学精神！”

我回答：“我想让学生在学习知识生成的过程中不仅掌握知识，还提升思维习惯，让学生会质疑、会思考、会学习，这才是我想看到的，其他我不管！”

有的老师问：你这样能完成教学进度吗？

我回答：完成了又如何？完成了学生又不会，考试又不考！

有的老师问：你讲的内容有的超纲了。

我回答：我又没让学生记，只是让学生在体验知识生成的过程，形成学科素养就好。

就这样，在辩论中慢慢地推进课堂转型，取得的效果和成绩是不可想象的，因为这个方向才最大限度地贴近新高考。随后我进行了更多的反思和积累，写出了第二本教学反思，并戏谑地命名为《葵花宝典》。名字挺吓人的，其实我只是将过去固化的解题套路和模式大多都扔掉了。这本“反思录”里面没有技巧，没有套路，只有知识如何生成、学科思维如何形成、学科素养如何落地。一句话概括，我想让学生会学习并富有学习力，会思考且形成学科思维。

当然，课堂理念的提升不是缘于一个人的内省，更多的是与先进思想的碰撞。我只是一个在农村任教 20 年的老师，何来先进思想的碰撞？只有走出去，主动走出去才能实现。我的思想转变是从一次外出学习开始的。那次外出学习是 2017 年的秋天，在上海，总共 5 天的学习行程，多名大咖登台演讲，令人震撼，让我如梦初醒。

作为教师，听报告是家常便饭，但是现实中我们很多人都抵触听报告，我们经常会发现上面的专家讲得津津有味，下面有的听众如痴如醉（睡着了），当然玩手机、聊天的就更多了。为什么会这样呢？因为有的老师觉得人家讲的没用，或者是听着挺好但是学不了或者不想学。其实这一切都是老师们的惯性在作怪，不舍得原来的那一亩三分地，因为要“改革”就会有“阵痛”，要舍弃过去的一些东西，那会很难受，自己的东西用着多顺手！很多老师起早贪黑，上课、下课都在找学生，想让学生能多学会儿就多学会儿，这个方向是错的，我们要让学生从被动变为主动，主动转变才能成长，对于教师而言也是这样，主动才能慢慢做到游刃有余。

怎样才能提高报告会的培训效果呢？我的经验主要有以下四个方面：

（1）一定带着主动学习的态度去记笔记。

（2）24 小时之内要重读笔记，一定要总结出那些让自己“啊哈”一声的东西。“啊哈”意味着什么，是共鸣，是思想碰撞，是对我们最有触发性和生命力的东西，也是我们成长最快的节点。

（3）要整理好并且以报告会形式讲给别人听。在讲的时候不要生搬硬套，要注意将自己总结的内容和思考最大限度地融入自己的事件和研究对象中。

（4）制订一份计划，将学习到的新知识立刻应用到实际工作中。

此外，听报告怎么才能比别人有更多的收获呢？我有一个绝招。只要这个专家报告讲得好，我一定要厚着脸皮去加个微信好友，然后我会将自己对教育教学的思考发过去让专家给点评，发一遍不回再发第二遍。你要知道，大多数专家都非常平易近人，比如华中师范大学的王建军教授，我经常“骚扰”人家，但是人家永远非常有耐心地给你一一解读。有一次王教授帮着解读我的一篇论文，一连发送了 7 个一分钟的微信语音，而我从语音中听到了地铁报站的声音，王教授是在一边搭地铁一边给我答疑的，让我很是感动。还有一位浙江化学名师张向东老师，有时我们聊课堂教学聊到晚上 12:00 还兴致勃勃，这份精力和敬业让我叹服！哪怕有的专家特别忙没给反馈，我也没意见，毕竟我还可以通过他朋友圈的分享来学习、进步。

2017 年的那次学习让我收获的不仅仅是对新高考的认识，更有眼界的开阔、思想的解放，我当时就做出了一个决定——我要考研究生。

第 4 节　体验考研之路

我报考研究生并不是为了某种功利心，比如晋级、晋档，我就是想去水平更高的地方看一看，到更好的平台去看看这个世界的样子。

我在上海的一个研究生培训机构报了名，为什么要跑那么远？去青岛、济南多方便。因为我的初衷并不仅仅是考研，而是开眼界、阔视野，所以我选择了“魔都”。

由于学校的工作任务比较繁重，所以我总共去了不到 10 次，但是加上学费、交通、住宿、餐饮等确实花费了不少，或许应该说是投资了不少更为恰当。虽然最终没能考上研究生，但是后来我才知道这个投资太值了。

在这里我要隆重介绍一下备考之路，没准会有人得到学习上的启迪。考试一共要考四科——政治、英语 II、教育理论和教育管理学。我参加的那几次培训主要听的是教育理论（知识最多、最难）。关于政治的考试我只做了两件事，第一是在“学习强国”上学习，第二是考前两周做了做“肖四”（“肖八”没来得及做，感觉押题确实厉害）。“教育管理学”没备考，我觉得自己本身就是一个管理者，虽然不知道标准答案，但是至少会编点。所以我几乎将所有的精力（当然最后发现自己并没有多少精力）都放在英语上了。

20年没学英语，基础实在是太差了，当然26个字母还算认识。英语的备考我做了如下工作：

第一，认真上网课，主要通过网课学习。我买的网课一共有上百讲，我只听了大约20讲的高频词汇，并记录了两大本笔记，也进行了一点点儿背诵，后来发现根本记不住，就放弃了。

第二，下载了英语单词背诵APP，不过坚持了不到80天也放弃了。因为有一次苦苦背诵半个多小时才记住了15个单词，去开了一个小时的会，回来发现一个也记不起来了，一个快40岁男人的记忆力应该就是这个样子吧（或许只有我是这个样子），此路太痛苦，不通！

第三，买了一套考研十年真题，这个是重点，我每天读一篇阅读理解，其他题目一律不做，也不会做。我做到了“三凡三遍”——凡是单词都要认识，凡是句子都要会断和会翻译，凡是每个问题的每个选择项都要搞清楚，然后早上到教室和学生一起大声晨读三遍。就这样完成了50篇阅读理解之后就步入了考场，英语考研分数62分（满分100），对我来说算是不错的一个分数。

我的一个学生得知我在考研后告诉我：“老师，恭喜你，你在创造未来不确定的你，你又复活了。如果你考研成功，你的人生将拐一个大弯，如果你考研不成功，那也要拐一个小弯，至少也改变了你的人生轨迹……”我很喜欢这句话，而且我全身心体验着备考的快乐和痛苦，不知道未来会如何，但至少现在我的人生因为考研开始增添色彩了。我会因为某天的一篇阅读理解 5 个全对而欢欣雀跃，也会因为错了一片而无比沮丧；我会因为早上在教室诵读时一个学生的表扬“老师，我发现你的口语越来越带感了！”而激动得挥起拳头更加昂扬地投入；我会乘车时因戴着耳机看手机 APP 的单词忘我地大声朗读，抬头却发现车厢内一张张愕然的脸。

当然，考研也带来了很多烦恼，需要我去面对和调整。

首先，要处理好工作和备考的矛盾。这一年，我分管高一级部、学校新高考改革推进、课程开发中心、教务处，担任两个班级的班主任，两个班级的化学老师，这个工作量可想而知。考研和工作要达成一个和谐度，这个没商量，工作第一，考研第二，别忘了自己的本分！所以我所有的备考时间都安排在了工作时间之外：每天早上 6:00–7:30 背诵，中午 11:00–12:00 做阅读理解，晚上看一节网课，学生休息的周末到上海学习，这就是我所有的考研时间。

其次，要处理爱好和备考的矛盾。已经养成的读书习惯，一天不读浑身都会难受，很多时候我会盯着刚买回来的书发呆。每当拿起书来就会自责，为考研你已经花费了那么多，付出了那么多精力，好不容易有点时间你竟然在看无关的书。你应该这样吗？你对得起自己吗？……就像一把把飞镖，镖镖直插命门。我只好依依不舍地放下了书，拿起英语，那种纠结和痛苦，现在回想起来还是难以释怀。不过，那才是内心的自我磨砺和成长。

好在，时间过得飞快，感觉还没怎么准备，马上就迎来了报名和考试。

报名和考试的过程也是我内心逐渐强大的过程，面对每个人（考生和监考员）不断投来诧异的目光，我默念着张德芬的“这个世界外面什么都没有，只有你自己”来调整自己从窘迫躲避走到了从容笑对。

汇报一下考试结果。政治最终考了 58 分（中等偏下），英语 62 分（中等偏上），答英语时比较有意思，完形填空基本靠蒙，阅读理解绝对有心得。对于阅读理解我的做法是这样的：第一步将主要精力放在第一自然段，吃透本文主题；第二步思考如果是我写这篇文章应该如何去展开论证，然后通过后面段落中依稀认识或者感觉认识的单词来猜测每个段落的大意；第三步找准每个问号对应的段落再进行第二遍段落阅读；第四步明确答案并涂卡。一共 25 个阅读理解，记忆中我应该对了 20 个。教育管理学答得很是过瘾，当时只发了一张答题纸（8K，很宽阔的答题区域），我一看题目基本都不会，那就编吧。我就将自己 7 年的管理经验和对新高考的认知全部写在答题纸上，最后一发不可收拾——人家都用一张答题纸，我用了三张，最终得分 117 分。不过，教育学和心理学考试让我彻底懵圈，竟然有 8 个名词解释，问答题还可以编，名词解释确实编不了，最终也是倒在了这个学科上——52 分（满分 150 分）。

我的考研成绩距离国家线 315 分差了近 20 分，铩羽而归，但是其中的收获确实满满的，个中滋味只有我知道。我很怀念考研的时光，怀念考场的感觉，那是我终生难忘的一段日子。

正如我的学生对我所说，我的人生也因此开始了拐弯。

第 5 节　第一个专家称号

教师对荣誉称号一般比较重视，但这绝对不是因为功利心重，而是因为感觉到个人的价值在此得到认可，这对于教师这个职业来说是种莫大的荣耀。马斯洛的五层需求理论学问很大，他把人的需求由低到高排列，分成生理需求、安全需求、爱和归属感、尊重和自我实现五个层次。对于大多数教师来说，对于尊重的高阶需求整体是偏高的。

对我来说，2019 年获得首届“潍坊市有突出贡献中青年专家”这一荣誉称号是我目前最引以为荣的，因为就是这个称号让我明确了自己“要到哪里去！”

记得那应该是 2018 年暑假前的最后几天，我接到了评选通知。因为这个荣誉称号要求太高了：年龄小于 45 岁，副高级职称以上，在教育界有较大的影响力，对社会有突出贡献，整个潍坊市各行各业共评选 40 人……所以当时的我基本是没抱什么希望，只是将自己的信息随便填了填就上报了教育局。

几天后，放假的第一天晚上，我接到了教育局人事科的电话，电话里很明确地告诉我，经过多方、多次权衡对比，最终一致推选我代表教育系统参加本次评选。我只是兴奋了一小会儿就回归冷静，因为这次评选的难度超乎想象：全市各系统、各单位（公安系统、医疗系统、教育系统、农业技术人员、企业工程师……）都提报一个名额，然后市人社局再择优推荐 2~3 人到潍坊市参与评选，潍坊市海选 120 人后再进行面试答辩，最终只能有 40 人入围。

还是那句话，凡事用心去做，凡事要做最好，我开始了第二轮次的填写表格和整理材料。但这一次有了压力，压力不仅来自教育局领导电话中的嘱托：“钟老师，你一定要认真准备，争取进入第二轮！”更来自我是代表了市教育系统一万多名教师参赛。表格改了又改，总结写了又写，连续一周多无数次上缴和返工修改。随着时间的推移，我的心态却越来越平和，能够走到这一步就已经是得到足够的认可了，曾国藩的“适可而止”是我当时默念最多的一句话。只管用心准备，不急躁，不焦虑，不期盼，静待花开即可，万事皆如此。

过程中各种阴差阳错，我成功进入第二轮复试。

9 月 8 日面试。9 月 7 日下午，我一身轻松地只带了一个 U 盘到潍坊人社局去参加面试答辩。之所以一身轻松是因为我已经完成了上级领导给我的任务——进入复试，所以复试无论成败都能接受。中间有个小插曲，我竟然没带剃须刀，没办法，只好第二天满面沧桑地去参加面试了，心里却很坦然，不刮胡子又有谁知道是好事还是坏事呢。面试分成两组同时进行，每组 60 人，我抽签是 A 组 60 号（看来是想让我的胡子再多长一会儿），下下签，不过感觉都无所谓了。很多选手在等候区比较焦虑，不断走来走去、翻阅材料，而我接了一杯水，坐在一边安安静静地看书等候。

临近中午 12:00，轮到我了。房间内坐着 5 位评审员，中间是位很优雅的 50 岁左右的女考官，慈祥中带着威严，我的双眼自动聚焦在了她的身上。我汇报的题目是《坚守与付出》，主要围绕着在这所美丽的农村高中的付出、收获和自己的执着与未来。那次汇报最真切的感受就是身心完全投入，感动了评审官的同时也感动了自己。我至今还记得主考官问我的那句话："我想知道是什么力量让你一直坚守在那里并取得了那么突出的成绩？"我没有任何迟疑郑重地做出了回答："其实并不需要什么力量，就是因为责任和喜欢。"

以前的我可能心里也会有这样的想法，但是表达不出，而这次却自然而然地说了出来。我认真反思了一下，认为改变我的就是去上海的学习，提高了我的视野，开阔了我的胸怀，增强了我的自信，所以才有了前面所说的"虽然没考上，但也太值了！"

一个月后，公示名单，我入选了首届"潍坊市有突出贡献中青年专家"。

这次评选让我发生了改变，我再也没说过"绝对"这个字眼，因为这个世界最不绝对的就是"绝对"，不去试一试又怎么知道自己行不行呢？凡事只需要百分百付出即可，剩下的只需要安心静待花开。无论什么事情，"不见棺材不落泪"，见了棺材也要掀开盖看看再决定是否流泪。

第 6 节　专家报告的开始

既然成为专家，当然要学会搬砖，就要将自己的教育理念与更多的人交流，演讲是最好的方法也是我最喜欢的模式。或许我们很多人还没有意识到演讲的力量有多大。有一个规律，几乎每一个伟大的人物都是优秀的演讲家，我感叹于马丁·路德·金的《我有一个梦想》，钦佩于丘吉尔的《我们将战斗到底》，惊叹于林肯的

《葛底斯堡演说》……也羡慕于无数伟人的雄辩口才。我做不到他们那么优秀，但可以做到让自己开心和喜欢。身为教师，在学生面前做了无数场演讲的我很享受这个过程，甚至有时在脑海中想象一下演讲就会感到兴奋无比，演讲对我而言真的是一件美好的事情。

我的第一次外出演讲是受一位领导所托，让我到他所负责的一所初中学校去讲课，内容是“谈新高考下初中教育教学的转变”。我在备课的时候想到，初中教师感兴趣的不应该是新高考，对于新高考，处于变革中的高中都在摸索起步状态，初中的教师不会有太多的感受和需求。于是我咨询了几位初中教师，又问询了一位老领导，决定在报告中添加初中教师更感兴趣的课堂教学和学生成长部分。报告效果出乎意料得好，紧跟着管理区的其他学校也纷纷邀请我去对教师进行培训，然后是市区的几所重点初中也通过各种渠道让我去讲课，就这样慢慢地走了出去，走出了学校，走向了更高的平台。现在回想起这次演讲，其实我在不经意间就抓住了演讲准备的第一要素，明确听众的层次和听众的需求，接近听众的最近发展区，如同给学生上课前要先了解学情。

如果到初中去做报告是个开端，那紧跟着我就享受到了新高考改革的红利。2018 年 12 月，河北沧州市一位教育局局长带领多位校长到我校学习新高考改革情况，学校安排我做了两个半小时的报告。最终得到的评价是“这是我听到新高考最有参考意义的报告会，不浮夸，不虚假，能够落地且有效！”随之而来的是全国各地的新高考学习团纷至沓来，然后收到了外地学校一个又一个的邀请函。

迫于时间，我只选择了一小部分学校利用周末外出演讲分享，但是同时我也提出了要求：邀请我去讲课的单位要给我提出几个关于新高考推进的困惑或问题。为何如此呢？因为问题会让我思考，问题会让我成长，问题会充实我的报告内容。同时我也有一个越来越清晰的认识：做新高考改革的报告不会长久，两到三年后就会失去需求，所以我要讲有生命力的内容，于是我选择了教师成长和课堂改革。所以无论到哪个单位讲课我都是一半讲新高考、一半讲教师成长和课堂改革，讲着讲着，我突然发现新高考改革改到实处并不是什么选科走班，而是课程改革、课堂改革。真是阴差阳错，歪打误着，就这样协同进步，一路走来，我对新高考有了更深入的思考和见解，更有了对课堂教学未来发展方向的正确预测。

虽然在全国做过几十场演讲，但是我知道，其实我的演讲之路才刚刚开始。过去的演讲中带给了我很多：有兴奋，那是一场场演讲结束后老师对我的围追堵截和问询；有意外，那是连续有几家外省市民办学校抛出橄榄枝（当然我都婉拒了）；有恐惧，那是因为晚上 11:00 重庆下飞机后两个小时的高速狂奔；有沮丧，那是因为西安的一场报告没有把握好受众的关注点而失去了驾驭感；有遗憾，那是因为连续的几个省级报告会因学校工作而未能赴约……但是我想说，我很喜欢也很享受每一次的演讲，演讲是一件很美好的事情，演讲让我内心得到成长，让我价值得到体现，让我情绪得到释放，让我全身充满力量。

附 1：演讲设计的六段式（摘抄）

1. 打破僵局：首先，就所处的场合说几句风趣的俏皮话。

2. 激起大家的兴致：简要介绍你演讲的内容，挑起大家的兴趣。

3. 讲故事：准备一些引人入胜的故事，为你的演讲内容做铺垫。

4. 进入正题：告诉大家你来此要说的内容。

5. 缓和气氛：让大家知道演讲中最严肃的部分已经过去，和大家分享一些轻松的故事，传达你的信心。

6. 告别：制造高潮，让听众听完演讲后会为之惊叹。

附 2：《像 TED 一样演讲》读书笔记

一、情感

1. 释放你内心的热情。笑容、肢体语言、热情，勇敢尝试，不怕失败。

2. 掌握讲故事的艺术。

3. 让演讲像好友交谈一样自然。（语言表达的四个方面：语速、音量、声调、停顿；要重读关键词，重要结论需要加快语速和手势，在关键时刻使用手势。）

二、新奇

1. 给人们一个看世界的新视角。

2. 设计让观众惊掉下巴的环节。（道具和演示、令人惊喜的统计数据、图片和视频、简短重复的演讲语录、个人故事。）

3. 用幽默给你的演讲加分。

三、难忘

1. 抓住观众吸引力的魔法——多感官体验。

2. 注重视觉技巧。（演讲的 PPT 多放图片，少放文字；每页 PPT 别超过 40 个字；每页 PPT 只放一个数据。）

附3：演讲的部分技巧（摘抄）

1. 声音响亮才不至于随意说出“啊”“嗯”等口头语。

2. 把话筒放在合适的位置，不要感觉像要吃了一样。

3. 要从内到外散发自信，如果只有一个人相信你讲的，那一定是你自己。

4. 记住你是演讲而不是讲课，不要说教。

5. 尽量不要坐着演讲，要露出全身，观众只有看到你的全身，才更愿意相信你。

6. 一定要让主持人介绍你，介绍完毕后你就要立即上台，掌声减弱的时候你就要到位开始讲话了。

7. 在前30秒一定要抓住观众的注意力。告诉他们你是谁，为什么要听你讲，并设法让他们喜欢上你。

8. 在前30秒内，尽可能多和前排的听众进行眼神交流，把他们变成你的拥护者，而且眼神交流要持续整场表演。

9. 你要注意掩藏你容易出汗的部位，用合适颜色、合适材料的衣服把后背、腋窝、前胸等汗水藏好，不然很尴尬。

10. 如果下面的观众在影响你的演讲，你可以停下来，让他们为你鼓掌，这个会带动全场。

11. 永远不要超时。

12. 永远不要以问答的形式来结束演讲，结束前安排几个问答后，要用课堂小结的形式把今天的演讲精髓拿出来，3条左右最佳。

第7节　演讲的准备和成败

我不是励志报告专家。我听过很多励志报告，大多是洗脑和点燃情绪。励志报告有着固定的模式，固定的套路，固定鸡汤性的话语，甚至固定节点的固定音乐，学生喜欢并且有很好的效果。我没尝试过，也讲不了，因为我感觉像在套公式，我不喜欢那种感觉。我喜欢讲能让听众反思和共鸣的报告，喜欢讲一些用自己的小故事来体现对理论支撑的报告，喜欢讲介于高层理论和落地实践中间的空白区域的报告。

我在准备演讲的时候会思考：

第一，报告受众是谁，受众如果不同，即使同样的课件、同样的内容，但是侧重点、呈现方式是完全不同的。

第二，为什么有的大学教授、高层次专家的报告有些教师不愿意听，是因为理论性太强，对受众要求太高，而我比他们擅长什么？我是一线教师，最能体会到教师的困惑，最接近受众的最近发展区。

第三，我一定要采用讲故事的方式，而且要讲自己的故事，这个才最有生命力、信服力，用讲故事的方式将国家的政策方针及大学教授、高层次专家讲授的难懂的理论给落地生根，而这也是我备课的方向，我的方向就是填补理论和实践之间的空白区域。

第四，报告会“备课”的模式：先提出问题和困惑，然后讲自己的故事，再讲自己有成效的做法或者想法，最后寻找理论来支撑。

有的专家用一个课件讲遍全中国，其实这样很难有生命力。做演讲的目的是什么？什么样的演讲最有生命力？——全心全意想帮助别人的演讲才最有生命力！

有的专家做报告有个不太好的习惯，不给听众留下课件，或者留下的课件删减得过于严重，用处不大。为什么不留下课件？有的是因为课件中有敏感的内容或者数据，有的是因为过多的转载课件会减少讲课次数，说到底，后者是想用一个课件讲遍天下，其实这是固定思维的表现。我做课件的水平不高，自己的水平和很多专家相比也差得远，但无论是主办方还是一名普通听课老师想要课件，我都会毫不犹豫地发给他，甚至有时候因工作不能去，我会将课件制好后发过去让人家参考。我认为，别人需要课件说明他们需要帮助，也是对我的认可，同时对我个人的帮助会更大。为什么说对自己的帮助更大呢，因为我将课件转发了，课件中很多内容就需要删除和更新了，就会倒逼自己继续寻找新的方向、新的问题、新的反思、新的例证来制作更好的课件。我就需要去读更多的书、寻找更多的问题、琢磨更多的理论、与别人做更多的交流研讨，我发现研究将更透彻，理解会更到位，讲的故事会更生动，做的报告质量会更高，自己成长得会更好，而这不正是自己最想要的吗？

让人成长最快的不是失败，而是失败后的反思。人失败后再站起来有两种方法，一种是通过别人的帮助，另一种是自我的蜕变重生。在职业生涯中，我曾经历过两次较大的挫折，让我终生难忘。

第一次失败是到滕州市参加省优质课评选。记得我讲完课后就被北京师范大学的王磊教授喊下了，问了我几个问题，“是自己备的课吗？”“怎么想到是这种模式和思路备课呢？”“你是今天所有讲课老师中最像化学老师的，你这节课才是真正的化学课！”潍坊化学教研员刘老师很高兴地告诉我，放心回去上班吧，肯定没问题。结果出来大跌眼镜——省三等奖！刘老师安慰我：“真的太意外了，但是不要紧，这么年轻就讲到省级优质课，已经很优秀了……”但是当时的我确实心灰意冷。

不过，几天后，高密市的化学教研员荆老师就找到了我，安排我到一中去给全市的高一化学老师讲一节公开课。当时我很纳闷，因为这讲不通，这冷不丁地安排了一节公开课，而且还是让二中的老师到一中讲全市公开课。后来我才理解了荆老师的良苦用心，他是不想让我放弃，想再次点燃我讲课的激情。现在想来，如果当时没有荆老师的帮助，我或许应该不会再将那么多的精力用在课堂研究上了。那节公开课让我重拾信心，课堂上我和学生配合得水乳交融，讲得特别舒服和畅快。下课时全体学生不约而同地站立鼓掌，那时我就暗暗地告诉自己，我还是应该做一名属于课堂的老师。如果说，这次倒下之后能站起来是“贵人”相助，而下一次倒下就截然不同了。

那是在西安的一场报告会，我确实没有压住场。会议的规模比较大，是暑假全员教师培训，一共邀请了四位专家，我一看就咂舌不已——第二位到第四位全是国培专家以上档次的，第一位就是标记为 ** 中学副校长的我。会议的第一个环节是教育局领导致辞，可能是一个暑假没见，同时又是十几个学校上千名教师聚在一起，会场很快就骚动起来了。第二个环节是由师训中心的校长介绍出席专家，介绍完紧跟着的一句话就乱了秩序：“现在请领导离席，老师们先休息 10 分钟，报告会马上开始。”现场状况可想而知。

没办法，虽然下面依旧闹哄哄，我也只能硬着头皮上了。因为太想用自己的声音压住下面的说话声，所以我提高了分贝，但是我不知道的是音响师嫌声音太大将音量调小了，后面的老师根本听不到，于是说话聊天就更严重了。我从台上往下望去，前半段的老师在听，后半段的老师在聊，我已经开始崩溃了，想放弃，但那对主办方会是致命的打击，对我而言也是一种耻辱，更会当成以后的一个笑话。心一横，牙一咬，讲！讲给自己听，熬也要熬下来。中场休息时，那位师训中心的女校长连续问了我三遍“你觉得怎么样”，我知道她的意思，她应该也很着急，所以我没把情绪给她。她又说：“你不应该用声音来压倒别人，不应该用语速来压倒别人，你要停顿，要让听众思考，他们自然会安静！”但是我当时已经什么都听不进去了，就那样浑浑噩噩地做完了两个半小时的报告。实训中心的校长最终没给我留情面：“我们西安的老师听到名专家的报告太多了，耳朵太挑，而你没有抓住他们的最近发展区去讲……”

返回的路上，我在飞机上就写下了这次失败的总结：

（1）我没有抓住受众的特点和兴趣点采取针对性的讲座，毕竟陕西还没有实施新高考，我不应该呈现那么多的数据分析，他们不会有兴趣的。

（2）我的演讲技巧确实不够到位，对于节奏的把握和听众情绪的调动以及互动缺少方法和手段。

（3）我的报告太多地停留在所谓“接地气”的层面，缺少理论支撑。

我觉得自己的演讲生涯可以就此打住了，之后的几次邀请我都婉拒了，因为我实在调动不起自己的情绪了。不过时间并没有多久我就走了出来，而这一次靠的是我自己，既然缺少理论支撑那我就去学习理论。从 2014 年起国家出台的一系列关于教育的文件和纲领我统统读了三遍，然后对自己的内容进行了大改，我竟然发现自己讲的、做的、想的竟然一一都在新高考系列文件中得到了理论支持，那种欣喜和冲动让我不能自已，就这样我回来了，这一次满身铠甲。

失败后的反思和成长是我制作新报告的最好的途径，也是每个人成长最好的方式。

第 8 节　大场合的“亮剑”

同许多人一样，总是感觉自己缺少勇气，尤其是在大场合下主动发表见解的勇气，尽管我对此很是向往。其实什么都会有第一次，相信不是所有人都有勇气上去拦住名人问问题或者站起来发表自己的见解。我们会给自己找很多借口，最常见的是两个：一是如果问错了或者表达错了会在公共场合下被批评，自尊心会受到打击；二是我问了也问不出什么特别的信息，或许会表达得乱七八糟，当众出丑。我认为事实恰好相反：第一，自尊心受到打击算不上什么实质性的损失，并没有多少人会关注你；第二，想不出问出什么特别的信息并不代表真的问不到重要的信息，更多的时候是将不知道当作没有，或者的确对某个问题看得不够恰当，但是至少会收到反馈和纠正，教师的成长就如同在课堂上出错的学生，可能会终生难忘，但会让你成长得更好。

回想起来，我有两次鼓足十二分的勇气站起来发言，一次失败，一次是比失败还惨的“成功”。

失败那次是在烟台海阳，是参加一个省级教研活动。会议流程有两节公开课，其中第一节课的授课老师来自潍坊市一个大佬级学校，而这个学校我有情结（负面的）在里面。于是，在这种情结的鼓励下，我格外认真地听了那节《乙醇》复习课。当老师的都知道，只要带着挑刺的姿态去听课，哪怕国家级优质课也能挑出一堆毛病来，因此我找了大约二十几条问题。果不其然，省教研员评课后开始组织听课老师进行个体评课了，“下面请老师们对这节课提出意见或者建议。”我差点就将两只手都举起来了，可惜举手的人实在是太多，我的胳膊都举酸了最终也没抢到那个麦克风。那是我第一次鼓足勇气想在省级层面上发言，虽然动机不纯，但是对我来说毕竟是一个开始。

比失败还惨的“成功”发生在首都北京，是参加一个国家级教研活动。那次活动是由北京市海淀区教师进修中心和中国教育学会组织的新高考下的课堂变革，因各种原因我只身前往北京。上午的报告精彩纷呈，确实让我大呼过瘾。下午化学有两个分会场，A 会场是北京海淀的课，B 会场是某省在首都师范大学的课，在选择 A 会场还是 B 会场时，我纠结了。最终我放弃了“答案 A”——北京海淀的 3 节课，满怀期望地选择了“答案 B”。

B 会场的 3 节课，一节小学科学，一节初中化学，一节高中化学。小学科学我听不懂不评价；最出彩的是初中那节课，我确实讲不到那个水平，只找了 5 个问题；最不理想的是高中那节课，找了十几条问题。我觉得自己亏大了，早知道就去听北京海淀的课，慢慢地心里就开始有情绪了。接下来依旧是专家评课，照旧的一通表扬，但是难能可贵的是主办方后面的一个活动："请关掉摄影机，下面的时间是自由发言时间，不录像，所以请畅所欲言！"之后专家先开炮了，当然可能碍于各种原因，有点清风徐来的感觉，我觉得不够过瘾。主持人还在继续："还有半个小时，下面哪位老师还有自己的看法？"就这样，在自己听课造成的小情绪和主持人的鼓动下，人生中我第二次（这到底算第一次还是第二次呢）在这样的场合下站了起来。唉！关键是我太实诚了，人家国家级专家也只用了几分钟评价而已，而我这一站起来就洋洋洒洒地讲了半个小时。讲着讲着，我发现气氛不对了，开始讲的时候会场中的老师有的在聊天，有的在看手机，有的在眯缝着眼睛小憩，起码气氛还算融洽。当我讲到第七条缺点时，整个报告厅就已经鸦雀无声了，前排也纷纷扭过头来看我，而我还乐在其中地指点江山、挥斥方遒。直到最后那个省教研员在总结圆场的时候我才意识到自己闯祸了，闯了大祸了。在返回宾馆的车上我灰溜溜地赶紧找了一个角落坐了下去，天黑了，希望没人会看到我，但我依然感觉车上所有人都在看我，都在议论我，实在是太尴尬了！

不管如何，这是属于我的突破，我整理着自己的每一次勇气，迎接我的每一次突破。勇气也罢，傻气也罢，这都是我，我只知道自己正在努力打造着自己的发言圈，这是我，或许也是每个人成长的必经阶段。

不知不觉中，手里拿的所谓"专家"称号已经有几个了，接到报告邀请函的频率也越来越高，但是我发现自己报告中的内容越来越倾向于课堂教学，其实，这并不奇怪，因为我就是一名普通的化学教师，这是我的职责，也是我的本分。

第 9 节　将“折腾”进行到底

记得一位哲人说过：“达到目标最有价值的一件事，不是真的达成了某个目标，而是为了这个目标你成了怎样的人。”

几年下来，我的教育教学理念逐渐成形，就有了把自己的教学理念推广到更高的层面的想法，想让更多的老师和学生受益。

于是，根据我所在学校的实际情况，我开始了一边“折腾”自己，一边“折腾”别人的“折腾”。

在我们学校折腾还有一个背景。随着国家城市化建设加快，大量中青年涌入城市，农村中学的生源大幅度下降成为一个不可逆的现状。我们学校也面临这个窘况，生源质量已经到了低谷。生源差了，自然会引来一系列的反应。有一天，听到一位朋友说：“学生是什么水平，老师早晚也是什么水平。”话听起来很刺耳，却是实话。再这样下去，几年后学校的教师专业成长会是什么水平？老百姓会怎么看待这所学校？这所知名老校的发展和定位又将何去何从？作为在这所学校付出了青春，对这所学校感情很深的我而言，确实需要干点什么了。

虽然个体的力量不足，但是自己分管学校的教师发展中心，我想，那就先从教师专业成长开始吧。

2020 年 9 月，我负责组建了学校“新高考课堂教学改革小组”，九大学科共计 14 人。我们每周一下午 2: 30–5: 30 聚研课堂教学，风雨无阻。聚研的抓手确定为最贴近新高考下课堂教学的“学历案”，当然我们的学历案加上了更多的新高考元素——问题导向、真实情景、情境化教学和命题、学科素养、思维生成、“教学评”一致性等。

做着做着，我的心中逐渐有了改进学校的方案。落实一件事情其实应该按照先方向、再策略、后方法的步骤去进行。我从学校资源整合的角度进行了梳理，确立了争创“学历案教学示范校”的工作方案，形成了学校工作计划。随着一步步地计划推进，越走心中越坚定，越走越有力量。这一路走来，感觉最受鼓舞、注入力量最多的一关是课改小组的南京之行。按照计划，11 月初，我们课改小组一行 14 人奔赴南京一中。我们是带着憧憬、迷茫和不安走入这所老牌名校的，整个过程有太多的意想不到。

首先，南京一中的接待规格是我们意想不到的，竟然用如此高的规格来接待一群来自农村中学的青年教师：

南京一中尤小平校长亲自接待并致辞；

南京一中业务校长陆芷茗老师全天陪同并对我校的学历案进行点评；

南京一中教师培训主任、全国五一劳动奖章获得者、特级教师夏季云老师亲自为我们做学历案报告会；

南京一中九大学科骨干教师和我们课改小组分为九个小组，聚研一个多小时并建立交流渠道。

其次，南京一中学校领导的反馈是我们意想不到的：

尤小平校长回信：“非常感谢您对南京一中的认可，也非常愿意加强两校之间的交流和合作，有什么要求尽管和我或陆校吩咐！”

陆芷茗副校长回信：“惊叹于你的勇气，我会竭尽全力去做好，我后面会给你们学校带去公开课，并邀请华东师范大学崔允漷教授到你们那里看一看！”

……

我在想，这是什么？这才是情怀，这才是教育！

回头再看，最令人激动的一幕是在我校成功举办全市的“学历案研讨交流会”。

12 月初，我们迎来了陆芷茗副校长带来的专家团队。一天的学历案展示活动，让我们欣赏到了夏新宇、白晶两位杰出青年教师精彩无比、令人惊叹的课堂教学魅力；感受到了陆芷茗副校长团队建设、流程打磨的学历案推进历程；领略到了华东师大朱伟强教授对于学历案教学的理论引领、高屋建瓴的精彩报告。全市教科院领导、九大学科教研员、全体高中名师工作室成员、各学校教学干部、骨干成员都赞叹不已，他们想不到一所农村高中，一所已经跌到谷底的普通高中竟然还有如此大的梦想和志向，还能做出如此这般的改变和成绩。就是这种自豪感充斥着我的全身，那种亢奋感让连续两天没有休息的我在会场上依然毫无倦意、精神抖擞。

当然，一切的“折腾”才刚刚开始。我也深深懂得，一件事情，第一有周期，第二有波折，第三要投入，而这三方面的统一才是最终地做事。做事，就要有长期作战的准备，而我，也做好了所有的准备。

将曾经读到的一段话与读者共勉：

以一生为周期，看到的是时代和人性，看到的是规律！

以十年为周期，看到的是常识和规则变化！

以三到五年为周期，看到的是胆识和眼光！

以一年为周期，就会相信天赋和能力！

如果以天为单位，什么也看不到，就只能寄希望于奇迹和运气！

所以，让我们现在一起为学生、为自己、为学校、为未来披荆斩棘，折腾吧！

后 记

人，贵有自知之明，作为一个普通的人，谈谈经历或许还能给人以启发，如果大言不惭地谈自己的人生哲学，就有点不自量力了，但是我想，每个人都有他自己的人生哲学，即使他一败涂地，至少还能让我们知道他错在哪里。

关于人生

2018年10月30日，被谣传“逝世”了20多次的一代大侠金庸老先生去世了，以往每次金庸“被去世”都有多方辟谣，然而这一次，我们再也等不到辟谣了。“笑傲江湖成绝响，人间再无侠客行。”在年少的梦里，他给千千万万想要仗剑天涯的灵魂呈现了一个又一个的快意江湖。读其书快哉，酣畅淋漓，豪气冲天；读其人羡哉，大闹一场，悄然离去。

看完新闻，我眼含泪水，长叹一声：“这才是活着，这才是人生——大闹一场，悄然离去！”儿子悄悄地站在一边，少见的一脸严肃地问我：“老爸，你人生大闹一场了没有？”我确实没有答上来，却让我第一次凝重地思考了“人生”这个问题。

人生是什么？我们活着的意义是什么？整个社会在追求更高效、更快捷。很少有人问询和思考这个问题。

什么样的人生才是我们追求的人生?

庄子说，人有三个境界。

境界一：知效一官，行比一乡，德合一君，而征一国者。

境界二：举世而誉之而不加劝，举世而非之而不加沮。

境界三：至人无己，神人无功，圣人无名。

我本凡人，做不到圣人的境界，但是我不想做庸人，所以就从凡人角度思考了一点儿。

第一，人，要真正地存在过。

什么是存在?——就是我选择，我活过，我按照自己的意志为自己的生活做选择，这就叫“存在”。哪怕你遭遇了很多挫折，但是如果所有的一切都是你选择的，你就会很有存在感，你就会有精神，就会坚韧不拔。相反，有些人好像从来没有做过错误地选择，他们顺利地生活了好多年，但这不是他们的选择，而是父母、老师帮他们做出的选择。很可能，他们并不会觉得自己有多么幸福，相反，会觉得自己好像没有怎么活过。

人本自私，一个人要想爱别人，首先要学会爱自己。我们工作是为了有品质地生活，而不是仅仅为了活着。有一个周末，我在喟叹自己的生活品质低下，貌似我的周末除了睡个懒觉再无其他。这就是我所追求的生活和人生吗?春节的时候我听一个学生说，她当医生的姐姐在下大雪的那一天请了一天假，请假的原因让我经历了目瞪口呆——羡慕不已——惭愧——羞愧四个阶段。这位医生之所以请假竟然是因为很多年没下那么大的雪了，想陪孩子看看雪。我也想陪自己的孩子一起去看看雪景，打打雪仗，堆个雪人。这才是一个健康的人和幸福的家庭才应该有的吧，你会这样做吗?世界这么大，其实我也很想去看看。

第二，人生贵在行胸臆。

明末才子袁中郎说：“人生不得行胸臆，纵年百岁犹为夭。”

想你想想的，说你想说的，做你想做的，我不犯法、不害人，我管那么多干什么？

在现实生活中，我们有着太多的羁绊、束缚和不得已，它们让我们整天缠在柴米油盐、工资奖金以及儿女情长的细碎小事中，无法抽身。我们害怕失去，害怕犯错，害怕失败，所以我们宁愿固守在自己的一亩三分地里，将就凑合着过日子。但是到最后我们会发现，能让我们真正快乐、感到有所成就、不负此生的时刻，并不是按照世人的标准活成了别人希望你成为的样子，而是按照自己的意愿和想法，去尝试做喜欢做的事，去见自己想要见的人，去实现自己想要的人生。

韩寒说：“人要为自己活，没有时间和精力来捯饬自己，更没有心思去考虑什么形象和定位问题。觉得我观感欠佳的，挪步就是。我只负责制造作品，不负责用户体验，也没有售后服务，更不会根据大家的口味来改进。你若喜欢，便是晴天；你若讨厌，也是晴天。我所理解的生活就是和自己喜欢的一切在一起，养活自己，养活家人。”

再附几句名言：

关心身后的名声如同关心出生前的名声一样可笑！——我们是如此狂妄，以至于想要为全世界所知，甚至为我们不复存在以后的来者所知；我们又是如此虚荣，以至于我们周围的五六个人的尊敬就会使我们欢喜和满意了！

——帕斯卡尔

一个人只要痛快淋漓地生活过，不管善不善终，都是幸福了！

——周国平

人生就是大闹一场，然后悄然离去。 ——金庸第三，人生要穷尽人生体验。

复制、粘贴的人生不要也罢！一眼就能看到退休时的自己和马上要将照片挂在墙上时的自己不活也罢！

人生不在长度而在于宽度，勇敢地选择不一样的生活，多一次冒险，就多一次体验不同人生的机会。仔细想来，对一个洋溢着生命热情的人来说，幸福是什么？幸福就是他有机会、有能力去最大限度地穷尽人生的各种可能，能改变的用自己的努力去变得至善至美，没有能力改变的就张开双臂去拥抱，不管好的还是不好的都去迎接，困境和逆境都去面对。

当一切都很好，我们为什么还要选择改变？为了另一种生活的可能性，为了更宽广的人生，为了寻找更适合自己的，为了穷尽人生的体验。

一名学生大一结束时咨询我，要不要去当兵。两年服兵役后可以返校继续学习……我回答时没有任何犹豫——喜欢吗？喜欢就去！当然我也问了她一个问题：人来到这个世界上究竟是想做什么呢？最终能够收获什么？我给她说了一个人，一个名人，一个难以超越的世纪名人——亚历山大大帝，古马其顿王，亚历山大帝国的皇帝，是世界古代史上著名的军事家和政治家，也是欧洲历史上最伟大的军事天才。他足智多谋，在担任马其顿国王短短的13年中，以其雄才大略东征西讨，先是确立了在全希腊的统治地位，后又灭亡了波斯帝国。在横跨欧亚的辽阔土地上建立起了一个西起希腊、马其顿，东到印度河流域，南临尼罗河第一瀑布，北至药杀水的以巴比伦为首都的庞大帝国。创下了前无古人、后无来者的辉煌业绩。他死的时候说："请把我的双手放在棺材外面，让世人看看，伟大如我者，死后也是两手空空！"

人生其实重在体验，体验这个世界所有好的、不好的“味道”，没有对错，只有人生。人生，色彩多一些更好，世界上只有一个“你”，而我们的人生是为了体验这个世界，为什么不让自己的人生多一些色彩呢？

第四，要拥抱人生。

人生是个过程，因为所有人的最终结果都是一样的。世事无常，无常为常，人生之事十之八九是不如意的。要分清哪些事情是我们可以改善的，那就用尽全力去做好，体验幸福的快乐；要分清哪些事情是我们不能改变的，如果是已经发生了的事情，超出我们能力的范围，也要毫不犹豫地去拥抱，不要逃避。比如我们上午要出行，走不走？和谁一起走？什么时间走？乘什么交通工具？走哪条路？会堵车多久？路上会遇见几个红灯？路上会有哪些事情可能让我们改变速度？上面发生的事情能改变什么，其中有哪些是我们不能改变的？静下心来思考这里面的每一个环节，一个环节变化了，未来的时间、地点、遭遇都改变了，未来的“你”就是全新的“你”，除了拥抱还能做什么呢？拥抱意味着接纳，接纳意味着吸收融化，吸收融化意味着成长。

2019年10月10日，我在朋友圈发文：

每时每刻都要大口贪婪进行下一次的呼吸，因为活着就是最美好的事情。要郑重和正念地去做要做的每一件事，因为每件事都会让未来的你变得完全不同，因为它会改变你所以要郑重，因为郑重所以要有正念的力量。去拥抱和感受即将发生而你又不知或不可改变的一切，因为既然改变不了那就是上天给你的安排，所以就去接受他，拥抱他，不管好的还是不好的！总之，人生就是修行，人生就是连点成线，每一天的收获、每一段的经历都会引导你走向未知，但却是也许已经被安排好了的未来！

庄子曰："知不可奈何而安之若命，唯德者能之！"

关于选择

法国漫画家菲利普·格吕克曾经说："过去有比现在更多的选择。"只要我们还可以选择，就说明没有老去，从小到大，一个人选择的机会是越来越少的，当别无选择或者不做选择时，他实际上就已经老去了。

关于选择貌似是人世间最难的事情。有些人迷信星座，比如有些天秤座的人会说自己选择困难，感觉选择起来会让自己抓狂，当然更让身边的人抓狂。难道只有天秤座的人才有选择性障碍吗？并不是，其实我们每个人都会时常困惑于选择之中。

选择为何会痛苦？在我看来，选择之所以痛苦大多数时候是因为搞不清楚最缺少什么，最需要什么，想要的太多。

有段日子，我一位朋友告诉我说要学瑜伽。

我说："学吧，多好啊！"

"哎呀，一年 4 000，不舍得啊！"

我问："如果只能选一样，你是想要这 4 000 元钱呢，还是想要一个健康的身体、苗条的身材？"

"当然我会选择一个健康的身体、苗条的身材了。"

我答："那行，报名吧。"这个例子说明她之所以选择难是因为她想要的太多，至少原来两个她都想要。

不久，她又来找我说想要报一个书法班，学费更高了——6 000元。

我说："学吧，多好啊，能够沉淀自己，修身养性。"

"哎呀，一年 6 000，不舍得啊！"

我问："有没有那种速成的班？比如一两个月的速成班，教一下基本的运笔、呼吸等的。"

"有，两个月 2 000 元。"

我问："你是想通过书法培养一种爱好，沉淀一下自己急躁的性情，还是想以后卖字为生呢？"

"就是想培养一下爱好，听听音乐，写写字，沉淀沉淀自己。"

我说："那就行，那速成班足够了，不是吗？就是培养一个兴趣而已嘛。"

"对哈，我当初为什么会纠结呢？"

这个例子说明她之所以选择难是因为不清楚自己到底缺少什么，自己想要的又是什么。

在古老的东方文化浸润下，"身份"更多的是作为社会和外部的期望加之于个人身上的，而不是个人自由探索的结果，于是很多时候它就成为我们头脑中的一个框框，限定、阻碍了我们的思考。我们可能更多地会想"我们应该做什么"，而不是"我们想要做什么"；更多地会想"我们只能做什么"，而不是"我们擅长做什么"；更多地会想"我现在是谁，已经是谁"，而不是"我未来是谁，我还能是谁……"于是我们虽然做了选择，其实那并不是选择，我们只是在做一些注定要做的事情罢了。

高考填报志愿，应该是学生选择最痛苦的时刻。选择哪所城市？哪所大学？哪个专业？搞得自己一团糟。为什么会痛苦？主要原因也是这两个：第一是想要的太多，想去大城市，还想去好大学，还想学好专业，就是没考多少分，你说能不痛苦吗？第二就是不知道自己最缺少什么，最需要什么。如果是一个小县城或者是农村的孩子，最缺少见识，那首先考虑的就是尽量去大城市，提高自己的体验和见识，学校和专业差一点不要紧；如果是一个家庭经济状况还不错的孩子，可能会将学校放在第一位，因为优质大学会提供更多的选择，也会提高个人的人脉；如果是一直生活在大城市、家庭富裕的家庭，有可能会将专业放在第一位，更注重自身的兴趣，比如会放弃选择机械、自动化这些好就业的专业，反而有可能会选择哲学这类很冷门的专业。

当然每个人都会有他自己的选择哲学，我分享一下自己的选择模式。

选择时要想清楚你到底最想要什么。其实，这种左右为难的选择在人生道路上会有很多，我觉得出发点就是要服从真理的选择。就是哪一个选择能更加体现出敬天爱人，哪一个选择能让你最大限度地体验人生，哪一个选择能让你更好地服务于社会，就确定这个选择。

估计有的人看到“敬天爱人”和“服务社会和世界”这个字眼会认为我说的太虚，其实这并不仅仅是拥有大格局的人选择的体现，我们普通人也要在这个方面多思考和下功夫。举个例子，前些日子和学生一起观看CCTV播出的《开讲了》采访钱七虎院士的视频。视频中有位中国农业大学计算机专业毕业的学生因为挣钱太少，辞掉了互联网公司的工作，自己创业，用家乡的特产粉条做酸辣粉，收获事业的成功。

这位大学生问：“如果我是您的学生，您会劝我回到互联网公司吗？”

钱七虎院士回答：“我不会。”

撒贝宁问：“为什么？”

钱七虎院士回答：“无论做什么都是为国家做贡献，你做粉条也一样。你需要思考怎么把粉条做成天下第一，为更多人、为社会做好服务，这就是大贡献。”

视频中作为听众的大学生都笑了，我身边的学生也笑了。

我很好奇，笑点在哪里？是把粉条做成“天下第一”这句话？还是后面的为更多人、为社会做服务和贡献？其实我觉得视频中的很多大学生和身边的高中生都没有悟透钱院士的话。

请问各位听到“你需要考虑怎么才能为社会做出更大的贡献”这句话会有什么想法？其实这句话和想方设法挣钱并不矛盾，可惜很多人体会不到。结果可能相同，但是格局不同，看到的世界是完全不同的。如果满脑子只想怎么能够尽快挣到钱，会是怎样呢？降低成本、提高价格，甚至会出现偷工减料、偷税漏税等现象，这样的事业长久不了；如果将眼界放在如何更好地服务社会、帮助别人，又会怎样？提高原材料质量、反复尝试提高口感、提供更好的服务等，就会收获成功，并且获得更长久的成功。

也就是说，从敬天爱人的角度去思考问题，会有两个收获：一是原来看不到、想不到的办法现在看到、想到了，可以游刃有余地去实施前者看不到、想不到的办法；二是事业会拥有更长久的生命力和更好的收益。

一个做互联网的朋友跟我说，她的顶头上司每周都会开大区会，每次大会上都会量化指标，然后督促他们抓紧将产品卖到一个又一个学校，让一个又一个的孩子拿到他们公司的产品，但是他们感觉招式已经用尽、束手无策了。我提醒她，你们的出发点搞错了，虽然最终都是为了挣钱，但是因为眼界和格局不对，所以很多问题和方法你们自然就看不到了。如果你们从如何才能最大程度地帮助学校、家庭、学生的角度思考呢？你们接触的学校最欠缺的是什么？你们可以提供哪些帮助？比如这个学校德育不够系统，我们是不是可以在平台上设计出每个学期的德育计划，每个周提供系统的课件，每个星期提供父母和孩子一起看的视频，并留个小作业，能不能主动邀请某些方面的专家进校园……你们会涌现出无数个新的办法，这样做会打动谁？解决了学校的困难、解决了家庭亲子互动的困难……学校、家长、学生怎么可能不认可你们，怎么可能不接受你们的产品？

当然，对于选择，我们要明确最好的选择往往来自更高目标指引下我们的创造。“让你的工作更像你的爱好，让你的爱好更像你的事业”，这样的选择一般都不会错，然后融入“敬天爱人”的理念，定会收获成功。

关于选择，美国诗人罗伯特·弗罗斯特有一首诗，与你共勉。

未选择的路

黄色的林子里有两条路，
很遗憾我无法同时选择两者
身在旅途的我久久站立
对着其中一条极目眺望
直到它蜿蜒拐进远处的树丛。
我选择了另外的一条，天经地义，
也许更为诱人
因为它充满荆棘，需要开拓；
然而这样的路过
并未引起太大的改变。
那天清晨这两条小路一起静卧在无人踩过的树叶丛中
哦，我把另一条路留给了明天！
明知路连着路，
我不知是否该回头。

我将轻轻叹息，叙述这一切
许多许多年以后：
林子里有两条路，我——
选择了行人稀少的那一条
它改变了我的一生。